目　　录

仓石武四郎的汉文直读法与日本中国语学会的成立*

石村广　　　　李梦迪
（中央大学）（关西学院大学）

提要： 日本的学术传统认为，汉文书籍需要以训读的方法来阅读，与生动的现代汉语没有任何关系。对此，仓石武四郎（1897-1975）提出了改革汉文教育的必要性，并主张用汉语的发音来阅读中文书籍，对日本汉语研究的发展做出了巨大贡献。本文回顾了汉文直读论的历史，考察仓石强调汉语教育的重要性及中国语学研究会成立之前的一系列发展历程。

关键词： 仓石武四郎 汉文直读法 汉语教育 日本中国语学会

一　引言

在二战后日本中国语研究的历史中，中国语学会起到了有目共睹的主导作用。作为其前身的中国语学研究会的成立（1946 年 10 月）则标志着日本的汉语语法研究从兴起期到成长期的一个划时代的飞跃（张黎 2019）。[1] 该学会第一任会长仓石武四郎（1897-1975）重新提倡江户时代中期的著名儒学大家荻生徂徕（1666-1728）的观点，主张直读汉文，将学习现代汉语作为学习中国古典作品（文言文）的基础。然而，这一主张究其根本意味着对训读汉文的否定，因此，未能得到当时的汉文教师的认可。不仅如此，他在学术和教育方面的主张甚至被认为具有政治危害性。仓石出自汉语学者门第，却排斥训读，而将现代与古典相结合，并旨在以此为基础来开展汉语教育，原因是什么呢？本文回顾了ゆう汉文直读论的历史，考察仓石强调汉语教育的重要性及中国语学研究会成立之前的一系列发展历程。

---

* 本论文为中国国家社科基金重大项目 "境外汉语语法学史及数据库建设"（16ZDA209）的阶段性研究成果。文中所引用的日文文献的作家名采用日文汉字。

[1] 牛岛（1989：75-76）、李无未（2008）认为大槻文彦 "解" 《支那文典》（1877 年）是日本现代汉语语法研究之起始。本文采用他们的看法。杨杏红（2017）指出，从《支那文典》出版到1946 年 "中国语学研究会" 成立可能算作日本汉语语法学的兴起期，60 多年间日本汉语语法研究和西方汉语英语语法研究、中国汉语语法研究、日本的社会经济政治有着相互交织的关系，表现出独特的发展脉络。

二 提倡汉文直读法

"汉文训读"通常是指古代汉字文化圈中的各国知识阶层在阅读汉文时，用朱笔、墨笔或其他工具在字行间记录下汉字音、字义或语序等注释的阅读方式。近代日本的知识分子反对传统汉文训读法，其原因主要包括江户时代中期以后徂徕学的影响、明治时代以后中日直接谈判的必要性、近代西方的学术研究方式带来的影响等等。其中，日本在明治时期实施门户开放和文明开化政策，接受西化并与清朝建立外交关系，这种划时代的变化是导致知识分子反对训读法的一个最为重要的原因。例如，历史学家重野安绎（1827-1910）曾于1879年（明治12年）在《东京学士会院杂志》上发表了一篇题为"漢学宜ク正則一科ヲ設ケ少年秀才ヲ選ミ清国ニ留学セシムベキ論説"（"关于我国应设置正规的汉语科目，选拔少年英才送往清国留学的论说"）的论文。文中展开了如下反对训读的观点："既然日本与邻国清国建有外交关系，那么无论是在和平时期的贸易往来，亦或是在非常时期的停战讲和，都需要与对方交流沟通以及展开面对面的辩论。以往的长崎通事和汉语学家的技能已经无法处理此类要务。因此，我们迫切需要向清国派遣少年留学生，培养具有高级会话能力和阅读理解能力的'专业汉语学家'"（六角1984；陶德民2008）。[2]

此外，仓石本人曾在第一高等学校的英语课上体验过由发音过渡到鉴赏诗文的英语教学方式，并以此为契机，开始坚信从学习汉语入门的程序才是有效的学问之道：

要说在这样的环境中是什么触动了我，我想那就是时代给予我的影响。我在高等学校上学期间接受了西方语言学的培训。尤其是在英语教育方面，我跟随一位英国老师初步学习了语音学，又在一位教授门下学习了英国诗歌的韵律，感到一个崭新的世界仿佛在我眼前展开。为了前往中国旅行，我自学了中国话，然而，这样的环境使我对阅读汉文书籍的方法所持有的疑惑与日俱增。德川时代的人们穷尽一生也无法体验的经历，深深地刺激了生于大正时代的我。（倉石1941：189）[3]

---

[2] 到了明治时代，在东京帝国大学教授语言学的英国讲师张伯伦（Basil Hall Chamberlain，1850-1935）发表了论文"支那語讀法ノ改良ヲ望ム"（"期望改良支那语读法"）（《东方学艺杂志》第61号，1886年（明治19年）），向日本的有识之士呼吁颠倒阅读汉文的不合理性。重野和张伯伦的论文均刊载于六角（1984）的附录I（210-218、219-222页）中。

[3] 仓石武四郎于1922年（大正11年）进入京都大学研究生院学习，主要在狩野直喜门下进行学术研究，学习了所谓的通用"支那学"。不久他成为京都大学的助理教授，并在1928年（昭和3年），

仓石武四郎对日本汉语研究的发展做出了巨大贡献，可谓一个时代的杰出人物。1897 年（明治 30 年），仓石生于日本新潟县高田市。祖父是高田藩校的教师，父亲仓石昌吉毕业于庆应大学，曾师从明治维新时期著名的思想家、教育家福泽谕吉。母亲喜爱日本文学与和歌创作。仓石从小就受到了这种家庭环境的熏陶。在中学、高中时爱好日本和中国的古代书籍，1916 年考入日本第一高等学校（现东京大学教养学部的前身），立志学习中国文学；1919 年进入东京帝国大学文学部后，专攻中国文学。出身于典型的书香门第和中国学科班，仓石拥有了渊博的中国学知识，为今后从事汉语和中国文学的教育与研究打下了良好的基础。然而，在学习汉语的过程中，仓石深深感到日本传统的汉文教育，即"训读"，存在着极大的弊端：

　　当时，我曾萌生过一个想法。提到当时的中国文学，每当学校教师教授《论语》，就必定会用日语朗读"子曰：学而时习之，不亦说乎"。这便是当时通用的教学方式，同样也是一种学习方式。然而，稍微动动脑子就会发现，中国人根本不会用这种方式阅读汉文书籍。他们必定是用汉语的发音来阅读中文书籍的。这岂不是怪哉？我们日本人多少都曾学过一些英语和德语。当年的高等学校就犹如一所外语学校，学习九个小时英语，再学九个小时德语，大多时间都花在学习英语和德语上。因此，英语和德语的教科书都有相当高的难度。尽管发音不是十分标准，但是，我们仍然坚持按照西方人的语音来诵读，而且，是能够读懂意思的。可是，唯独汉文亦或中国文学让我感到不可思议。我们一边参照汉文原文，一边将每个汉字转换成日语的发音来读。其他暂且不谈，这种阅读方式越来越让我感到繁琐。萌生这样的想法，可谓是我人生中的一个转折点。（仓石 1973：18, 19）。

　　当时，日本所有开设汉文课程的学校教授的都是汉文训读，汉文不被当作一门"外语"，而被作为日本的"国语"来教授。因此，与英语的教学方式完全不同，并不是让学生掌握汉语原本的语音，而是按照日语的语法在汉文中标上符号，再按日语的语音和语序来阅读。这样的读法充其量不过是一种所谓的"译读法"。这种阅读方式在汉文书籍传入日本不久后就已形成，在幕府时代颇为流行，后来在日本汉学界行成了一种牢固

被派遣至北京驻外研究，从而首次获得彻底学习北京话的机会。1930 年（昭和 5 年）回到京都大学后，他担任了中国古典语言学研究史讲师，并倾尽全力研究语言培训的方法（仓石 1973：26-52）。显而易见，在北京的进修经验使他确信必须振兴日本的汉语教育。

的传统。训读在日本文化史上固然起到了一定的传播中国文化的作用，但是，另一方面却使得日本的汉语学习者无法接触汉语的语音语法，以致不能真正地掌握汉语，同时也限制了日本人对中国语言文化的深层次理解。

实际上，研究中国的语言和文字时，将汉文与汉语加以区分的国家在世界上只有日本。中国人自不必说，欧洲和美国的中国学研究者做梦也想不到要做出这种毫无意义的区分。要研究中国，首先就要学习中国的现代语言，阅读现代人写的文章，然后再逐步阅读用古文撰写的书籍，以便了解汉文化的渊源。这对于西方人来说是理所当然的事情。那么，这种学习方式反过来显现了训读的哪些弊病呢？青木正儿（1887-1964）在京都发行的杂志《支那学》第1卷第5号（1921年，大正10年1月发行）上发表了题为"日本支那学创新的第一步"（标题后改为"汉文直读论"）的论文，文中引用了荻生徂徕的"汉语学习的教学方法必须首先从研究支那语开始"之学说，提倡废除汉文训读。他指出以下三个训读的弊病（摘录引用[4]）：

1）以训读方式读书花费时间，无法像中国人那样快速阅读。

2）训读不利于理解中国特有的语法，因为训读导致学习者陷入日语语法的思维之中，进而被母语的语法所束缚。

3）训读妨碍正确理解汉文的意义。训读不仅给人以隔靴挠痒之感，甚至会使人产生一种似懂非懂的错觉。这是因为，训读的汉字大多为古汉语，其中存在不少在现代汉语中难以通用的词汇，然而，由于一些古汉语和日语汉字的写法一致，导致学习者错误地认为自己理解了汉文的意义。

青木正儿的主张是，要将现代语的学习成果与中国古文的读法直接连接起来，从而快速、大量、正确地解读古典。当时，这是一个非常新颖的观点。年轻时的仓石在东京大学三年级的时候邂逅这篇论文，翻来覆去地阅读了很多遍。那时，他已放弃训读，开始学习音读。离开东京大学后，仓石开始对青木定居的气氛相对自由的京都心驰神往，便决心前往京都大学攻读研究生（仓石1973：20, 21）。这是二战前汉学和中国学学术界的一个象征性事件，表明了他对东京保守派汉学研究的厌倦之极（陶德民 2008）。仓石曾说到："迄今为止，日本的中国学研究者阅读中国书籍已养成的习惯是，特意颠倒语句的位置，不将原文放在日文的框架里就不罢休，不将原文改成日文的语序就看不进去。而且，由于训读法并不完善，像"即"、"乃"、"也"、"矣"这种表达情绪的词语往往被

---

[4] 本稿转引自《青木正儿全集》（春秋社，1970年）第二卷收录的"汉文直读论"（338-339页）内容。

忽略而过，而这些词语恰恰又是巧妙地操纵不同概念的重要文字。这就好比截断了汉语的运动神经，将其手和脚乃至头与躯干颠倒组装，改头换面装扮成日本国语的样子。同样是外文书籍，而阅读西方国家的书籍时，日本人可以按照西方人的思考来理解文章的意义，对这种阅读方式并不抱有一丝疑问。然而，只有阅读中国的书籍时才会采用训读这种繁琐的方式，这是毫无道理的"（仓石 1941：38-39）。

仓石的"训读排斥论"充满了尖刻的批判。当时恰好是民族主义高涨、中日关系恶化的时期，他的论点似乎与时代潮流相悖，因而被一些人视为政治危险分子，并被贴上了"崇拜中华主义者"的标签。然而，仓石的主张仅是针对学术和教育领域而已，是正直可信的。他的著名论文"汉文训读盐鲑论"中的一段话充分体现了仓石锐利的论点：

有的日本人觉得，无论是"论语"还是"孟子"，不用训读法去读就找不出"感觉"来，仿佛不把孔子和孟子变成日本人誓不罢休。这是以汉书为国书、以汉文为国语时代的遗风。将中国的书籍译为顺畅的国语当然是最为理想的。但是，翻译的结果或多或少将舍弃书籍原有的一些独特味道，仿佛将三维空间的立体形象变成了二维空间的平面形象。久而久之，人们习惯于舍弃"原味儿"、接受平面形象，并以此为快。这是一个令人恐惧的麻木。这就好比一个出身于信州的人认为咸鲑鱼比鲜活的鱼更好吃。（仓石1941：44-45）。

仓石并不是要全面否定汉文教育，而是认为，以以往的汉文教育及其翻版的教育方式来研究和理解中国是不妥当的，除了将汉语作为一门真正的外语来振兴汉语教育之外，别无选择。

三 近代汉语教育的发展变化与仓石的改革构思

借用中国文学研究者竹内好所言，汉文教师与汉语教师彼此水火不相容；不仅如此，日本国语（语文）教师和汉文教师同样水火不相容（竹内 1965）。今天，没有人会否认现代汉语教育的重要性，但是，汉文教师、现代汉语教师和国语教师都是历史的产物，至今仍然分栖共存，日本学术及教育界的体质自古以来基本上也没有改变。为什么在日本形成了这样的局面呢？在本节中，我们将回顾其历史背景，探讨仓石呼吁基于现代汉语重建学术体系的意义。

过去，中国的文化通过三韩（古代朝鲜半岛南部的三个部落）传到古代日本。按照比较普遍的说法，王仁献上论语和千字文是中国文化传播到日本的起源。当中国的古典首次传入日本时，日本人的祖先大概是首先学习了当时的汉语，然后以此为基础学会中国古典的读法，进而理解其内容。古人阅读汉语的方式必定是"以异国的语音教授异国的念法"（太宰春台）。若是考虑遣隋使和遣唐使以及随行出国的留学生们频繁的来往，便不难推出这一结论。然而，平安时代初期遣唐使制度被废除，中日两国之间交流也随之逐渐减少，日本对中国古典的学习方式开始采用"训读"这种特殊的方式。由于很少与中国直接接触交流，最终形成了"阅读中国的书籍，不颠倒语序其义便不通"（太宰春台）这种训读习惯。

江户时代，德川幕府第三代将军德川家光颁布了锁国令，这也对"古典为古典，现代语为现代语"这种学习方式的形成起到了决定性作用。锁国政策随之带来了训读法的进步和发展，然而，汉语学习的基础性问题却被彻底忽视。[5] 不过，长崎是当年唯一一个与中国保持交流的窗口，因此唐通事这一职位在长崎得以世袭。此外，中国明朝末期，在福建省福州的黄檗山万福寺担任住持的隐元隆琦禅师曾广为传播禅宗教义，而后应日本的多次邀请，于江户时代承应3年（1654年）远赴长崎，随行带来很多弟子和工匠。如此漂流至长崎并归入日籍的中国人或是黄檗山的僧侣之间有着说唐话的传统，主要包括福州话、漳州话、南京话。听到隐元隆琦禅师来到日本的消息，日本各地闻讯赶来大批修行僧欢迎禅师的到来，并拜师为徒，恭听禅学。[6]

在将军纲吉统治日本的时代，所谓的汉学士大夫之间掀起了一股风潮：要想精通真正的汉学，就必须学习唐话。这便是荻生徂徕与其徒弟太宰春台等一同与冈岛冠山来往的缘故。荻生徂徕在《译文筌蹄》的凡例中定义了自己的阅读诀窍和教育方法，内容如下所述：

> 余曾为学生定学习之法。先为崎阳之学。教以俗语。通以华音。訳以此方语。绝不作和训廻環之読。始以零細者。二字三字为句。後使読成書者。崎阳之学既成。乃始得为中華人。而後読経子史集四部書。勢如破竹。是最上乘也。

---

[5] 牛島(1989：47[1993：12])指出，意识到"助字"这一概念，并把它应用到训诂当中，是汉语语法研究的开始。在中国，这一研究始于西汉(公元前100年左右)；在日本，始于江户时代(1600-1868)。这个时期的日本汉学家主要精力放在对中国古典文学和古典文献中的助词、虚词等词语的研究上。

[6] 关于这一期间的详细情况，参见中国语学研究会编《中国语研究史》(东京：江南书院，1957年)中的"日本的中国语研究（明治以前）"。

汉文的教授应从"长崎的学问"(即支那语)入手,教授俗语,背诵支那语语音,并以日文俗语翻译。绝不能采用训读的倒音诵读法。先由两、三字的短句着手,而后阅读长篇书籍。通达支那语直至达到支那人般的熟练水平之后,进而阅读"经子史集"四类古代书籍,其进步将势如破竹。此方则为最佳学成之道。徂徕所提倡的"华音直读"在江户时代中期引起了极大的反响。从如今对于外语的理念已十分发达的时代来看,这是不足为奇的。但是,能在那个时代表明这样的见解显示了他敏锐的洞察力。徂徕的主张后来受到宽政时期"异学之禁"的影响而日渐式微(陶德民2008)。

学习唐话的风气不久便被以兰学为先锋的西欧各国所取代。但在明治时代初期,日本与清朝缔结贸易通商条约,并在外务省创办"汉语学所"。汉语学所的教育方法继承了唐通事时代的唐话教育传统。唐话则以中国南方话为主,其中分为南京话、福州话、漳州话。担任汉语教师的人曾为长崎通事。不久,汉语学所便被移交给文部省管理,就是现在日本外国语学校的起源。六角(1984)列举了自1868年明治维新以来日本人学习的所谓汉语的各种名称及有关其内容的各种事例,沿革概略如下(摘自同书第2章):

▲1871年(明治4年),两国签订《日清修好条约》。外务省创办"汉语学所"。【在明治时代早期的汉语学所中,中文被称为"汉语",教授南京话。】

▲1873年(明治6年),汉语学所移交给文部省管理,并更名为外国语学所。同年,东京外国语学校成立,并吞并外国语学所。【教授南京话,称为"清语"和"汉语"。】

▲1876年(明治9年),东京外国语学校汉语学科由教授南京话转至教授北京话。

▲1875年(明治8年),开办日清社。教授北京话,称为"支那语"。

▲1886年(明治19年),帝国大学(文科大学)的博言学科开始教授"支那语(俚语)"。

领先实现现近代化的日本与处于封建制末期的中国在政治、经济、军事领域存在着复杂且单方面的接触与干涉。上述汉语教育的变迁是正在这样的时代发展中逐渐具体表面化的。如此一来,日本从1876年开始便确定了以"北京话(北京官话)"为汉语学习对象。1894年,中日甲午战争爆发,培养通晓汉语和朝鲜语的人才成为当务之急。1899年,第一所由政府主办的外语专业学校——东京外国语学校成立。随后,根据文部省的高等教育机构扩张计划,于1921年成立了大阪外国语学校。此外,1925年,日本政府批准成立二战前唯一一所私立外语专门学校——天理外国语学校。即使在1945年8月15日战争结束后,日本人学习的仍然是北京话,但其名称不再是"支那语",而是更名为"中国语"。但是,无论是战时或是战后,除了"支那语"或"中国语"的名称以外,也有很多人将北京话称为"华语"。

以上我们简单扼要地回顾了历史的各个发展阶段。明治政府作为一个近代国家全新出发后，在日本人的眼里，汉语只属于军事用语及商业用语。[7] 日本人学习中国古典的方法一直没有任何改变，不考虑与现代语言的结合。此外，中日甲午战争（1894-95）和日俄战争（1904-05）两场大战都发生在使用汉语的中国大陆地区，也使这一倾向进一步加剧并得以定向。 此后，即使进入大正、昭和时代，但上述趋势并没有改变。汉语学习在日本形成了两个局面：即"中国古典是用训读来学习的对象，现代汉语是现实社会中用于日常生活的工具。"针对这种情况，仓石武四郎指出这是一个错误的观点，他主张中国古典的学习也应该以现代汉语为基础而展开，并披露了具体的理论与实践方法。[8] 仓石在 1941 年出版发行《支那语教育的理论与实际》（岩波书店），向世人呼吁自己的信念：

日本人研究中国的语言学时，明显地将汉文和现代汉语加以区别。于是，本为同一根源的中国语言文字，却不免让人误解为不同之物。二者甚至彼此划分领土，拉绳定界，最终导致两败俱伤的不幸结果。汉文令人感到陈旧不堪，现代汉语则被认为只是一个实用性的工具。这种看法是阻碍学术进步、影响日本人理解中国的最大原因。（同书〈前言〉第 2 页）

仓石全新的教育构思基于一份信念：即从现代汉语入手，再连续性地进入古典是学习汉语唯一的方法。简而言之，其观点大致如下：

首先需要学习现代汉语。但是，不能沿用以往的"习惯比学习更重要"的方法，而是要阶段性、系统性地学习发音、句法、词法，采用从易到难、从基础性知识到实践性知识的方式。并且，即使是学习现代语，也不能仅停留于日常对话，还要包含社会和文化方面的内容，并以口语为基础逐步地学习文言文，进而学习古典。为此，最为理想的是在小学高年级阶段开始设置汉语科目，并延续至中学、高中和大学。在教学中，教师

---

[7] 当然，当时的一些教科书旨在通过语言学习来促进对中国的理解。例如，近代日本汉语教育的先驱者宫岛大八（1867-1943）编纂的《官话急就篇》（1904 年）与《急就篇》（1933 年）（两本书皆由善邻书院出版发行）两书中，采用了中国人使用的生动的汉语表达，例如"他是小孩子不懂什么，你不必怪他"、"小侄儿今天特意来给老伯请安"等等。宫岛的教科书是当时最畅销的中文教科书。

[8] 日本汉学家儿岛献吉郎也对以往的"训读法"有所怀疑，为克服文章词语顺序颠倒之弊，探讨词与词的关系以及词类以及词序等，撰写了《汉文典》（东京：富山房，1902 年）。尽管如此，该书也稍有不尽如人意之处。参看牛岛（1989：87[1993：48]）。

必须尽量不依靠汉字，而采用"从听到说"的方法进行教学。发音要采用现代北京话的语音，充分利用中国创造的发音符号（本书中的"注音符号"）。这不仅是必要的、也是有效的教学方法。

当时，日本教育事业的各个方面都受到"教育ニ関スル勅語"（"教育相关敕语"），1890 年（明治 23 年）颁布，1948 年（昭和 23 年）废止）的全面性影响，人们认为汉文充分体现了敕语的思想观念。在这样的时代中，仓石的汉文直读论是一个难免招致自我孤立的危险挑战。另一方面，正如竹内（1965：193-200）所言，仓石坚信自己改误为正的经验，因此，他的改革方法急于普及求成。实际上，对于他的革新意见，人们的反响毁誉参半，其中，受到信奉训读法的学者和研究者的强烈批判。这也是因为，仓石的改革有可能威胁到他们的职业和地位，使他们无法轻易舍弃以往的方式。然而，仓石的观点引起了对传统学习和研究方式持有不满的年轻群体的关注，也得到了他们的大力支持。在这种模棱两可的状态下，几年后，二战宣告结束。

在接下来的三十余年中，仓石在京都大学和东京大学担任教授，从事中国文学和语言学的研究和教育工作，同时创办和经营"仓石中国语讲习会"与"日中学院"。为了促进这些组织的教学事业，仓石还编著出版了《岩波中国语词典》（岩波书店，1963 年），创造了史无前例的光辉业绩。此外，他在二战结束前的成就也不容忽视，如《支那语语法篇》（弘文堂书房，1938 年）、《支那语法入门》（弘文堂书房，1939 年）等著作，此期间详细内容可查阅仓石所著的《中国语五十年》（岩波新书，1973 年）。

四　日本中国语学会的成立

如上一节所述，帝国大学在二战前也曾开设过汉语课程，但是，仅适用于中国文学或东洋历史学专业的学生，只能说是一个特殊的语言课程。然而，在 1945 年二战结束后，日本人对中国的态度发生了转变，英语、德语、法语，中文和俄语这五种语言获得了同等的地位，甚至在入学考试中，这五种语言的待遇也变得完全平等。例如，二战结束前，高中（旧制）只开设英语、德语、法语这三门外语科目，但在二战后，则增设了汉语和俄语课程。尽管如此，也不能在全国所有的高中开设汉语科目，因此，首先在东京的第一高等学校和山口县的山口高等学校开设了将汉语作为第一外语的班级。如此一来，在日本的语言学教育史上，汉语（以及俄语）首次被列入了普遍的语言课程范围内（1946 年）。同时，这也使如何培训外语教师的问题成为当务之急。为了强化汉语教师以及汉语学习者之间的团结，中国语学研究会（后更名为中国语学会）在1946年10月应运而生。京都大学的仓石武四郎担任第一任会长，大阪外国语大学的金子二郎、神户外国语学校的坂本一郎、天理外国语学校的鸟居鹤美（久靖）也鼎力合作。这也是前帝国大学的中国文学系与外国语学校的中文系之间首次密切合作的一个尝试。研究会的活动据点在京都大学仓石的研究室。在1947年，研究会创刊了机关报《中国语学研究会会报》（后更名为《中国语学》）。9

　　1949年3月，仓石离开京都，赴东京大学任专职教授。随之，他也在东京设置了中国语学研究会的支部。在关东和关西两个支部的组织下，除了每个月在关东和关西分别举行例会之外，还决定每年在日本国内选出一所大学，举行全国大会。第一次大会于1950年11月在京都大学人文科学研究所举办。

　　鉴于中国语学研究会诞生于二战刚刚结束的动乱时期，并且早于东方学会10，仓石的行动力不得不使人惊叹。牛岛曾回顾研究会成立时的情景，感言如下：

　　战败这一未曾有的打击，对身心受到伤害的汉语研究者们来说是一种推动力，也是一种鞭策。〈中略〉参加这个研究会的人大体有两种不同的目的：一种是为了现代汉语的学术研究，另一种是在现代汉语的基础上进一步学习和研究中国古典。后者是被仓石先生的《支那语教育的理论和实际》（岩波书店）一书所打动、从心底与仓石先生的主张产生共鸣的"汉文"教师和学生。因此，他们也踊跃参加了"中国语学研究会"。这两种目的不同的人从中各有所获，都把希望寄托于仓石先生和研究会上。（牛岛1989［1993：80,84]）

　　这一时期发生了一件对日本各个方面造成重大影响的事件：即1949年10月1日中华人民共和国的成立。这一历史性事件使得日本人对中国的现状产生了前所未有的关注，同时，也提供了日本人学习现代汉语、了解中国的机遇。随之，日本全国各地接二连三地建立起现代汉语的培训机构，以学会为中心的研究人员和教育人员的全国性合作

---

9 1988年5月《中国语学》复刊，共7册（No.1—No.200：1947年（昭和22年）—1970年（昭和45年）），由文生书院、东城书店出版。此外，2000年10月发行了《中国语学》总目录(1947-2000年)。

10 东方学会基金会成立于1947年6月。作为日本外务省管辖下的民间学术组织，该基金会旨在推进日本东方学研究的发展，并为东方各国文化的发展做出贡献。在中国出版的《语言学资料》（1965年第2-3期合刊）中"日本最近十年的语言研究情况"一文对此也有记述。

逐年得到加强。赖惟勤、牛岛德次、藤堂明保、香坂顺一、伊地智善继等代表当时日本的学者们纷纷发表研究成果，在音韵、词汇、语法等各个领域展开了空前的热议。《中国语学事典》（江南书院：由来自所有流派的76位学者撰写）于1958年、《中国语学新辞典》（光生馆）于1969年先后出版。

今天，日本中国语学会已发展为日本国内汉语言学领域规模最大的学会。学会拥有1200名会员，其中汉语语法的研究者甚多。在最近30年（1990年至2019年）内登载于《中国语学》的424篇论文当中，有关现代语法的文章共167篇，约占整体的40%。每年举行的"中国语学会"年会参加者约达300人，今年将迎来第七十届全国大会。此外，学会内部组成了由京都大学平田昌司教授主持的辞典编纂委员会，目前正在根据近年的研究动向，为编辑出版中国语学辞典而悉心致力。

五　结语

日本的学术传统认为，汉文书籍需要以训读的方法来阅读，与生动的现代汉语没有任何关系。对此，仓石武四郎提出了改革汉文教育的必要性，并主张用汉语的发音来阅读中文书籍，对日本汉语研究的发展做出了巨大贡献。在明治时代后期的民族主义浪潮中，仓石创新的主张被视为对传统的挑战。我们认为，虽说直读法是常规的学习方法，但是，也不应该一律排斥传统的训读法。在历史过程中形成的汉文训读不仅是日本民族发明的宝贵文化遗产，同时，在当代的日本仍然是理解中国古典的一个有效的方法。而且，不能忘记的是汉文有着多种不同的读法，曾经作为东亚文化圈的一个交流工具，发挥了"通用语"的作用（金文京2012）。因此，我们认为训读这一传统也是应该传承下去的。另一方面，理解中国的文献以及各方面因素必须以学习现代汉语为基础，这一主张是无可置疑的。仓石创立的中国语学研究会促进了汉语语法以及汉语相关领域的研究，并将研究成果应用于汉语教学方法的开发，为二战后日本的汉语研究和汉语教育的发展做出了巨大的贡献。仓石勇敢地倡导及实践自己坚信的主张并取得巨大的成就，令人肃然起敬。我们相信，他的信念将永世长存。

参考文献

金文京 2012 东亚汉文训读起源与佛经汉译之关系——兼谈其相关语言观及世界观，《日语学习与研究》第2期。

李无未 2008 日本汉语口语语法研究的先声——读 1877 年刊行的《支那文典》,《语言学论丛》第 37 辑。

邵敬敏 2010 《汉语语法学史稿(修订本)》,商务印书馆。

王顺洪 1993 仓石武四郎——现代日本汉语教育的先行者,《国外语言学》第 3 期。

杨杏红 2014 《日本明治时期北京官话课本语法研究》,厦门大学出版社。

张 黎 2019 当代日本汉语语法研究,《中国语文研究》2019 年卷。

倉石武四郎 1941 『支那語教育の理論と実際』,東京:岩波書店。

倉石武四郎 1973 『中国語五十年』,東京:岩波書店。

六角恒广 1984 『近代日本の中国語教育』,東京:不二出版。

牛島徳次 1977 『中国古典の学び方』,東京:大修館書店。

牛島徳次 1989 『日本における中国語文法研究史』,東京:東方書店(中文译本《日本中国语文法研究史》,甄岳刚译,北京语言学院出版社,1993 年)。

青木正児 1921 「本邦支那学改革の第一步」,『支那学』第 1 卷第 5 号『青木正児全集』第二卷所収「漢文直読論」,334-341 頁,春秋社,1970 年)。

日中学院編 1977 『倉石武四郎 中国にかける橋』,東京:亜紀書房。

陶徳民 2008 「近代における「漢文直読」論の由緒と行方——重野・青木・倉石をめぐる思想状況——」,中村春作、市來津由彦他(篇)『「訓読」論——東アジア漢文世界と日本語——』,東京:勉誠出版,49-85 頁。

中国語学研究会編 1957 『中国語研究史』,東京:江南書院。

竹内好 1965 『中国を知るために』第二集,東京:勁草書房。

物体范畴之空间属性的激活与凸显

金昌吉

（大阪产业大学）

摘要：在不同的语言中，人们对于各类范畴的认知是不同的。传统语法主要侧重于寻找各类范畴的对立特征上，但显然范畴与范畴之间并非截然对立。物体范畴的空间属性在特定语境下可以得以激活和凸显。认知语言学将人的身体结构看作是一个容器图式。汉语在进入用"哪儿"来提问的框架中，表身体部位名词的空间属性就会被激活并凸显。而容器意象图式一旦形成，就可以从身体领域扩展到其他领域：具有包含和被包含的关系的物体、特定范围中有序排列的事物或现象等，都可以被看作是容器关系。位置固定，排列有序，这是物体范畴之空间属性得以激活和凸显的语义基础，而"哪儿"的问答格式则是直接诱发物体范畴向空间范畴转化的条件。

关键词：物体范畴 方所范畴 空间属性 容器意象图示 激活

现代认知学认为，世间万物皆存在于时空之中。一般而言，物体（人与物）和方所在语言表现中是两个不同的范畴，有关两者的区别，已经有不少的学者作过相当深入的探讨。但如果我们把观察的视野再放宽一些，就会发现两者之间并非截然分开，无论是在词汇形式上，还是在语法表现上，都具有一系列的中间状态。二者之间既有对立，也可以相互转化。

物体范畴（包括人与物）与方所范畴的区别，在各种语言中都客观存在，不同的是，在各种语言中，物体与方所范畴的对立却呈现出各自不同的方式。比如，日语中可以说：ここはどこですか、但不能说：＊これはどこですか？而与此相对，汉语可以说："这是哪儿？"却极少有人说："这儿是哪儿？"（"这里是哪里？"也不是很常见）；英语可以说 Go to the desk. Come back to me. 而与此相对的表现，在日语和汉语中都无法成立（＊机へ行きなさい/＊"去到桌子"；＊私へ帰っておいで/＊"回到我"）（荒川清秀1981/2015：13；田窪行则 1984：91）。这说明，在不同的语言中，人们对于物体范畴和方所范畴的认知是不同的。下面我们就具体来看一下汉语中的物体范畴与方所范畴之间的相互关系。

一、物体范畴与方所范畴的对立——传统语法的研究

传统语法的一条很重要的原则就是"凭形态而建立范畴，集范畴而构成体系"。（方光焘 1958：52）也就是说，从形态出发，给各级语法单位进行分类，然后建立相关范畴，最后再逐级汇总，构建出一个体系，这就是传统语法研究的基本程序。就汉语的名词而言，最早只是一个大类："凡实字以名一切事物者，曰名字，省曰名。"（马建忠 1898/1983：20），后来就又逐渐细分出一些小类，如时间名词、处所名词、方位名词等（丁声树等 1961；赵元任 1968；朱德熙 1982）。过去有很长一段时间，我们都是在找各类词语或范畴之间的对立和不同，吕叔湘在针对汉语词类研究问题时曾指出，对大类再进一步分小类是"推进语法研究的途径之一"。（吕叔湘 1979：35）物体范畴和方所范畴的研究和分析恰恰就是这样的一个典型。怎样截然划分开物体范畴和方所范畴之间的界限？怎样给方所范畴单独立类？这些都是过去几十年来我们一直关注和努力研究的重要课题。吕叔湘是最早提出"方所范畴"的中国学者，不过，他的方所范畴是放在表达论里来阐述的，虽有一些鉴定格式，但并不固定，基本上还是一个语义为主的表达范畴（吕叔湘 1942-1944/1982：194-214）。朱德熙以广义形态为标准，将处所词和方位词分开，指出：处所词是能做"在，到，往（wǎng）"的宾语并且能用"哪儿"提问，用"这儿""那儿"指代的体词；而方位词则注重其粘着性，将其分为单纯方位词和合成方位词两类。（朱德熙 1984：42-45）储泽祥 1997 则重拾"方所"这一表述，不过这次他是把"方所"作为一个语法范畴来加以认识的："方所，'方'即方位，'所'即处所。方所是由方位和处所两大概念组成的一个语法范畴"，并照搬朱德熙区分处所词的标准，对方所范畴进行了比较全面和细致的分析。（储泽祥 1997：1-5）方经民从 1980 年代开始就对汉语的方位表现不断进行系列研究，2002 年更明确指出汉语空间区域范畴研究的重要性，并根据认知功能把现代汉语的空间区域范畴分为地点域和方位域两类。他认为"空间区域、方位域、地点域是认知功能范畴概念，跟其他语言（如英语、日语等）相比，汉语里，地点域和方位域在认知功能上的对立是非常明显的，这种对立必定会在句法、语义、语用和功能等平面上反映出来。"（方经民 2002：45）。史有为（1982）、邹邵华（1984）、刘宁生（1994）、齐沪扬（1998，2014）等也基本上都是按着这个区分小类，寻找对立特征，描写和分析更加精细化的思路来进行研究的。

日语中也存在着物体与处所表现的对立，很多学者都对此有过探讨。为了区分物体名词和处所名词，一些学者先后提出了一些特定的语法检验格式，如寺村秀夫：

「そこで、

ココハ____デス（这里是……）

____ヘ行ク（来ル）（到……来）

____で〜した（在……做了……）（中文为笔者所译，下同）

などの下線部に入ることのできる名詞はいわば「トコロ性」を持っている、と考えることには文法的にも意味があると言える。」（能够出现在以上格式中下划线处的名词具有 "处所性"，这种认识可以说在语法上也是有意义的）（寺村秀夫 1968: 9）

田窪行則（1984: 96）进一步提出有五条规则可作为区分的标准：

（1）「のところ」が付くか付かないか。（是否可以后附 "のところ"（"…的地方"）

（2）疑問詞「どこ」で聞ける。（＝答となりうる）（可以用疑问词 "哪里" 提问（也可以作回答））

（3）移動を表す動詞の Goal，Source に現われる。（可以出现在表示移动的动词的目的地和源点的位置）

（4）場所の状況語句を作る「NP で」の NP の位置に現われる。（可以出现在作为处所的修饰语「NP で」的 NP 的位置上）

（5）存在を表す文において「位置」を示す「NP に」の位置に現われる。（可以出现在表存在的句子中表「位置」的「NP に」的位置上）

田中茂範则利用相关句法检验格式（テスト枠）逐一进行检测，认为「に」「で」「から」「まで」「ヘ」「を」等都可看作为具有空间词功能的助词（"「に」「で」「から」「まで」「ヘ」「を」が空間辞として機能しうる助詞である"。田中茂範・松本曜　1997: 24）

不难看出，日本学者的研究思路与中国大陆学者并无太大的差别，大家是要竭力找出各自对立的形式特征，试图彻底将两种不同的范畴区别开来。

二、物体范畴与方所范畴的相互关联

随着研究的深入，人们很快发现表物体的名词和表方所的名词并非截然对立。荒川清秀曾单独列出两类可以省略方位词（既带有事物性也带有空间性）的名词，如 a 类：家、厨房、厕所、客厅、宿舍、学校、教室、办公室、机关、工厂、车间、礼堂、商店、食堂、饭店、邮局、公园、图书馆、车站、走廊、游泳池等；d 类：飞机场、广场、操场、站台、工地、柜台等。（荒川清秀 1982，又见 2015: 24）这两类词语，既可以看作是物体的表征，也可以作为方所概念来使用。比如，我们可以说："这是公园"。也可以说"这里是公园"。即便是作为方所概念来使用时，我们也可以再一次使用方位词使其方所化性质更加得以彰显, 如："在公园踢球。""在公园里踢球。""在操场练习"；"在操场上练习"。这说明，物体范畴和方所范畴之间并不是截然对立的，而是存在着相互关联和转化的可能。针对这些现象，不少学者也都从不同的角度进行了一些更加深入的研究（如崔希亮 2002； 储泽祥 2004；王光全、柳英绿 2008；金昌吉 2015 等）。下面我们将从身体部位名词出发来具体看一看物体范畴与方所范畴之间的相互关联及转化的现象。

1. 身体部位的名词

通常情况下，"什么"是用来询问物体的，如

（1）"这是什么？——这是苹果。"

表达人体部位的名词也可以用这样的方式来提问：

（2）"这是什么？——这是眼睛/鼻子/耳朵……。"

也就是说，我们一般是把身体的各个部位作为物体范畴来进行认知的。

"哪儿"是用来询问方所的（朱德熙 1982：42；储泽祥 1997：2），如

（3）"你在哪儿呢？——我在北京呢。"

不过，我们也可以看到这样的问答：

（4）"你哪儿疼？——我头疼/肚子疼/腿疼。"

（5）"你有没有受伤?""有，你快来。""伤到哪儿了?""伤到腿了。"

表示身体部位的名词可以作为处所词来使用，这是很早就有学者关注到的现象（如田窪行则 1984：99；孟庆海 1986：262-265）。但问题在于，原本应该属于物体范畴的身体部位名词为什么却可以用询问方所的疑问词来提问？它的认知基础是什么？

认知语言学认为，人对客观物体的认知是建立在大脑中对事物感知所形成的心理表征，即意象的基础上的。Mark Johnson 曾指出，人类的身体可以被看作是一个三维的容器，我们往里面放入一些东西（如食物、水、空气），也排放出一些其他的东西（食物和水的残渣剩余、气息、血液等）。(We are intimately aware of our bodies as three-dimensional containers into which we put certain things(food, water, air) and out of which other things emerge(food and water wasters, air , blood, etc.)(Mark Johnson 1987: 21) Mark Johnson 还指出，身体容器的内-外定向（in-out orientation）法则至少可以衍推出五个重要的结论，其

中第3和第4条都与空间位置有关：（3）容器由于有限制力量，被包含在容器之内的客体的位置得以相对固定。（Because of this restraint of force, the contained object gets a relative fixity of location.）（4）这种在容器之内位置的相对固定也意味着被包含的客体变得可以为观察者看到或无法看到。（This relative fixing of location within the container means that the contained object becomes either accessible or inaccessible to the view of some observer.）(Mark Johnson 1987: 22)如果我们将以上论述进一步简约化的话，可以得出以下的认识，即假如把人体看作是一个容器的话，那么身体内部的各个器官都是具有其固定的空间位置的（+空间性），或者反过来也可以说，各居其位的身体器官是可以通过其所在位置来加以认识的。人的身体是一个典型的容器图式，"头、眼睛、耳朵"等表示身体部位的名词，固然有其各自不同的各体特征，但也有各自不同的功能属性（如思考、视听等），同时也都具有各自的空间属性，即在人体中固定的所在位置，而对这种所在位置的认知是全人类共同的，是一种默认的常识，因此当在用"哪儿"来提问的空间认知框架中，说到"头"、"眼睛"这一类名词时，所激活并凸显的正是它们的空间位置特性。依据这样的特性，医生可以在患者告知具体器官名（如眼睛、鼻子、耳朵等）后，不假思索地找到其患处所在，从而进行精准观察和治疗。在这里，身体的不同位置也就意味着不同的器官，不同的器官也直指其相关所在。

身体容器意象图示的表现在语言中随处可见，如：

（6）你别蹬鼻子上脸啊。

（7）小道消息嘛。我是这个耳朵进那个耳朵出，哈哈，对，对。

（8）咽腔和喉头之间有一块软骨叫会厌软骨，呼吸或说话的时候，它就打开，让空气自由出入，吃东西的时候，它就关上，让食物进入食道。由咽腔往上有两条路：一条通到口腔，一条通到鼻腔。起调节作用的是软腭（连同小舌）。软腭下垂，打开通鼻腔的通道，堵住通口腔的通道。如果软腭往上拾起，抵住喉壁，通鼻腔的路就被阻塞，气流只能从口腔出来。

（9）接下来，就要把那些泥状的东西糊在身上，从头到脚都要抹到。

以上各例中的身体部位名词，显然都是在容器意象图示的框架中来使用的，此时它们所彰显的是各自的空间属性，而非其物体属性。

"哪儿"也可以直接指代身体的某个部位，如：

（10）两个胳膊都不动，就生怕碰到了对方的哪儿。

这里的"哪儿"显然是指代身体的某个部位（如手、胸部等）。再如：

（11）这两三年来教之助的身体衰弱多了，也说不出哪儿不好，但胃口太差。

以上各例均说明，物体范畴和方所范畴是互相关联且可以相互转化的。

2. 具有特定组成成分的事物以及固定空间中的事物

容器意象图式一旦形成，就可以从身体领域扩展至其他客体领域，推而广之，所有具有包含和被包含的关系（或者说是具有整体和部分之关系）的客体，都可以被看做为容器。

椅子、桌子、门等，都是典型的事物概念，而它们也可以拆分为具体的部件来理解，如椅子背、椅子腿；桌面、桌子腿；门楣、门把手等；但如果将其放入更大的空间里的话，那它们也都可以作为其中的一个组成部分来加以辨识，如房间中的家具或构成部件。

作为客体时，它们通常都是用"什么"来提问的：

（12）"这是什么？——这是椅子/椅子腿/桌子/桌子腿/门/门把手……"

但有时也可以用"哪儿"来提问：

（13）"哪儿坏了？——门坏了/门把手坏了……"

当一个物体可以作为一个具有内部构造的整体来看待时（如桌子、椅子、门等），那么它内部的各个部件（如桌面，桌子腿；椅子背，椅子腿；门楣、门把手等）的位置显然是固定的，并且这种固定化的空间位置认知是可以被交际双方所共同拥有并默认的，因此在回答空间认知域词语"哪儿"的问题时，其所在位置的空间特性也会被激活并得以凸显。当然，如果门、窗户等只是作为某一空间的构件来认识的话，那么，当它们所在的位置被固定化，而且成为空间所在成员默认的常识时，它们的空间属性也会被自动激活并得以凸显。这也就是例（13）可以成立的原因。

除此之外，生活中凡具有整体和部分关系的物体均可通过用"哪儿/哪里"提问的格式来激活其空间属性，如：

（14）衣服哪里破了？——袖子被刮破了。（衣服——袖子、领口等）

（15）车哪儿坏了？引擎还是刹车？（车——引擎、刹车等）

（16）她一直在捣鼓自己的收款机。她不知道它哪里出了毛病，也无法消除它的毛病。（收款机——某一部件）

3. 特定范围中具有有序排列特征的事物概念

身体容器的意象图示还可以通过隐喻的方式扩展至其他领域中。人类对世间万物的认知，都遵循着固有的模式和常规。为了认识和把握客观世界，我们的感觉和知觉、行为会建立起一定的模式。这些反复出现的模式、程式就形成了意象图式的基础。身体容器的意象图式可以投射至不同的领域和范围。不同范围和领域均可看作容器，其中的事物均各自有序、互相关联。因此，在一个有序的特定范围中，如数字序列（0，1，2……）、人的成长序列、家族世代的年龄或辈分（爷爷、爸爸、儿子、孙子），甚至一篇讲话、一段论述等等，其内部元素或成分的空间位置其实也是固定的，其空间位置特性在特定的框架下便可以被激活并凸显。

世间万物都是遵循着从无到有，由始至终的顺序来发展和变化的，所以，我们可以说：

（17）"从哪儿开始？——从零开始/从头开始"

"零"和"头"可以代表所有的有序序列的开始，它们是抽象的起点概念，当然，这个起点概念也可以具体化到物体、人、数字、事物等。

（18）"我不知道她想先从哪儿开始——是我的眼球还是我的喉咙。大概是眼球吧，因为如果她从我的喉咙开始，她就不能听见我的尖叫声从而得到满足了。"（某种特定的动作先后顺序）

（19）"咱们从哪儿开始说啊？——从爷爷说起吧。"（家族世代的年龄或辈分序列）

（20）"从哪儿数起啊？——当然是从 1 数起了。"（数字序列）

（21）没有博韦先生，案子就一筹莫展，不管你从哪里下手，都要先攻开博韦先生。（案件的调查顺序）

当然，事物不光有起点，还有中间点或终点。如：

（22）手上一翻，许久没有上学，又不知已经讲到了哪里。（教材的教学进度）

（23）我的《回忆录》写到哪里了？（写作的中间阶段）

（24）再度静寂下来的时候，冯天佑似乎忘了说到哪里了，竟僵在台上。（讲述的中间节点）

（25）我搞不清楚这歌唱到哪里了，也不知道会唱到什么地方才结束。（歌曲演唱过程的某一节点或终点）

由此可见，只要是纳入人类的认知域，事物便不再是杂乱无章的了，而是在可认知的框架中形成一个一个有序的排列组合，物各居其所，人各司其职。而万事万物，无论是大小、前后、还是里外、左右，总归都是有迹可循的，而这个迹，也就是空间所在，哪怕它只是一个点。

三、物体范畴之空间属性的激活和凸显

1. 物体范畴和方所范畴有对立，这是无法否认的客观事实。也正因为有对立，我们才能区分出不同的语义范畴，给相关名词划分小类并找出相关的语法区别性特征。但对立并不意味着截然分开，互不相关。荒川清秀（1982）所列出的两类可以省略方位词的名词，属于兼具客体属性和空间属性的名词，由于两种属性都是可见的显性特征，因此在现实的语言环境中可以相对自由地进行认知转换，如：

（26）这是操场。／这儿是操场。

（27）这个图书馆已经成了本市的标志性建筑。／在图书馆看书。

这些名词的共同特点在于它们均具有较大的内部空间而且自成一体，如果只从外部来观察和认识的话，那么就可以把它们只看作是一个客体存在；而如果关注其内部构造的话，其空间属性就会自动激活并彰显出来。因此，这两类名词可以说是兼属物体和方所两种范畴，有对立，但在进行范畴转化时并不存在明显的认知障碍。

2. 一个客体要归属于哪个范畴，不仅仅只是语义层面的问题，还取决于人类的认知操作，更受制于语言的特定表达框架。我们在第二节中以用"哪儿/哪里"提问的句子框架来对表身体部位的名词进行检验和分析时，认为表物体范畴的名词，在一定的语境下，其方所属性可以被激活并得以凸显。但这并不是说，相关名词已经彻底转化为了方所范畴，因为它们与真正的表方所范畴的名词还是并不完全相同。如：我们可以说：

（28）这是什么？——这是手。但是我们不说：

（29）"这是哪儿？——＊这是手。"

物体范畴的方所属性得以突显，是由于出现在特定的句子框架中（如用"哪儿"来提问），并不意味着物体本身已经转化为了方所。尽管我们可以在"哪儿疼——脖子疼。"的这一特定语境中，将"脖子"作为方所概念来看待，但如果换一个语境的话，如：

（30）"我的围巾在哪儿呢？——在你脖子上（＊脖子）挂着呢。"

这种情况下，物体向方所的转化仍需要借助于方位词"上"的帮助。这和荒川清秀（1982）所提出的两类名词并不完全相同。其物体范畴之空间属性还是要借助特定的语言表达格式才能得以激活和凸显。当我们用"哪儿"来提问时，我们所关注的焦点就集中于其空间所在，这是一种认知意义上的强调突出，当空间属性（空间所在）被焦点化推入前景（foreground）时，其客体属性便自然被排除在焦点之外，并被推入背景（background）。人体部位名词由于有身体容器意象图式的认知机制存在，所以其空间属性的激活和凸显

相对来说比较容易。如果只是单纯要询问或找出病灶所在，只要说出相关身体部位名词，人们就自然而然地可以联想到该身体部位的所在；但如果是要确定外部物体与身体某部位的相互空间关系（如例（30）等，就需要一些特定的语言表现（如方位词等）才能进行相关关联操作。

3. 正如我们上面所阐述的那样，不同的语境当中，某一种属性可以取代和掩盖其他属性而凸显为范畴的中心属性，其条件是来自上下文以及相关句法格式的规约限制。除了我们上面谈到过的用"哪儿"来提问的格式以外，存现句的句首以及某些动词的宾语位置，也可以起到强制转化的作用。存现句句首的例子如：

（31）白纸写满了黑字。（句首的"白纸"具有了方所意义，储泽祥例1997：3）

动词宾语的例子如：

（32）打屁股/骑脖子/弹他的脑袋/擦脸（这些表身体部位的名词都临时具有了处所义，孟庆海例，1986：262）

（33）（王叔叔）又是用亲切赞赏的目光抚摸他的脸。——用亲切赞赏的目光在他的脸上抚摸着。（孟庆海例，1986：265）

其实不光是表示身体部位的名词，在"擦、抚摸、踢、踹"等动词后，一些其他的客体名词也都可以临时充当处所宾语，如

（34）擦桌子/擦车/擦皮鞋（可以用"擦哪儿？"提问）

（35）踢哪儿？——踢他的屁股/踢门。

也就是说物体范畴和方所范畴确实存在着对立的一面，不过在一定的语用环境下或者特定的句法框架中，某一语义属性可以被激活，从而达到凸显，而其他属性则不再是关注的焦点。

4. 非常有意思的现象是指示代词和疑问代词的使用。吕叔湘先生曾指出：文言中，"彼、此（兹、斯）往往可以直接单用以指处所，如：

（36）然予居于此，多可喜，亦多可悲。（项脊）

（37）某所，而母立于兹。（同）

（38）有美玉于斯，韫匵而藏诸？求善贾而沽诸？（论·子罕）

（39）我在彼三载，去官之日，不办有路粮。二郎在彼未几，那能变得此来邪？可载米还彼。（宋书·孔凯传）（以上均为吕叔湘例，1942-1944/1982：198）

吕先生还说，"白话文里询问方所没有专用的指称词，应用「什么」和「哪」造成「什么地方」和「哪儿」（哪里，哪），「哪儿」较普遍。"（吕叔湘1942-1944/1982：194）。

也就是说，物体指称和方所指称的分工并不明确，可以互相通用。这种现象在现代汉语中依旧存在，例如：

（40）"哪儿呀？"（也可以说成"什么呀"）

（41）"这都哪儿跟哪儿啊？"（——"这都什么跟什么啊？"）

（42）你说的哪儿是真话？（——你说的什么是真话？）

（43）这是哪儿的话啊？（——这是什么话啊？）

（44）植物、动物与人类的差别在哪里？（——植物、动物与人的差别是什么？）

（45）贺家彬拿起话筒："喂，哪里？""我是长途台，找贺家彬讲话。"（请注意这里的"哪里"和"长途台"的关系）

就指示代词而言，在指示物体的同时其实也是在指示物体的方向和所在，因此，这两种属性是相互关联的，并不矛盾。

5. 我们面前的客观世界，虽看似杂乱无章，但在人类的认知体系中，各个物体或各类客体都是按照特定的意象图式而排列的。所谓的整齐和有序，也就是各有其所，各居其位，这些都是人类认知的结果。认知世界是主观和客观的结合体，而语言则是人类认知的投射。因此，物体概念既有其客体属性，也有其空间属性。只不过一般情况下，表物体范畴的名词在使用时，人们所关注的大多只是其有界的客体属性，空间属性则处于边缘部分。

6. 在认知语言学看来，意象是指对一个客观事物或情形由于"识解"方式的差别——凸显的部分不同，采取的视角不同，抽象化的程度不同，等等——而形成的不同的心理印象。由于感知和理解、把握情景的方式不同，所以对于同一对象，可以选择不同的视点、凸显事物或运动不同的侧面、属性、显著度等。具有整体和部分关系的客体都可以看作是容器，而容器内的各个部分（更小的客体）都固定地存在于受到特定限制的容器之中。位置固定，排列有序，这是表示物体的名词之方所属性存在的语义基础。身体容器意象图示可以通过隐喻的方式扩展到其他客体领域甚至是抽象范畴领域，这是人类身体的空间感知经验向其他领域扩张的集中表现。但是究竟要淡化或凸显某一事物的哪个侧面，则取决于认知的焦点所在，取决于我们把它放在哪种语言框架中来加以激活。用"哪儿"等空间疑问词来提问的格式，将人们的注意焦点集中到了物体的所在位置上，这时，事物的客体属性便降格为边缘属性，而空间属性则得以激活，凸显为中心属性。这属于语用和认知的转化，具有临时性、特定性以及强制性的特征，即离开了特定的语言环境，其静态属性依旧属于客体范畴。

参考文献

崔希亮 2002 汉语方位结构"在……里"的认知考察,《语法研究和探索》(十一),中国语文杂志社编,北京商务印书馆第1版

储泽祥 1997 《现代汉语方所系统研究》,华中师范大学出版社第1版,1998年7月第2次印刷

    2004 汉语"在+方位短语"里方位词的隐现机制,《中国语文》第2期

丁声树等 1961 《现代汉语语法讲话》,北京商务印书馆

方光焘 1958 体系和方法,《中国文法革新论丛》,中华书局

方经民 1987 现代汉语方位参照聚合类型,《语言研究》第2期

    1993 论方位参照的构成要素,《中国語学》第240号

    1999a 论汉语空间方位参照认知过程中的基本策略,《中国语文》第1期

    1999b 汉语空间方位参照的认知结构,《世界汉语教学》第4期

    2001 汉语空间参照系统中的方位参照,《面向二十一世纪语言问题再认识——庆祝张斌先生从教五十周年暨八十华诞》,上海教育出版社

    2002 论现代汉语空间区域范畴的性质和类型,《世界汉语教学》第3期

金昌吉 2015 方位词"里"的隐现与认知解释,《汉语语言学日中学者论文集——纪念方经民教授逝世十周年》,日本好文出版

刘宁生 1994 汉语怎样表达物体的空间关系,《中国语文》第3期

吕叔湘 1942-1944/1982 《中国文法要略》,北京商务印书馆新1版

    1979 《汉语语法分析问题》,北京商务印书馆

马建忠 1898/1983 《马氏文通》,北京商务印书馆新1版

齐沪扬 1984 《现代汉语空间问题研究》,学林出版社

    2014 《现代汉语现实空间的认知研究》,北京商务印书馆

史有为 1982 关于名词和处所词的转化,《汉语学习》第1期

王光全、柳英绿 2008 汉语处所化机制及其在教学中的应用,《世界汉语教学》第1期

文 炼 1984 《处所、时间和方位》,上海教育出版社。

赵元任 1968 《汉语口语语法》,吕叔湘译,北京商务印书馆(1979)。

邹邵华 1984 现代汉语方位词的语法功能,《中国语文》第3期

朱德熙 1982 《语法讲义》,北京商务印书馆1982年9月第1版,1984年6月第二次印刷

荒川清秀 1982/2015 日本語名詞のトコロ(空間)性—中国語との関連で—、『日本語と中国語対照研究』6号、また『動詞を中心にした中国語文法論集』に収録、白帝社2015年出版

田中茂範・松本曜 1997 『空間と移動の表現』、『日英語比較選書6』中右実編、研究社出版

田窪行則 1984 「現代日本語の場所を表す名詞類について」『日本語・日本文化』第 12 号、大阪外国語大学

寺村秀夫 1968 「日本語名詞の下位分類」『日本語教育』12 号、日本語教育学会

Mark Johnson 1987: *The body in the mind-The bodily basis of Meaning, Imagination, and reason.* The University of Chicago Press. Chicago and London

形容词的状态性、程度性和状态量

——兼论度量共现形式

时卫国

（山东大学）

摘要： 现代汉语形容词有几种基本属性，如状态性、程度性、状态量、可控性、描写性等。状态性是形容词最基本的属性，它与程度性、状态量都密切相关，且互不可分。程度性寓于状态性，是状态性的延伸属性，通过接受各种形式的程度修饰，展现状态的多样性和复杂性。状态量作为状态性的扩容属性，与程度性融合展现状态性的层级，用于表示说话人的态度。

关键词： 形容词 状态性 程度性 状态量 度量共现

一、前言

汉语形容词有几种属性，如状态性、程度性、状态量、可控性、描写性、色彩性等。状态性是形容词具有的最基本的属性，它能用来形容状态，表示事物的性质。程度性是另一种属性，它依附于状态性，没有状态性，就没有程度性。程度性表示状态的程度高低或大小，状态量是状态性的延伸属性，它寓于状态性，反映状态中含有的范围或限度。这些属性对形容词的语法功能产生影响，也是汉语的一种特色，在以往的研究中有所涉猎，但没有详细考察。

本研究主要就形容词的状态性、程度性和状态量[1]进行说明，分析其与程度副词和量性成分的共现关系，阐述形容词的特点以及形容词接受度量共现时的用法。

二、相关研究

关于形容词的研究已经取得了许多成果，如朱德熙 1980、1982、石毓智 2001、张国宪 2006 等。

朱德熙 1982 指出形容词可以分为性质形容词和状态形容词，从语法意义上看，性质形容词单纯表示属性，状态形容词带有明显的描写性[2]。

石毓智 2001 从形容词的肯定与否定的角度出发，依据能否加"有点、很、最"这一系列副词，将形容词分为非定量形容词和定量形容词。能够用该程度词序列分别加以修饰的叫非定量形容词，可以加"不"或"没"否定，如"红、大、远、宽、长、亮、干净、困难、漂亮、勇敢"等。不能用该程度词序分别加以修饰的叫定量形容词，都不能加"不"或"没"否定，譬如"粉、中、紫、褐、橙、疑难、雪亮、刷白、美丽、崭新"等。形容词有连续性和离散性之分，非定量形容词又可分为只有连续量性质的非定量形容词(如"干脆、利索、笼统、普通"等，不能加"了")和兼有连续量和离散量性质的非定量形容词 (如"好、坏、大、小"等，可以加"了")[3]。

张国宪 2006 根据能否用表客观量程度词修饰的标准，把形容词分为定量形容词和非定量形容词。定量形容词（如"优异""瑰丽""雪白"等）不能受"稍微、比较、更、最"等表客观量程度词的修饰。非定量形容词（如"肥""新""干净"等）能够受"稍微、比较、更、最"等表客观量的程度词修饰[4]。

上述研究对形容词的描写性、连续性、离散性进行了叙述，较好地揭示了形容词的语法属性，然而还有一些属性尚未叙述，要了解形容词的各种属性，需要参考这些成果对形容词进一步地进行探索和考察。

本研究依据形容词的特点，从状态性、程度性、状态量方面进行阐述，然后从三者的关系进行综合分析。

三、状态性

形容词是用来表示状态、性质、属性或说明事物的词，其特点是具有状态性。所谓状态性，就是能用来表示某种事物具有某种状态、或用于说明事物的基本性质，描写或叙述静态。

在以往的研究中，对形容词的分类不尽相同，但都承认形容词具有描写状态的语义特点和语法功能。如朱德熙 1980 对形容词及其重叠式进行了考察，朱德熙 1982 则将形容词分为性质形容词和状态形容词。石毓智 2001 和张国宪 2006 的分类尽管与朱德熙 1982 有所不同，但都承认形容词用于描写状态，这一点三者完全一致。

形容词有别于动词，动词是表示动作、行为的词，其特点是具有动作性，表示动态义，而形容词则是表示状态、性质和属性、说明事物情况的词，用于静态描写，它具有状态性，表示静态义。例如：

(1) 他衣着<u>整洁</u>，坐姿<u>端正</u>，目光<u>呆滞</u>，神情<u>忧郁</u>，一言不发。(陈喜儒著《名家散文自选集—屐痕碎影》P132 民主与建设出版社 2017)

(2) 节气已过降霜，午后的太阳照耀着平坦的原野，<u>干净又暖和</u>。(铁凝著《铁凝文集 3》P3 江苏文艺出版社 1996)

(3) 平素，他和勤娃在外的时间<u>多</u>，在屋的时间<u>少</u>，和相亲乡党们来往接触少。(陈忠实著《蓝袍先生》P9 江苏文艺出版社 2013)

(4) 柳叶已经<u>老</u>了，橘黄色的落叶随着河水缓缓地向前漂。(莫言著《欢乐》P3 浙江文艺出版社 2017)。

"整洁"、"端正"、"呆滞"、"忧郁"、"干净"、"暖和"、"多"、"少"、"老"尽管语义各不相同，但都具有状态性，如"衣着整洁"、"坐姿端正"就是描写"衣着"、"坐姿"的状态。"呆滞"、"忧郁"、"干净"、"暖和"、"多"、"少"、"老"也是描写状态，都具有状态性。

形容词的重叠式也有相对的状态性，如：

(5) 在水边上蹲下，姑娘抓住孩子的手浸到河水里。一股<u>小小</u>的黄浊流在孩子的手指前形成了。(莫言著《欢乐》P10 浙江文艺出版社 2017)

(6) 我们蹲在水边，头上是<u>火辣辣</u>的太阳，脚下是滚热的地，眼前是热气腾腾的湖水，真跟在笼屉里蒸一样，汗哗哗地淌。(陈喜儒著《名家散文自选集—屐痕碎影》P256 民主与建设出版社 2017)

(7) 妇女们<u>扭扭捏捏</u>，梆子老太则自觉地站在更远一点的地方，不料，快嘴二审第一个发言，就提出了棒子老太，女人们纷纷表示同意了。(陈忠实著《蓝袍先生》P80 江苏文艺出版社 2013)

(8) 这个人啰里啰唆。[5]

"小小""火辣辣""扭扭捏捏""啰里啰唆"是形容词重叠式，都具有状态性，如"小小""火辣辣""扭扭捏捏"是表示状态，"啰里啰唆"则是表示絮絮叨叨的样子。这些重叠式都具有状态性，本身也表示相当的程度，而且还接受低程度修饰，如可以说"有点火辣辣""有些扭扭捏捏""有点啰里啰唆"等，只是不能接受高程度副词修饰，不能说"*十分火辣辣""*非常扭扭捏捏""*很啰里啰唆"等等[6]。

形容词都具有状态性，根据能否接受程度副词修饰的标准，可将形容词分为具有相对的状态性的形容词和具有绝对的状态性的形容词。具有相对的状态性的形容词，如"大""忙""整洁"、"端正""呆滞""忧郁""愉快""严肃"等，都可以接受程度副词修饰，而具有绝对的状态性的形容词，如"冰凉""通红""干干净净""漂漂亮亮"等。"冰凉"就是像冰一样凉的意味，是强调绝对的状态。因此，没有相对的性质，不能接受程度副词修饰。无论是具有相对状态的形容词，还是具有绝对状态的形容词，都具有状态性，在这方面二者的根本差异在于能否接受程度修饰，而相同点则是具有状态性。

状态性是形容词的基本属性，也是其显著的语义特性。在以往的研究中，这种特性并没有被特意强调。形容词之所有接受程度副词修饰，就是因为其本身具有状态性。程度性包含在状态性中，程度副词是修饰其程度性，而程度性寓于状态性。也就是说，程度副词所含有的程度性和形容词所含有的程度性具有相同的属性，因此，二者形成修饰与被修饰的关系。形容词之所以能接受程度副词修饰，是因为其本身的状态性支持其程度性。

朱德熙1980、1982、《现代汉语》下册1985、石毓智2001、张国宪2006都曾指出形容词都能同程度副词组合。其中朱德熙1980将形容词的基本形式成为简单形式(单音节形容词"大、红、多、快、好"和一般的双音节形容词"干净、大方、糊涂、规矩、伟大")，将形容词重叠形式称为复杂形式[7]，指出在现代汉语的形容词里，性质与状态两种概念的区别构成一个语法范畴——形状范畴。这两类成分正是表示这个语法范畴内部两种对立的概念的语法形式[8]。

简单形式和复杂形式虽然在形式方面有所不同，但都具有状态性，只是简单形式具有相对的状态性，可以受程度副词修饰，复杂形式由于其构成形式不同于简单形式，一般不再接受程度副词修饰，具有绝对的状态性。因此，"形状范畴"是含有状态性的范畴系统，是形容词的基本属性，是形成形容词的语法功能的基本元素。

朱德熙1982还以能否接受程度修饰来区分形容词和动词，认为能够接受程度副词修饰的是形容词，不能受程度副词修饰的则是动词[9]。形容词正因为其具有状态性，才具备了接受程度副词修饰的条件。反言之，程度副词之所以能够修饰形容词[10]，是因为形容词含有程度性，而程度性是基于形容词的状态性，其状态性要接受程度修饰，于是基于状态性的程度性便成为接受程度修饰的语法属性。可以说，程度性寓于状态性，状态性是程度性的基础，没有状态性，程度性就失去赖以存在的基础。

总之，状态性是形容词最基本的属性，是形容词用于描写状态的固有功能，也是形容词接受程度修饰的前提。

四、程度性

所谓程度性是形容词接受程度修饰的语法属性，是状态性的延伸，因此其特点是寓于状态性，具备通过接受程度副词修饰而凸显程度规模的语法特性。有没有程度性是形容词接受程度修饰的分界线。

程度性的特点是反映状态的高低水平或大小规模等。形容词所含有的程度性基于状态性，是接受各种程度修饰的基本属性。

(9) 　上小学时，地理课老师说，中国<u>很大</u>，物产丰富，我们吃的大米，就是从中国来的。(陈喜儒著《中国魅力—外国作家在中国》P36 上海文艺出版社 2009)

(10) 　"你们的爹死了，为什么不在家守灵？你们慌慌张张跑到这里来，身上带着一道道伤痕，可见跑得<u>非常急</u>，有豹子追赶你们吗？"(莫言著《食草家族》P237 上海文艺出版社 2012)

(11) 　这件事处理得<u>十分及时</u>，三天没过，胡选生被县公安军管会拘捕了，性质定为阶级报复。(陈忠实著《蓝袍先生》P113 江苏文艺出版社 2013)

(12) 　我想用西餐再次激起三丑爷对山牧人、对瑞典的兴趣。他的反应却<u>更加淡漠</u>。(铁凝著《铁凝文集 3》P223 江苏文艺出版社 1996)

形容词之所以能够接受程度副词修饰，是因为其本身拥有状态性，而接受程度修饰的属性是程度性，程度副词能够修饰形容词，是因为其本身拥有程度性，对形容词具有修饰功能。

"很""极""十分""更加"之所以能够修饰"大""急""及时""淡漠"等形容词，是因为这些程度副词本身具有程度性，同时这些形容词本身也具有程度性，二者具有相同的语法属性，形成修饰与被修饰的语法关系。形容词具有程度性的前提是形容词具有状态性，而状态性的特点之一就是含有程度性，程度性是状态性的水平高低、规模大小、距离长短、数量多寡在程度上的呈现。

程度性可分为相对的程度性和绝对的程度性两种，相对的程度性可以接受程度副词修饰，如"大""急""及时""淡漠"等形容词都具有相对的程度性，可以接受"很""极""十分""更加"等程度副词修饰。绝对的程度性则难以接受程度副词修饰，朱德熙1982、石毓智2001、张国宪2006等所提到的"通红""冰冷""精光""贼亮"等形容词，因为其本身通过"通""冰""精""贼"等修饰词已经确定了其程度性，具有绝对的性质，而失去了相对性，就不再接受程度副词修饰。形容词所含有的程度性具有相对性是形容词接受程度副词修饰的前提，如果没有相对性，就不具备接受程度修饰的性质。反之，程度副词只能修饰具有相对的程度性的形容词，不能修饰具有绝对的程度性的形容词。可以说，相对的程度性具有不确定的性质，可以通过修饰加以改变，因而可以接受程度副词修饰。而绝对的程度性具有确定的性质，其本身所具有的程度已经固定，无法通过修饰加以改变，因此不接受程度副词修饰。

形容词重叠式是另外一种情况，如"小小""火辣辣""扭扭捏捏""啰里啰唆"等形容词重叠式具有程度性，本身含有相当的程度，与其原型相比，既不能说具有相对的程度性，也不能说具有绝对的程度性。例如，"太""极""非常""很""十分""最""更""稍微"等程度副词不能修饰形容词重叠式。

(13) *态度{太/极/非常/很/十分/最/更}冷冷的。

(14) *阳光{太/极/非常/很/十分/最/更}火辣辣。

(15) *{太/极/非常/很/十分/最/更}扭扭捏捏。

(16) *这个人{太/极/非常/很/十分/最/更}啰里啰唆。

"冷冷""火辣辣""扭扭捏捏""啰里啰唆"等形容词重叠式不能接受"太""极""非常""很""十分""最""更"等表示程度大的程度副词修饰，也不能接受"稍微""稍稍""略微""略略""多少"等表示程度小的程度副词修饰。

(17) *{稍微/稍稍/略微/略略/多少}冷冷的一点儿。

(18) *{稍微/稍稍/略微/略略/多少}火辣辣的一点儿。

(19) *{稍微/稍稍/略微/略略/多少}扭扭捏捏一点儿。

(20) *{稍微/稍稍/略微/略略/多少}啰里啰唆一点儿。

从这一点看，形容词重叠式既不接受高程度修饰，又不接受低程度修饰，而只接受"有点儿""有些"类程度副词修饰。如：

(21) {有点/有些}冷冷的。

(22) {有点/有些}火辣辣的。

(23) {有点/有些}扭扭捏捏。

(24) {有点/有些}啰里啰唆。

这说明形容词重叠式所含有的程度性和"有点儿""有些"所含有的程度性相近，因此二者可以结合。而其他高程度副词和低程度副词所含有的程度性与这些形容词重叠式不相调和，难以共现。对于这些形容词重叠式来说，其所含有的程度性与其原型所含有的程度性截然不同，后者接受各种程度副词修饰，具有相对的程度性，而前者只接受

"有点儿""有些"等低程度副词修饰。可以说，形容词重叠式具有相对的程度性，其程度性与其他低程度副词和高程度副词不相融合，不能形成修饰和被修饰的语法关系。其所含有的程度性是特定的程度性，而非一般的相对的程度性。这是其只与"有点儿""有些"类程度副词共现而不与其他低程度副词和高程度副词共现的原因之所在。由此也反映出形容词所含有的程度性的多样性和复杂性。

形容词所含有的程度性既有相对的一面，又有绝对的一面，其重叠式还有特定的一面。程度性是基于状态性的一种属性，覆盖绝大多数形容词，成为程度副词修饰的对象。然而，也有一些形容词不具有程度性，如"中""正""负""正式""彩色""黑白""慢性""急性"等所谓的非谓形容词 [11) 或区别词 [12) 就没有程度性，不能与程度副词共现，不能说"非常彩色""十分黑白""特别急性"等。这类形容词属于汉语形容词中的异类，其数量较少，与其他含有程度性的形容词相区别。

另一方面，从进行程度修饰的侧面看，程度副词可以根据以下四个标准进行分类。

1、依据程度大小的标准。

2、依据是否表示特定比较的标准。

3、依据是否与量性成分共现的标准。

4、依据是否能够进行复合修饰的标准。

依据程度大小的标准进行分类，大致分为表示程度大的程度副词和程度小的程度副词，表示程度大的程度副词有"太、极、很、非常、十分、相当、颇、甚、特别"等，表示程度小的程度副词有"有点、有些、略、略略、稍、稍稍"等。

具有相对的程度性的形容词可以接受表示程度大的程度副词和程度小的程度副词的修饰。如："极大""很大""有点大""稍大""略大"等等。表示程度大的程度副词即可以修饰褒义词，又可以修饰贬义词，如"极其辉煌""十分壮观""非常啰嗦""特别荒唐"等等。

然而，表示程度小的程度副词可以修饰贬义词，如可以说"有点荒唐""有些啰嗦"等，但是一般不能修饰褒义词，尤其是含有高程度性的褒义词，如"??有点辉煌""??有些壮观"等等。这是因为修饰语和被修饰语的程度性不一致而造成的。可以说，褒义词本身含有的程度性高，只接受高程度修饰，不接受低程度修饰。形容词程度性的高低与褒贬义在与程度副词结合时呈现出一定的语法限制。

依据是否表示特定比较的标准进行分类，可以分为表示特定比较的程度副词和表示非特定比较的程度副词以及二者兼容的程度副词三种。表示特定比较的程度副词有"更、还、最、再、越发"等，如"今天比昨天更冷。""他比我还胖。"等。表示非特定比较的程度副词有"太、极、非常、很、十分、相当"等，如"今天很冷。""他十分认真。"等。既表示特定比较、又表示非特定比较的程度副词有"稍、稍稍、略、略略"等，如"今天比昨天稍冷。""今天稍冷。"等。表示程度大的程度副词有的表示特定比较，有的表示非特定比较，界线比较分明，表示程度小的程度副词既能表示特定比较，又能表示非特定比较，界线比较模糊。

依据有无量性的标准，程度副词可以分为具有量性的程度副词和没有量性的程度副词两种。具有量性的程度副词有"太、很、更、还、稍、略"等，可以与量性词语共现，修饰形容词的量性，如"太大了一点儿。""这样做更稳妥一些。"等。没有量性的程度副词有"极、非常、十分、相当"等。具有量性的程度副词具有协调性，表示状态所含有的量性。没有量性的程度副词没有协调性[13]。

依据是否能够进行复合修饰的标准，对程度副词进行分类，可以分为能够进行复合修饰的程度副词和不能进行复合修饰的程度副词。能够进行复合修饰的程度副词有"太""颇""稍微""略微""有点""有些"等。不能够进行复合修饰的程度副词有"极其""非常""十分""相当"等。能够进行复合修饰的语法形式有"大程度+大程度(太过于鲁莽)"、"大程度+小程度(极有点骄傲)、小程度+大程度(有点太浮躁)""小程度+小程度(稍稍有点单纯)"四种。形容词的程度性可以接受这种复合修饰构造的程度修饰。

形容词可以接受程度大的程度副词、程度小的程度副词、表示特定比较的程度副词、表示非特定比较的程度副词和表示量性的的程度副词修饰，表示不同的语法属性。之所以接受这些程度副词修饰，是因为形容词本身含有状态性，而状态性的延伸属性——程度性是接受程度修饰的基本属性，同时也是接受量性修饰的语法属性。程度副词的程度修饰是对形容词的状态性和程度性的多样展现，反应说话人对客观事物的认识和评价。

形容词的程度性是通过程度副词呈现出来的，只要有相对的程度性，就能接受各种程度副词修饰，还能接受量性修饰。绝对的程度性的程度副词只是因为其自身的构成，不再接受程度副词或量性成分修饰，然而在具有程度性这一方面与相对的程度性的程度副词完全相同。可以说，形容词具有程度性时接受程度修饰的前提条件，也是接受量性修饰的前提条件。

五、状态量

形容词的基本形具有状态量，其重叠式则没有状态量。状态量通过量性成分置于形容词之后，发挥对形容词的修饰功能。

所谓状态量是状态性与量性相融合而衍生出的语法性质，其特点是与量性成分共现来呈现状态的量性。在现代汉语中，状态量表达是通过与量性成分共现而实现的。量性成分是凸显状态含量的主要手段。如：

(25) 老太太一来就呼哧呼哧喘粗气。她的气管有炎症。吃个白萝卜会好一点，可惜我们手边没有白萝卜。(莫言著《四十一炮》P358 作家出版社 2012)

(26) 兰老大却稳稳地躺在水中，闭着眼睛说：晚上我请你们吃饭，三楼，淮阳春。影星转身走出我卧室，我们听到她说：你也去找几个品味高一点的。(莫言著《四十一炮》P232 作家出版社 2012)

(27) 尽管在揭去盖脸绸巾时第一眼看见这位陌生女人的眉眼时，他也觉得那脸儿未免狭长了些，可他不在心。(陈忠实著《蓝袍先生》P73 江苏文艺出版社 2013)

(28) 我预知会议之前，教员们早已得到批判的目标了。其余人的分析可以略去，刘建国的分析是校长的水平，自然高了一筹，深了一层——。(陈忠实著《蓝袍先生》P254 江苏文艺出版社 2013)

(29) 这种酒比那种酒贵两块钱。

(30) 这块布短一寸。

在(25)(26)(27)(28)(29)(30)中，如果没有"好一点""高一点""狭长了些""高了一筹""深了一层""贵两块""短一寸"中的"一点""些""一筹""一层""两块""一寸"等数量词，就无法表示"好""高""狭长""深""贵""短"的量性。通常表示含量多少、或相对比较事物或暗示比较标准时，就需要添加相关的量性成分，表示该状态应有的标准或比较的尺度或判定的依据等。因此量性成分就成为不可或缺的语法成分，与形容词共现，实现状态性与量性的融合。

程度和量是可以区分的，程度是状态的属性之一，是状态的水平或规模，而量则是状态的范围或限度。形容词既有状态性，又有状态量，既接受程度修饰，又接受量性修饰。如果说"这双鞋大"是表示其状态性，说"这双鞋很大"，则是表示其状态的程度性，而说"这双鞋大一点"则是表示其状态量。在现代汉语中，程度性是通过程度副词修饰而体现的，状态量则是通过数量词等量性成分后置修饰而体现。

除了量性表达形式外，还有一种由程度副词和量性成分共现的度量融合表达形式。然而，并非程度副词就具有度量共现的语法功能。根据能否与量性成分共现的标准，可以将程度副词分为能够与量性成分共现的程度副词和不能与量性成分共现的程度副词两种。能够与量性成分共现的程度副词有"特别、格外、更、还、比较、稍微、略微、多少、太、颇、很、过于、"等，不能与量性成分共现的程度副词有"非常、十分、相当、极其、极为、最、顶、有点、有些、挺、怪、蛮"等。

能够与量性成分共现的程度副词根据有无可控性的标准，可以分为具有可控性的程度副词和没有可控性的程度副词。具有可控性的程度副词有"稍微、稍稍、稍、再、略微、略略、略、多少"等，没有可控性的程度副词有"太、过于、很、颇、比较、更、还、格外"等。具有可控性的程度副词多与"一点""一些""一下""一会儿""一阵""一段时间"等量性词语共现，如"稍微大一点儿""再安静点儿""稍微安静一下""稍大点"等。没有可控性的程度副词只能与"一点""一些""一阵子"共现，如"太大了一些""很少一点""颇安静了一阵子"等。

然而，具有可控性的程度副词和没有可控性的程度副词都只与"一点""一些""一会儿"这样表示少量、短时量的词语共现，而且是非定量的词语共现，不能与定量词语共现。这是现代汉语度量共现修饰的一个特点，只与非定量的少量词语共现，不能与定量或多量词语共现。

形容词的状态量是通过量性成分和程度副词与量性成分共现的度量共现形式来表达，单纯与量性成分共现时，既能与非定量成分共现，又能与定量成分共现，但是当程度副词与量性成分共现时，只与不定量成分共现，不能与定量成分共现。

(31)　　"这见面礼，也太重了点。"母亲看着父亲说，"这叫我们如何担当得起？"(莫言著《四十一炮》P153 作家出版社 2012)

(32)　　(上略)，如果你的动作稍微轻柔一点，这件好事会当场成功，但你太着急了，你的手太重了，(下略)。(莫言著《食草家族》P52 上海文艺出版社 2012)

(33)　　我们的胆子应该再大一点，想象力应该再丰富一点，只要是能给人民带来好处的事，我看没有什么是不可以做的，(下略)。(莫言著《四十一炮》P218 作家出版社 2012)

(34)　　(上略)，一阵阵细微但却十分密集的声音在地表上草丛间翻滚，只要是神经较为发达一点的动物，都会感觉到身体上的某些部位发痒。(莫言著《食草家族》P30 上海文艺出版社 2012)

程度性和量性共现时，如可以说"这双鞋太大了一点""那辆车比较新一些""这种酒比那种酒更贵一些""这块布稍微短一点"等等。"太""比较""更"等程度副词主要修饰程度性，但也能修饰量性。"太"和"一点"共现表示过度的相对性，"比较"和"一些"共现表示比较的相对性，"更"和"一些"共现表示程度增加的相对性。这些程度副词的特点是单独修饰形容词时，是修饰程度性，而与量性成分共现时则是修饰量性。程度性修饰表示说话人的评价，量性修饰则是表示说话人的评价具有相对性。状态量常用于表示说话人慎重的态度。

"稍微""稍稍""略微""略略""多少"类程度副词一般难以单独修饰形容词，不能说"稍微大""稍稍大""略微大""略略大""多少大"等，而必须说"稍微大一点""稍稍大一点""略微大一点""略略大一点""多少大一点"等。可以说，"稍微""稍稍""略微""略略""多少"类程度副词与其他类程度副词截然不同，其本身不具有程度性，不能单独使用，需要与量性成分共现才能使用，因此，其不能修饰程度性，而只用于修饰状态量。换言之，其只修饰状态量，表示相对的评价。

形容词具有状态量，这种状态量既可以单独表达，又可以与程度副词共现，通过融合构成一种谨慎的评价方式。如"大一点""新一些"等，量性成分"一点""一些"单独修饰形容词"大""新"时，表示其相对性，含有比较的意味。而当与程度副词共现时，程度性和量性融合在一起，就可以表示说话人谨慎的态度。值得注意的是，"一点""一些"可以与多种程度副词共现，分别表示不同的量性。可以说"太大了一点""颇大了一点""比较大一点""更大一点""再大一点""稍微大一点"等等。

形容词可以单独接受量性成分后置修饰，还可以接受通过程度副词前置的度量共现修饰，前者是单一修饰，后者则是复合修饰。度量共现修饰表示说话人谨慎的评价态度，一方面表示程度高，另一方面表示评价的相对性，具有客观、稳重的风格。因此也可以说，形容词所含有的状态量是用来比较事物、谨慎评价事物和表示相对取舍的一种态度。

六、状态性与程度性、状态量的相互关系

状态性是形容词的最基本的属性，也是程度性和状态量的基础。状态性的特点是描述状态，说明事物，形容情景，表示静态，这是其基本功能。因此，形容词才能充当定语、状语、补语，发挥修饰功能。由于描写状态、说明事物、形容情景的必要，从状态性衍生出程度性，以此接受各种程度修饰，凸显状态的规模、事物的程度等。

程度性是状态性的延伸属性，也是接受程度修饰的语法属性，其特点是寓于状态性，具有专门凸显程度大小或高低的属性，可以接受各种程度副词的修饰，具有极大的扩张性和延伸性，可以说形容词的状态性和程度性有着必然联系，是形容词不可分离的两种属性。由于两者的存在，可以使形容词描写状态，并能呈现状态的程度，充当定语、状语、补语等语法功能。

状态量也是依附于状态性的属性，同时又与程度性密切相关[14]。程度性表示状态的水平高低或规模大小，但不能表示状态的范围和限度，也不能表示状态的比较和相对性。因此，状态量便有其存在价值，用来描写或控制状态，反映说话人的立场或态度。

程度性和状态量都离不开状态性，没有状态性，程度性和状态量就会成为无本之木，无源之水，所以，状态性是程度性和状态量的基础，也是形容词最基本的特性，程度性和状态量是状态性的延伸属性，是基于状态性的语法属性。程度性和状态量则是不同性质却能互相融合的语法属性，可以借助于状态性，展现其不同的语法层面。度量共现是现代汉语的一个特点，也是状态性所含程度与量性的具体呈现，而且还是状态性多样化的反映。

七、结语

形容词作为谓词，用来描写状态、说明事物，其状态性是最基本的属性，其与程度性、状态量密切相关。在这三者中，状态性是程度性和状态量的基础，也是形容词最本质的语法特性。

程度性寓于状态性，是对状态性的延伸和扩展，通过接受各种形式的程度修饰，展现状态的多样性和复杂性，程度性是形容词的主要属性之一，也是联系状态性和量性的桥梁，只是不能表示确定的程度。

状态量是状态性的限度扩容，它与程度性相辅相成地展现状态性的层级，对于状态性的多样性和复杂性以及反映说话人的态度都具有不可替代的作用。状态量既可以表示状态的定量，又可以表示非定量，还可以与程度副词结合，以度量共现形式，表示种种复杂多样的状态。

附注

1) 关于形容词的可控性、描写性及色彩性等属性在此仅提及，拟另文考察。

2）详见朱德熙1982P73。

3）详见石毓智2001P121。

4）详见张国宪2006P143、P144。

5）没有出典的例句是做例。

6）关于形容词与程度副词的关系将在下节详述。

7）详见朱德熙1980P3。

8）详见朱德熙1980P6。

9）详见朱德熙1982P55。

10）程度副词不仅修饰形容词，而且还修饰动词或动词词组等。

11）详见吕叔湘、饶长溶1981。

12）详见朱德熙1982P52。

13）关于状态量的说明将在下节详细展开。

14）另外状态性还与可控性、描写性、色彩性相关。拟另文探讨。

参考文献

黄伯荣 廖序东主编 1985 《现代汉语》上册(修订本)甘肃人民出版社

李宇明 2000 《汉语量范畴研究》华中师范大学出版社

吕叔湘 1965 语文札记,《中国语文》第5期

吕叔湘 饶长溶 1981 试论非谓形容词,《中国语文》第2期

石毓智 2001 《现代汉语肯定与否定的对称与不对称》北京语言大学出版社

时卫国 2011 《汉语程度表达体系研究》白帝社

时卫国 2012 《汉语量性修饰构造研究》好文出版

时卫国 2017 《汉语低程度修饰研究》爱知教育大学出版会

时卫国 2019 《汉语少量与低程度修饰对比研究》爱知教育大学出版会

张谊生 2004 《现代汉语副词探索》学林出版社

赵元任 2005 《汉语口语语法》商务印书馆

郑怀德 孟庆海 1991 《形容词用法词典》湖南出版社

朱德熙 1980 《现代汉语语法研究》商务印书馆

朱德熙 1982 《语法讲义》商务印书馆

现代汉语黏合结构论略*

应学凤

（浙江外国语学院中国语言文化学院）

摘要： 黏合结构和组合结构的区分很有意义。本文在前人研究的基础上，提出黏合结构是由前后两个光杆成分直接黏合而成、相对紧凑的结构（数量词或指示代词加量词、领属关系的偏正结构除外）。黏合结构内部还有差异，松紧程度不同而性质有别。黏合结构是介于词和短语之间具有过渡性质的结构，结构性质不同，黏合结构功能也有别。定中黏合结构相当于一个名词（或复合名词），动结述补黏合结构相当于一个动词。两音节述宾黏合结构也相当于一个动词。三音节及以上的述宾黏合结构兼有词和短语的性质，偏向短语。

关键词： 黏合结构 组合结构 界定 语法功能 短语词

一、 现代汉语黏合结构研究现状

黏合结构和组合结构是朱德熙（1982）[1]首先提出的概念，这两种结构的句法表现有诸多差异，形成对立。黏合结构与组合结构是相对而言的，如果一个结构有黏合式和组合式的区分，朱德熙（1982:112-113，125-126，148-149）认为一个结构不是黏合结构，就是组合结构。比如"黏合式偏正结构指名词、区别词和性质形容词直接（即不带'的'字）作定语的格式"，凡不符合以上条件的结构都是组合式的。

朱先生关于黏合结构和组合结构的定义都是举例说明式的，在论述述宾结构、述补结构和偏正结构等三种结构时提出，这三种结构都有黏合式和组合式之分，但他没有给出一个明确的统一的界定。不过，根据他（1982:112-113，125-126，148-149）关于黏合

* 本研究得到国家社会科学基金一般项目"现代汉语黏合结构研究"（14BYY125）资助。

[1] 《语法讲义》的底本是作者朱德熙 1961 至 1962 年在北京大学讲授现代汉语语法（二）这门课程的讲义。关于黏合结构和组合结构的句法特点，朱德熙的论述与范继淹（1958）比较类似。

结构和组合结构的说明可以看出，黏合结构是相对组合结构而言的。朱先生都是先对黏合结构做出一个限定，然后指出，除此之外的都是组合结构。与组合结构相比，黏合结构是更重要的概念，朱先生对黏合结构的讨论也更多。

在朱德熙（1982）之前，也有人讨论过类似的现象。比如陈琼瓒（1955）就讨论了修饰语和名词之间"的"的隐现规律，并指出有"的"和无"的"的语义不同。范继淹（1958）重点分析了偏正黏合结构中有"的"和无"的"两种结构的句法差异，指出没有"的"的 AN 在句子里永远连在一起，构成一个整体，AN 是一个句法单位，具有跟单 的名词性成分相同的语法特点。无独有偶，吕叔湘（1979）也关注到了这种介于词和短语之间的结构。吕叔湘（1979）分析了有无"的""地"的定名式偏正结构和状中式偏正结构的差异，他把没有"的""地"的偏正结构称之为"短语词"。在朱德熙之后，有更多的学者对黏合结构和组合结构进行了探讨。如陆丙甫（1988）、张敏（1998）等，他们也认为黏合结构具有较强的称谓性，并对这一点做了进一步补充和发挥。冯胜利（2001a，2001b）提出汉语的词具有多维性，有"音节词""词汇词""句法词"和"韵律词"等。吕叔湘（1979）认为短语词是"语法的词"，冯先生提出短语词是句法词。朱德熙的"黏合结构"和句法词类似，但句法词和黏合结构不是完全相同的两个概念。

陆俭明（2004：91-94）提出"关于粘合和组合的观点"是八十年代中国语法研究值得注意的理论和观点。

王洪君（2008：131-136，292-293）指出，黏合结构节奏上更加紧凑，组合结构松散，黏合二字组具有词的性质。王洪君（2013）对朱德熙先生关于黏合和组合结构的观点进行了概括，认为朱先生根据形式标准（定语次序和可插入或移位的潜能）而找到的汉语语法层面上的黏合、组合结构之分有重要的语言学价值。"黏合式定语与中心语的结构关系紧密而组合式定语与中心语关系松散，黏合式定语表现事物较稳定的属性而组合式定语具有高的'现场指别性'"。

王洪君（2013）认为黏合结构节律松紧和语法松紧有关联。她提出，语法上，黏合结构的成分结合紧密而组合结构的结合松散，相应地，黏合结构节奏上也更紧、组合结构更松。全国斌（2009）从语义功能角度对朱德熙（1982）提到的三类黏合结构进行了初步探索。陈青松（2012）由现代汉语形容词的性质和特点出发，从语义的角度考察了形名黏合结构生成。

具体来说，关于黏合结构研究的主要在两个方面：

一是黏合结构和组合结构的语义差异。如陈琼瓒（1955）、范继淹（1958）、陆丙甫（1988，2015）、张敏（1998）发现定名结构组合式和黏合式的语义有差异。郭继懋、王红旗（2001）注意到述补结构的黏合式和组合式有不同，陈青松（2012）认为形容词的类属对形名黏合结构生成有制约。

二是黏合结构生成的韵律制约。单双音节搭配考察的对象基本都是黏合结构，既有定名、述宾黏合结构，也有述补、主谓黏合结构。（吕叔湘 1963，Lu & Duanmu 1991，2002，冯胜利 2002、2004，吴为善 2006、2011，王洪君 2001，周韧 2011，柯航 2011、2012）如：

(1) 出租汽车——租汽车——出租车　汉语大词典——大汉语词典

　　纸张粉碎机——碎纸机　雾浓——*雾浓密——晨雾浓——晨雾浓密

　　关严——关严实——*关闭严——关闭严实

他们从韵律语法视角分析了黏合结构的生成，但他们没有意识到他们的讨论对象均是黏合结构。

以上成果为进一步研究奠定了基础，但是，黏合结构研究总体薄弱，这表现在：一是研究的不平衡。目前研究主要集中在定名黏合结构，对其他黏合结构研究很少。二是研究的内容有待深入。关于黏合结构的类型、语义，语用和韵律模式等，尤其是黏合结构和组合结构的句法差异都有待挖掘。三是研究的视角有待调整。以往关于黏合结构的韵律研究都是以黏合结构为对象，强调韵律的作用，我们也可以从黏合结构的特性出发，反思韵律和句法、语义、语用各自的制约作用。

二、 现代汉语黏合结构的界定

2.1 基于结构形式的界定

2.1.1 偏正黏合结构的界定

朱德熙（1982）最早提出"黏合结构"这一概念，并从结构形式上对"黏合式偏正结构""黏合式述宾结构""黏合式述补结构"做了界定。先看偏正黏合结构。

他（1982:148）指出："粘合式偏正结构指名词、区别词和性质形容词直接（即不带'的'字）作定语的格式。组合式偏正结构包括：（1）定语带'的'的偏正结构，（2）由数量词（或指示代词加量词）作定语的偏正结构，（3）表示领属关系的偏正结构。"

朱德熙先生关于偏正黏合结构的界定具有开创性，但这个界定和偏正黏合结构的句法特点有矛盾。下面我们结合偏正黏合结构的句法特点等来讨论偏正黏合结构的界定问题。

朱德熙（1982: 149）在讨论偏正黏合结构句法特点时指出："黏合式只能以黏合式为成分"。这是偏正黏合结构的重要句法特点，根据这个句法特点，我们可以得出以下看法：

第一，偏正黏合结构具有递归性，可以由两项及两项以上部分构成。一个最小黏合结构至少有两个组成部分，而这个黏合结构可以成为另一个更大黏合结构的组成部分，由此可见，这样一个偏正式黏合结构的组成部分至少有三项。一个偏正黏合结合可以作为另外一个偏正黏合结构的中心语，偏正黏合结构具有递归性，可以无限扩展。王洪君（2008:132）把这种"唯一在音节数目上可以不受限制地扩展的黏合结构"称作"最大黏合NP"。

朱德熙（1982: 148）虽然没有明确提出偏正黏合结构只有两项，但也没有明确说明偏正黏合结构的递归性。

第二，偏正黏合结构的修饰语可以是黏合结构。一个偏正黏合结构可以作为另外一个偏正黏合结构的修饰语，这也是偏正黏合结构递归性的表现。这个特点与朱德熙

（1982: 148）对偏正黏合结构的界定有矛盾。朱德熙（1982: 148）特别强调偏正黏合结构是"名词、区别词和性质形容词直接（即不带'的'字）作定语的格式"，这样的界定使得下列的情况被排除在偏正黏合结构之外：

（2）[AN]N　　黑呢子大衣　　白皮书　　孤儿院

（3）[AA]N　　酸辣汤　　　长短句

（4）[VO]N　　碎纸机　　　起重机

（5）[OV]N　　文物拍卖网站　汽车修理设备

（6）[VR]N　　放大镜　　　漂白粉

如果严格遵守朱先生关于黏合结构的界定，就等于把上面这些结构排除在外。以上结构的修饰语都是黏合结构，而不是单独的名词、形容词和区别词，其中例（2）、（3）是偏正黏合结构，例（4）是述宾黏合结构，例（5）是述宾倒序结构，例（6）是述补黏合结构。

此外，偏正黏合结构还应包括动词直接作定语的结构。朱德熙（1982: 148）提出，"黏合式偏正结构指名词、区别词和性质形容词直接（即不带'的'字）作定语的格式"，但他忽略了动词直接作定语构成的偏正黏合结构，如：

（7）打击目标　信任关系　出租汽车　复印文件

综上所述，朱德熙先生关于偏正黏合结构的界定需要适当补充修正。我们认为，偏正黏合结构的修饰语不限于名词、区别词和性质形容词，修饰语为动词、偏正黏合结构、述宾黏合结构、述补黏合结构、述宾倒序结构等的，都应看作是偏正黏合结构。偏正黏合结构具有递归性，我们把修饰语、中心语为黏合结构的称作合成偏正黏合结构，把名词、动词、区别词和性质形容词直接作定语的构成两项偏正黏合结构称作为单纯偏正黏合结构。

在这样的界定中，黏合结构可以把例如"白皮书""酸辣汤""碎纸机""文物拍卖网站""打击目标""放大镜"等结构也涵盖进来。

总之，朱德熙（1982）关于偏正黏合结构的定义过于严格，对黏合结构构成成分的限制过严，我们提出偏正黏合结构的修饰语不限于名词、区别词和性质形容词，动词直接作定语、述宾黏合结构直接作定语、述补黏合结构直接作定语、述宾逆序直接作定语、形形组合直接作定语、形名组合直接作定语等结构都应看作是偏正黏合结构。偏正黏合结构的中心语也不仅仅只是单个的名词，还可以是名名组合、形名组合等。偏正式黏合结构的直接构成成分是两项，但它的构成成分本身还可以是个黏合结构或其他两项成分直接组合而成的结构。由两项构成的偏正黏合结构是单纯黏合结构，由黏合结构套合黏合而成的结构是合成黏合结构。

2.1.2　述宾黏合结构和述补黏合结构的界定

朱德熙（1982:112）对述宾黏合结构的界定是："粘合式述宾结构的述语是单独的动词（不带补语和后缀），宾语是单独的名词（不带定语）。凡是不符合以上条件的述宾结构都是组合式述宾结构。"

朱德熙先生关于述宾黏合结构的界定和偏正黏合结构的相似，都对黏合结构组成成分的"纯粹性"做出了限定。不过，对于朱先生提到的"粘合式述宾结构的述语是单独的动词"的"单独的动词"理解可能因人而异，比如述宾式动词是否是"单独的动词"？这类动词不带补语和后缀。还有不少述宾式词组带宾语的结构，比如：

（8）入籍德国　有益健康　取经香港　植树韶山　致函国务院

　　　寄语新闻界　发兵柬埔寨　复信张可　取名《春梦》

如果述宾式动词带单个名词的结构是黏合结构，那么述宾式词组带单个名词的结构是否是黏合结构呢？我们认为黏合结构和组合结构不是截然分开的。一般来说，典型的黏合结构和组合结构明显对立，但像述宾式动词带宾语的这种结构是一种中间状态。不过，我们更愿意把归入组合结构，原因是：

首先，这类结构的音节一般超出四个，四音节以上的述宾结构在语法功能上更偏向短语；其次，这类结构一般不能直接作定语；再次，如果动词是带补语后后缀的述宾结构都要看作组合式的话，那么更松散的带宾语的动词就更应看作组合式的了；最后，这类结构数量不多，而且述宾式动词带宾语具有一定的俗语性质。

朱德熙（1982：125-128）提出："粘合式述补结构指补语直接粘附在述语后头的格式"，"组合式述补结构指带'得'的述补结构"。例如：

（9）抓紧　写完　煮熟　说清楚　写上　走回去

（10）走得快　抓得紧　看得多　写得很清楚　看得见　听得出来

朱先生认为"看得见""看不见"等都是组合结构，不是黏合结构。吕叔湘（1979）也分析了述补式短语词，不过，他根据句法特点，把朱德熙（1982）认为是组合式的述补结构，如"看不清""看得清"也归入短语词。

有的述补结构只能以黏合形式出现，有的只能以组合形式出现。由结果补语组成的述补结构是一种黏合式述补结构（朱德熙 1982：126），如：

（11）长大　变小　拧紧　拌匀　走远　煮熟　洗干净　学会　看懂　打破　弄丢说完

形容词之后加上"极、多、透"组成的述补结构都表示程度，由于这类程度补语后面都要带上"了"，所以都是组合结构（朱德熙 1982：137）。如：

（12）好极了　暖和多了　可笑透了　冷死了　难看死了

跟述宾黏合结构类似，述补黏合结构的典型与否，也跟补语的音节数有关。1+1式述补黏合结构是典型的结构，1+2式述补黏合结构则不是典型的形式，1+3式述补结构则要带"得"以组合形式呈现。

2.2　基于韵律与语法界面的界定

全国斌（2009：13）在朱德熙（1982）基础上，认为黏合结构是由两个实词充任直接成分构成的、形式上不能被其他成分隔开、语义上具有整体性的最小的自由临时构造。

王洪君（2013）把朱德熙先生关于区分黏合结构和组合结构的形式标准归纳为：根据在结构中实际出现的位置和移位插入的潜能等形式特征，朱先生确定了黏合、组合两类结构，并同时指出了与之相应的语法意义——黏合式定语与中心语的结构关系紧密而组合式定语与中心语结构关系松散，黏合式定语表现事物较稳定的属性而组合式定语具有高的"现场指别性"。

朱德熙（1982）关于黏合结构和组合结构的区分很重要，王洪君（2013）认为两者的区分具有重要的价值。在朱德熙（1982）的基础上，她（王洪君、富丽2005，王洪君2008）进一步指出黏合结构是韵律上紧凑的结构。

王洪君（2008：279）提出，从句法韵律的角度考虑，普通话的韵律层级有如下单位：

话语——语调短语——**韵律短语**——（韵律类词）——**黏附组**——韵律词——合音字——**韵律字**——韵——mora

其中韵律字（如"花"）和合音字（如"花儿"）都是一个音节，是一实一虚的两个语法单位，黏附组（如"老王"）和韵律词（如"老王的"）也是一实一虚的两个语法单位，根据一定的韵律规则可以合并为一级。

王洪君（2008：280）认为韵律类词是指"中华人民共和国""多功能负离子加湿器"等4音节以上的多音步黏合结构。韵律类词是由数个两三音节韵律词组成的黏合式多音节语段，它们是居于韵律词和韵律短语之间的过渡性单位，其韵律标记和所适用的韵律规则与韵律词和韵律短语都有所不同。王洪君（2008：280）基于韵律与语法标准给韵律词、韵律类词、韵律短语的界定很有参考价值。

韵律词：语法上黏合的、节律上内紧外松的稳定单音步。

韵律类词：语法上黏合的、节律上内紧外松的、左重的可能多音步。

韵律短语：语法上等立或组合的，节律上内部较松散的、等重或右重的可能多音步。

王洪君（2008：280）认为：语法的标准与音步、停延段界动态划分的语法限制相同，是黏合（韵律词、韵律类词）与组合结构/等立结构（韵律短语）的对立，体现出句法节律界面的特点。

那么定中黏合结构、状中黏合结构、述宾黏合结构、述补黏合结构、联合黏合结构、主谓联合结构该如何界定呢？基于韵律与语法界面，王洪君（王洪君、富丽2005，王洪君2008：131-133，279-282）对朱德熙（1982）提出的定中黏合结构、述宾黏合结构、述补黏合结构进行了再区分：

王洪君关于定中黏合结构的看法与朱德熙基本相同，但关于述宾、述补等黏合结构看法差异较大。她的界定比朱德熙的更严格，朱德熙（1982）所指的两音节以上的述宾黏合结构（如"看电视"）、1+2式述补黏合结构（如"看清楚"）等，王洪君都认为不属于黏合结构。

王洪君根据音节多寡和节律模式，把黏合结构区分为韵律词和韵律类词。她所指的韵律词也是基于韵律和语法界面的，并不是所有两音节成分都是一个韵律词，必须是黏合两字组，否则只能是组合结构。如：

（12）组合结构：这书　俩壶　敢去　是他　刚走

从韵律与语法的角度重新界定韵律词非常重要，可以排除一些不大可能组成黏合结构的现象。

王洪君所指的韵律词包括：黏合两字组、2+1式定中黏合结构、2+1式动结黏合结构、2+1式动趋黏合结构等（王洪君、富丽2005）。如：

（13）雨伞　手举　骤降　看清　理发　冷热　雨伞厂　再也　搅拌匀　邮寄来

韵律类词、黏合短语包括：1+2式黏合定中、2+2式黏合状中、多字黏合定中、四字成语等（王洪君、富丽2005）。如：

（14）纸雨伞　并肩齐进　小雨伞　一衣带水　马达加斯加

王洪君认为组合定中、状中、特殊动词的述宾、主谓、等立结构都属于韵律短语、自由短语。

王洪君、富丽（2005）和王洪君（2008）从韵律与语法界面对黏合结构做出界定，很有创见。她发现组合结构的音步边界与词法句法结构的边界不一致，存在多种可能。不过，目前的划分是个粗分，里面还有不少问题需要探讨。

2.3 节律松紧、结构性质与黏合结构的界定

黏合结构这种句法和节律界面的特点可以归纳为松紧象似。语法结构上紧凑的，节律上也是紧凑的，主要表现是内紧外松的稳定的单音步或左重的可能多音步。主谓、述宾、述补、偏正四种结构从松到紧的松紧度等级为（柯航 2007）：主谓>述宾>述补>偏正。这里的偏正是指定中偏正结构。

定中结构是最紧凑的，述补结构次之，述宾和主谓结构都比较松。王洪君从韵律和语法界面角度的界定与朱德熙（1982）的黏合结构不同主要在于述宾黏合结构，定中黏合结构所指对象完全相同。由此可见，根据韵律和语法界面的界定是一种基于松紧象似的界定。黏合结构紧，组合结构松。主谓黏合结构和述宾黏合结构相对定中黏合结构松散，所以王洪君认为这两类结构只有黏合两字组才是黏合结构，其他音节组配不是，因为双音节构成一个音步，是韵律词。

从韵律角度看，从组合结构到黏合结构的区分主要为松紧差异。在松紧的连续统上，黏合结构和组合结构的界限在哪里，研究者视角不同，看法可能也不同（应学凤 2013）。王洪君、富丽（2005）用举例的方式列举了黏合结构和组合结构。下面我们在她们界定的基础上予以补充说明。

首先，所有的黏合两字组都是韵律词，但例（12）那样带有句法层次范畴的两字组是组合结构。2+1 式黏合定中、动结、动趋是稳定的超音步，也是韵律词。2+1 式主谓、述宾不属于韵律词。这个判断与主谓、述宾、述补、定中偏正四种结构的松紧不谋而合。即相对紧凑的结构的 2+1 式看作韵律词。然而，把 2+1 式述补黏合结构看作韵律词，却排除了 1+2 式述补黏合结构，这会使得情况复杂化。因为 2+1 式的"搅拌匀、邮寄来"并不比 1+2 式的"看清楚、寄回来"紧凑很多，后者的补语虽然是双音节，但一般都是读轻声，是残音步。

第二，所有定中黏合结构都是韵律类词。王洪君、富丽（2005）提出 2+2 式黏合状中结构是韵律类词，对其他音节组配模式的黏合状中没有明确说明。我们认为状中偏正的表现则相对复杂。时间、处所、介宾做状语的黏合状中结构的状语常常与中心语分读，

这类类型三音节以上的黏合状中结构可以看作不典型的黏合结构，部分状语和中心语结合相对紧密的黏合状中结构可以看作韵律类词。王洪君、富丽（2005）没有对三音节及以上的联合黏合结构、述宾黏合结构、主谓黏合结构、1+2 式述补黏合结构等是否属于韵律类词明确说明。这种结构确实与两音节的类型和定中黏合结构在韵律上差异较大，有的不是紧凑的可能的多音步。但我们认为紧凑是相对的，相对组合式而言的。

朱德熙（1982）是基于结构形式进行的分类，王洪君（王洪君、富丽 2005，王洪君 2008）是基于韵律和语法界面的分类，出发点不同，看法也有不同。因此，很多按照形式应该看作黏合结构的，王洪君等没有归入韵律类词。当然，他们的看法没有实质的不同，从组合结构到黏合结构，不同类型的黏合结构内部松紧都有差异，至于是根据内紧外松还是根据结构形式一致区分，各有各的道理。我们以结构形式为基础，结合韵律和语义对黏合结构作出如下界定：

黏合结构是由前后两个光杆成分直接黏合而成、相对紧凑的结构（数量词或指示代词加量词、领属关系的偏正结构除外），前后两个成分需要借助虚词等手段、或前后两个成分有修饰语、前后两个成分之间有停顿的松散结构是组合结构。黏合结构内部还有差异，松紧程度不同而性质有别。定中黏合结构、述补黏合结构、述宾黏合结构和主谓黏合结构等松紧有差异，最紧的定中黏合结构韵律上内紧外松整体具有一致性，是典型的黏合结构。两音节的述补、述宾、主谓、联合黏合结构是典型的黏合结构，三音节的述补黏合结构、联合黏合结构次之，其他音节的述补、述宾、主谓、联合黏合结构是不典型的黏合结构。

三、 现代汉语黏合结构的语法功能

朱德熙（1982:148-149）指出："黏合式偏正结构的功能相当于一个单个的名词"。黏合偏正结构语法表现跟单个名词一样，"凡单个的名词能出现的地方，它也能出现。因而它既能替换黏合式里的名词，也能替换组合式里的名词。"

关于偏正黏合结构的语法功能，朱德熙（1982:148-149）的看法与陈琼瓒（1955）、范继淹（1958）等的看法基本相同。陈琼瓒（1955）指出：在不带"的"字的"形·名"短语结构里，形容词的功能是这样的不显著，形容词几乎丧失了它的独立性，和名词结合得非常密切，差不多融为一体，共同构成一个事物的概念，就如化学上的两个元素结合成一个化合物一样，形容词的修饰性融化在整个短语的新成概念里了。这样的结构，我们有的看成是词，例如"短裤""大衣""好人""坏人""懒骨头"。其他的尽管不是词，假如我们把它们都当作复合词来看待，无论在语法上或概念上都不至于出毛病。

范继淹（1958）指出：没有"的"的 AN 在句子里永远连在一起，构成一个整体，彼此不分离。AN 里的 A 和 N 不是两个独立的句法单位，不能在句子里分别活动，只能共同构成一个句法单位，这个句法单位具有跟单一的名词性成分相同的语法特点：不受程度副词、指代副词、否定副词的修饰，可以受别的形容词性成分修饰，可以修饰别的名词性成分或"形·名"结构。他还指出：不带"的"字 AN，形容词性成分和名词性成分结成一个紧密的"形·名"组合，构成一个整体的句法单位，其中的形容词性成分在句法关系上不再发生作用，造句时只需考虑整个组合所具有的名词性特点。句法学所研究的是整个的组合，并且把它作为单一的名词性成分看待。

吕叔湘（1979）在讨论短语词时说：那些没有加进去 de 和"得"因而它的成分不能扩展的组合，它的地位介乎词和短语之间。他还指出：短语词（即黏合结构）有熟语性，这是复合词的特点。

陆丙甫（2015：40）说得更明了，他指出："从分布上说，黏合式定名结构同词级单位完全一样，应看作复合词。"陆丙甫（2015:39-47）认为：朱德熙先生所提出的"黏合结构"和"组合结构"的区别，显然是极为重要的语法性质的区别。在我们看来，这种区别反映了句法结构和词法结构的区别。他还认为"这种区别的重要性、稳定性超过了传统上所认为的'复合词'和短语的区别。在传统意义的复合词、黏合结构和组合结构三者中，如果要划一条最粗的界限的话，这条线应把复合词和黏合结构划在一起，这两者间的界限是不明确、不显著、不稳定的，它们一起构成广义的复合词、语法词。而这广义的复合词同组合结构，即句法结构间的界限，也许说不上绝对明确，但至少是相当明确的。"

陈琼瓒、范继淹、朱德熙认为偏正黏合结构的语法功能跟词或单个的名词相当，这可能跟他们分析的都是单纯偏正黏合结构有关，合成偏正黏合结构的语法功能和单个名词的语法功能不一样。吕叔湘、陆丙甫认为偏正黏合结构的语法功能和复合词类似，他们的这种认识也跟他们考察的偏正黏合结构类型有关，他们所讨论的对象既有单纯偏正黏合结构，也有合成偏正黏合结构。

我们认为，偏正黏合结构的语法功能总体上与复合词类似，但不同类型的偏正黏合结构，语法功能也有细微差异。合成偏正黏合结构可以看作复合词，单纯偏正黏合结构音节不同，语法功能也有差异，双音节的的语法功能跟单个的名词类似，三音节、四音节及四音节以上的语法功能与复合词差不多。总的来说，我们认为偏正黏合结构语法功能相当于复合词，重要的证据是，句法上，偏正黏合结构能替换意义相近的复合词。

虽然我们提出，偏正黏合结构相当于复合词，但也要认识到复合词内部不是匀质的。董秀芳（2011）指出：从句法到词法也是一个渐变的过程，短语与词这两个范畴之间的边界是模糊的。在复合词范畴中，有些成员已经彻底词化，不再具有短语的特性，这是最典型的成员；而更为大量的形式是处于变化过程之中的，既带有短语的某些特征，又带有词的某些属性。其中有些成员已经具有很多词的性质，只残存了部分短语的特点，这是比较典型的成员；还有一些成员则只具有部分词的特点，还保留了大部分短语的属性，这是不太典型的成员。这就是说复合词内部成分之间的地位是不平等的，有着词化程度的级差。正是因为黏合结构的这个特点，陈青松（2012：171-176）认为黏合结构不是复合词，而是一种汉语形容词修饰名词次范畴化的表达手段，或者说更接近短语。

偏正黏合结构的语法功能与复合词中那些不太典型成员的语法功能更接近。偏正黏合结构跟复合词一样，内部也不是匀质的，也有程度的差异，其中极少部分成员的语法功能与复合词比较典型成员的语法功能类似，大部分成员的语法功能与复合词中不太典型成员的类似，还有极少部分成员的语法功能偏离了复合词的语法特点。也就是说，

50

黏合结构跟复合词的关系是一种部分包含关系，因而在黏合结构的界定里，不应该排除复合词，在黏合结构里有些已经是复合词，有些类似复合词。我们可以图示如下：

图2.1　词汇词、复合词、句法词、黏合结构、组合结构关系

　　如果把长方形 ABCD 看作一段词法和句法接口的语言的话，那么他们首先大致分为三部分：长方形 AEGD 是词汇词，长方形 EFHG 是黏合结构，长方形 FBCH 是组合结构。如果再细分的话，长方形 IJLK 是复合词，其中长方形 IEGK 是由词法产生的复合词，长方形 EJLG 是由句法产生的复合词，这部分同时是体词性黏合结构，长方形 JFHL 是谓词性粘合结构，而长方形 EMNG 是句法词，也就是吕先生说的短语词，FMNH 是一部分从形式上看是组合结构，但从句法表现看，应该归入句法词的结构，如"看不清""看得清"等。

　　朱德熙（1982：126）明确指出，动结式述补黏合结构在功能上相当于一个动词，后头可以带动词后缀"了"或"过"。关于其他类型的述补黏合结构，他没有明确说明。述宾黏合结构的语法功能朱德熙先生也没有明确说明。我们认为，述宾黏合结构跟偏正黏合结构一样，音节长度不同，语法功能也有差异。根据音节的长短可以把述宾式黏合结构分为：双音节、三音节、四音节及四音节以上，双音节述宾黏合结构的语法功能相当于一个动词，四音节及以上的相当于一个动词词组，三音节述宾黏合结构有的语法功能相当于一个动词，有的相当于动词词组。这种语法功能的差异可以从不同音节的述宾黏合结构直接作定语的能力差异可以看出。1+1 式双音节述宾黏合结构可以替换直接作定语的双音节动词，三音节述宾黏合结构部分可以替换直接作定语的动词，四音节及四音节以上的述宾黏合结构不能替换直接作定语的动词。

　　总之，黏合结构是介于词和短语之间具有过渡性质的结构，结构性质不同，黏合结构功能也有别。定中黏合结构相当于一个名词（或复合名词），动结述补黏合结构相当于一个动词。两音节述宾黏合结构也相当于一个动词。三音节及以上的述宾黏合结构兼有词和短语的性质，偏向短语。

四、　结语

　　黏合结构是介于词和短语之间具有过渡性质的结构，一头连着词，一头连着短语，它兼有词和短语的部分特性。典型的黏合结构往往节律紧致，结构凝固，具有复合词的功能。黏合结构是由前后两个光杆成分直接黏合而成的，结构紧致（数量词或指示代词加量词、领属关系的偏正结构除外）。而前后两个成分需要借助虚词等手段、或前后两个成分有修饰语、前后两个成分之间有停顿的松散结构是组合结构。

　　不同黏合结构因紧致程度不同而性质有别。松紧有结构松紧和节律松紧之分。无论音节长短，最紧的定中黏合结构功能上都相当于名词。述补黏合结构的补语一般都不长，述结式黏合结构功能上相当于一个动词。结构相对较松的述宾和主谓黏合结构的音节不同，性质也有差异。节律紧凑的1+1式双音节述宾和主谓黏合结构功能上相当于一个复合词。音节越长，述宾和主谓黏合结构的性质更接近短语。两音节的述补、述宾、主谓、联合黏合结构是典型的黏合结构，三音节的述补黏合结构、联合黏合结构次之，其他音节的述补、述宾、主谓、联合黏合结构是不典型的黏合结构。

　　松紧差异是黏合结构和组合结构的重要区分。形式上松紧区分黏合式和组合式，结构上松紧区分典型黏合结构（定中黏合结构）和非典型黏合结构，节律上松紧又可以作为非典型黏合结构（述宾黏合结构、主谓黏合结构）内部成员黏合度高低的区别标志。

参考文献：

陈琼瓒 1955 《修饰语与名词之间的"的"字的研究》，《中国语文》10月号。

陈青松 2012 《现代汉语形容词与形名粘合结构研究》，北京：中国社会科学出版社。

董秀芳 2011 《词汇化：汉语双音词的衍生和发展》（修订本），北京：商务印书馆。

范继淹 1958 《形名组合间"的"字的语法作用》,《中国语文》5 月号。

冯胜利 2001a 《从韵律看汉语"词/语"分流之大界》,《中国语文》第 1 期。

冯胜利 2001b 《论汉语"词"的多维性》,《当代语言学》第 3 期。

冯胜利 2002 《韵律构词与韵律句法之间的交互作用》,《中国语文》第 6 期。

冯胜利 2004 《动宾倒置与韵律构词法》,《语言科学》第 3 期。

郭继懋 1996 《"熊猫保护组织"与"保护熊猫的组织"的句法语义区别》,《汉语学习》第 5 期。

柯 航 2011 《汉语单音节定语移位的语义制约》,《中国语文》第 5 期。

柯 航 2012 《现代汉语单双音节搭配研究》,北京:商务印书馆。

陆丙甫 1988 《定语的外延性、内涵性和称谓性及其顺序》,载《语法研究与探索》第 4 辑,
        北京大学出版社。

陆丙甫 2015 《核心推导语法》(第二版),上海:上海教育出版社。

陆俭明 2004 《八十年代中国语法研究》(重排版),北京:商务印书馆。

吕叔湘 1963 《现代汉语单双音节问题初探》,《中国语文》第 1 期。

吕叔湘 1979 《汉语语法分析问题》,北京:商务印书馆。

全国斌 2009 《现代汉语粘合式结构范畴化研究》,合肥:安徽大学出版社。

王洪君 2001 《音节单双、音域展敛(重音)与语法结构类型和成分次序》,《当代语言学》第 4 期。

王洪君 2008 《汉语非线性音系学》,北京:北京大学出版社(第二版)。

王洪君 2013 《区分黏合组合结构的重要价值》,载沈阳主编《走向当代前沿科学的现代汉语语法研
        究》,北京:商务印书馆。

王洪君、富丽 2005 《试论现代汉语的类词缀》,《语言科学》第 5 期。

吴为善 2006 《汉语韵律句法探索》,上海:学林出版社。

吴为善 2011 《汉语韵律框架及其词语整合效应》,上海:学林出版社。

应学凤 2013 《现代汉语黏合结构韵律与句法互动的语义语用制约》,浙江大学博士论文。

张 敏 1998 《认知语言学与汉语名词短语》,北京:中国社会科学出版社。

周 韧 2011 《现代汉语韵律与语法的互动关系研究》,北京:商务印书馆。

朱德熙 1982 《语法讲义》，北京：商务印书馆。

Lu, Bingfu & Duanmu San（陆丙甫、端木三）.1991. *A case study of the relaition between rhythm and syntax in Chinese.*Paper presented at the Third North America Conference on Chinese Linguistics.

Lu,Bingfu & Duanmu San（陆丙甫、端木三）.2002. Rhythm and Syntax in Chinese:A Case Study, *Journal of Chinese Language Teachers Association* 37(2):123-136.

"V 一量名"连锁句的语义解读及成因探析

——兼论与疑问代词连锁句的语义差异

张晨迪

（中山大学）

摘要： 文献中有关"V 一量名"连锁句的语义描述仍留有两个疑问，一是该句式为何具有表"每"（或全称解读）的意义尚未得到解释；二是该句式中前后的"一量名"是否在语法上同指的问题。围绕这两大问题，本文对"V 一量名"连锁句的语义解读及其成因进行分析并得出以下结论：首先，"V 一量名"连锁句具有的表"每"的意义（或全称解读）由语法决定，具体来说就是光杆动词并置与"一量名"限定在宾语位置出现这两点因素共同作用的结果；其次，"一量名"的同指现象则不由语法决定，前后"一量名"获得同指解读是语用作用的结果。基于上述分析，本文还探讨了"V 一量名"连锁句与疑问代词连锁句的语义差异，指出前期研究关于二者的形式语义学分析不能有效说明二者语义差异的问题。

关键词： "V 一量名"连锁句 语义解读 全称 同指 疑问代词连锁句

一、 引言

现代汉语有(1)这样一类前后句分别包含"V 一量名"，并且"一量名"形式相同的句子。王力（1956：254），李临定，范方莲（1960）是较早关注到这类句子的研究，他们曾指出这类句子具有表"每"的意思。沈家煊（2015：108），文卫平（2009）没有使用"每"这一表述，而是指出这类句子具有全称解读，如文卫平（2009：228）认为句子"见一个人，问一个人"的逻辑表达式为"∀x[人（x）∧见（y，x）][问（y，x）]"。

(1) a. 张三见一个姑娘，爱一个姑娘。

    b. 小王很厉害，做一道题，对一道题。

    c. 妈妈做一张饼，小明吃一张饼。

不论"每"还是"全称解读"，其实前期研究对(1)这类句子语义的认识基本一致[①]。为了表述的直观性，以下除介绍王力（1956），李临定，范方莲（1960）的研究外，本文使用"全称解读"这一表述。值得注意的是，除了全称解读，吕叔湘（1992）还曾指出这类句子中的"一量名"其实"前后呼应的是同一种事物的同一个体"，即前后的"一量名"指示对象相同，比如(1)中前后的"一个姑娘""一道题""一张饼"都表示同一个姑娘、同一道题以及同一张饼。为了行文方便，以下本文把(1)这类句子称为"'V 一量名'连锁句"。

前期研究对"V 一量名"连锁句的上述描述反映了该句式的语义特点，符合母语者的语感，但也留下两个疑问。首先，"V 一量名"连锁句中并不出现"每"，其为何具有了表"每"或全称解读的意思？王力（1956：255）最早认为"V 一量名"连锁句中"每"的意义来源于数词"一"，他认为"一"有"每一"这一引申义，"两个'一'字各在一个谓语形式或句子形式里，并且是叙述句，系表示'每一'都如此，没有例外"。李临定、范方莲（1960），李临定（1986）否认了王力先生的看法，他们认为"每"的意义来自于"数量结构对应式"这一格式的作用，但对于这一格式具体如何带来"每"的意义并无说明②。沈家煊（2015：108）则认为句式中"一……一……"是极量词，"'一……一……'含有全称或周遍的意思"，但这一说法较为牵强，因为汉语中"一个人洗菜，一个人摘菜"类句子中的"一……一……"并不具有这个意义。文卫平（2009）也没有对这一问题进行说明。除上述文献外，目前也尚未能看到其他相关研究，可见"V 一量名"连锁句为何具有全称解读这一语义尚有待说明。

其次，该句式"前后句中的'一量名'同指"这一现象是否由语法决定？如果是，那么"V 一量名"连锁句与汉语中(2)这类句式语义会十分相似。Cheng & Huang（1996），温宾利（1997）等研究早已指出(2)这类句子具有全称解读且前后分句中的疑问代词指示对象必须相同③。

(2) a. 张三见<u>哪个姑娘</u>，爱<u>哪个姑娘</u>。

b. 小王很厉害，做<u>什么题</u>，对<u>什么题</u>。

c. 妈妈做<u>什么</u>，小明吃<u>什么</u>。

以(2a)为例，该句表示"张三爱他见的每一个／所有姑娘"，同时前后句中的"哪个姑娘"必须指示同一个女孩，(2b)、(2c)亦然。本文把这类句子称为"疑问代词连锁句"④。前期研究以及母语者的语感告诉我们，疑问代词连锁句是汉语中"前后名词性成分同指"的、一种语法上非常固定的句式。那么，"V 一量名"连锁句中前后的"一量名"同指也是语法约束的结果吗？如果是，为什么同一语言系统内会有两类格外相似的句式？如果不是，那是什么因素影响"一量名"使其具有同指解读？

综上，上述两个问题在前期研究中尚留有疑问。本文以这两个问题为中心，试图阐明"V 一量名"连锁句的语义解读及其成因，并探讨"V 一量名"连锁句与疑问代词连锁句的语义差异。下面，我们首先从形式特征与句法特征两方面入手对"V 一量名"连锁句的特点进行考察。

二、"V 一量名"连锁句的形式特征及句法特征

吴为善（2016）曾从构式语法的角度对"V 一量名"连锁句（其称之为"V_1 一量 V_2 一量"构式）的组配构件的特征进行过分析。他们指出，此构式中的 V 都是单音节的行为动作动词，且前一个 V 一般都具有[+自主]的语义特征，及物性很强，如(3)、(4)中的"见、盖、买、养、扎、开"。后一个 V 则分为两种情况，一种是自主的及物动词，如(3)中的"抓、拆、吃"；另一种是非自主的不及物动词，如(4)中的"死、散、亏"。

(3) a. 城管每天都要来巡逻几次，看到那些无证小贩，<u>见一个抓一个</u>，可还是不能从根本上解决问题。

b. 村民们有钱了就盖房，随着收入的逐年增加还不断翻新，结果是<u>盖一栋拆一栋</u>，劳民伤财。

c. 儿子喜欢吃巧克力，<u>买一盒吃一盒</u>，每月的零花钱总是不够。

（吴为善 2016: 84）

(4) a. 小莉特喜欢小狗，可不知什么原因，<u>养一条死一条</u>，大家都认定她跟小狗无缘。

b. 割茅草容易捆扎难，你看那小姑娘，割起来飞快，可<u>扎一捆散一捆</u>，到头来还是她哥来帮忙捆扎的。

c. 这家公司盲目扩张，不做认真的市场调研，结果美容店<u>开一家亏一家</u>，大家都没信心了。

（吴为善 2016: 84）

上述句子基本都以紧缩形式呈现，更短小、精炼，但整体表达的语义与"V 一量名"连锁句大体无差别。吴为善（2016）对于 V 的语义特征的描述体现了该句式中动词的特点，我们基本赞同其看法[⑤]，但除此之外，"V 一量名"连锁句还具有形式上和句法上的特定的限制。

首先，在形式上，"V 一量名"连锁句中的动词之后不能附加"了""着"等体标记如(5)，也不能与助动词连用如(6)，这里的动词必须是光杆动词。

(5) a. *张三见了/着一个姑娘，爱了/着一个姑娘。

　　b. 妈妈做了一张饼，小明吃了一张饼。≠"V 一量名"连锁句

(6) a. *张三能见一个姑娘，爱一个姑娘。

　　b. *妈妈可以做一张饼，小明能吃一张饼。

(5a)动词后续"了"或"着"，句子不能成立；(5b)虽然尚可成立，但值得注意的是其并不具有"V 一量名"连锁句的意义，而是仅表示"妈妈做了一张饼，小明吃了一张饼"这样一次性的事实。同时，助动词"能""可以"与动词共现的句子(6)也不成立。这些事实都说明"V 一量名"连锁句中的动词必须是光杆动词。

　　其次，"V 一量名"连锁句在句法上也有相应的限制。如(7a)所示，当前后的"一量名"都在宾语位置上时，"V 一量名"连锁句的全称解读可以成立；一旦其中任何一方不在宾语位置上的话，其作为"V 一量名"连锁句不能成立，如(7b)-(7d)。(7b)-(7d)虽然也满足形式上"使用光杆动词"的条件，但因"一量名"并未出现在宾语位置上，其不能作"V 一量名"连锁句解读。

(7) a. 宾语-宾语　　张三见一个姑娘，爱一个姑娘。

　　b. 主语-主语　　一个姑娘洗菜，一个姑娘切菜。≠"V 一量名"连锁句

　　c. 主语-宾语　　*一个姑娘洗菜，张三帮一个姑娘。

　　d. 宾语-主语　　*张三见一个姑娘，一个姑娘讨厌他。

　　而且，该句式中的"一量名"必须在宾语的中心语位置上，宾语定语位置上的"一量名"不能构成"V 一量名"连锁句，如(8)。

(8) a. ??张三见[[一个姑娘写的] 字]，爱一个姑娘。≠"V 一量名"连锁句

　　b. ??小明学[[一种饼的] 做法]，掌握一种饼。≠"V 一量名"连锁句

　　　　（里层的[ ]表示宾语的定语，外层的[ ]表示整个宾语）

(8)中前一分句的"一个姑娘""一种饼"都位于宾语内部的定语位置上，此时句子不能作"V 一量名"连锁句解读。这说明除"动词必须为光杆动词"这一约束外，"V 一量名"连锁句的语义解读也严格依赖于"'一量名'在宾语位置"这一条件。

三、"V 一量名"连锁句的语义解读及成因

　　上节我们探讨了"V 一量名"连锁句的形式特征与句法特征，我们认为可以从这两方面出发分析"V 一量名"连锁句的语义解读及其成因问题。

3.1 全称解读及其产生

3.1.1 光杆动词并置　动作重复义

　　下面首先讨论光杆动词这一形式为"V一量名"连锁句带来何种语义影响。我们知道，汉语中单个的光杆动词一般不具备完句条件，孔令达（1994）、黄南松（1994）曾指出，要使(9)这样的光杆动词句成立，需要时间词、体标记等其它要素与光杆动词共现，如(10)。

　　(9) a. *张三唱歌。　　　　　b. *李四笑。

　　(10) a. 张三<u>今天/经常</u>唱歌。　　（与时间词共现）

　　　　b. 张三唱<u>了/过</u>民歌。　　　（与体标记共现）

　　　　c. 张三唱歌<u>了/啦</u>。　　　　（与句末助词共现）

　　　　d. 张三<u>会/可以/应该</u>唱歌。　（与助动词共现）

　　　　e. 张三唱歌<u>解闷</u>。　　　　　（与另一谓词共现）

以(9a)为例，不成立的(9a)在分别添加了时间词、体标记、句末助词、助动词、另一谓词等辅助成分后句子得以成立。为什么"V一量名"连锁句使用了光杆动词但句子仍能成立？本文认为其成立的类型与(10e)相似。黄南松（1994: 444）认为(10e)可成立的原因在于"加上一个或一个以上谓词结构后，句中谓词所表示的动作有了先后关系，亦即时间关系"⑥。试比较(1)与(10e)。

　　(1) a. 张三<u>见一个姑娘</u>，<u>爱一个姑娘</u>。

　　　　b. 小王很厉害，<u>做一道题</u>，<u>对一道题</u>。

　　　　c. 妈妈做<u>一张饼</u>，小明吃<u>一张饼</u>。

(1a)、(1b)前后两个分句共用一个主语，谓语部分两个光杆动词结构共现，与(10e)类型相似；(1c)中虽然前后分句的主语不同，但从谓语部分看，同样是两个光杆动词分别带宾语共现，其本质与(10e)相似。由此我们认为，"V一量名"连锁句可以完句是前后两个光杆动词共现的结果，可称之为光杆动词并置。

　　那么，光杆动词并置给"V一量名"连锁句带来了什么语义影响呢？为了客观反映这一点，以下例句中的宾语采用光杆名词形式，不使用"一量名"。对比(11)与(12)可以发现，光杆动词并置使得句中表达的动作或事件不局限为某一单次动作或事件，而是具有重复性。

　　(11) a. 张三唱了歌，李四跳了舞。

　　　　b. 小王打了渔，妻子做了饭。

(12)　a. 张三唱歌，李四跳舞。

　　　　b. 小王打渔，妻子做饭。

(11)中动词后续体标记"了"，前句和后句都表示相应主语已完成的单次动作或事件，如"张三唱了歌"，"李四跳了舞"。与此相对，(12)中光杆动词并置，其表示的动作具有重复性。这体现在句子(12)可用来表示相应主体的职业或惯常活动，而个体的职业或惯常活动都是典型的重复性动作，如(13)。

(13)　a. 在总政歌舞团，张三唱歌，李四跳舞。

　　　　b. 平时，小王打渔，妻子做饭。

(13a)比(12a)突显了"在总政歌舞团"这一背景语境，句中"唱歌""跳舞"可以分别表示张三和李四"歌者""舞者"的职业身份，(13b)添加了副词"平时"后，更反映出"打渔""做饭"分别是"小王"及其"妻子"的惯常活动。光杆动词并置可用来表示相应个体的职业或惯常进行的活动，这充分说明动作的重复性是光杆动词并置的一大语义特点。

3.1.2 限于宾语位置的"一量名"—前后动作承接义

接着，我们再来看"'一量名'在宾语位置"这一句法限制对"V一量名"连锁句产生了何种语义上的影响。如前所述，"V一量名"连锁句的全称解读严格依赖于"'一量名'在宾语位置"这一条件。为什么会有这样的句法限制呢？

我们知道，在汉语的名词系统中，"一量名"除具有表数量的作用外，其一般也用来表示不定指的个体（参看李艳惠，陆丙甫2002）。而不定指的个体在物理上是"有界"的，当其出现在宾语位置上时，其为动词表示的动作提供终止点（endpoint）[⑦]。比如"喝一杯水"，"一杯水"喝没的时候即代表"喝"这一动作的终止；再如"看一本书"，假设一本书有55页，那1-55页看完之后"看"的动作也就终止了。"一量名"限于宾语位置，这意味着该句式中前后动词表示的动作都隐含终止点，因此这些动作都是有界的动作。这样一来，前后两个动作之间产生了先后顺序，具有了动作承接义。以(1)为例，(1a)中"张三见完一个姑娘后，继而爱上那个姑娘"，(1b)中"小王做完一道题后才对一道题"，(1c)也是"妈妈做完一张饼后小明才吃一张饼"。

(1)　a. 张三见<u>一个姑娘</u>，爱<u>一个姑娘</u>。

　　　b. 小王很厉害，做<u>一道题</u>，对<u>一道题</u>。

　　　c. 妈妈做<u>一张饼</u>，小明吃<u>一张饼</u>。

"V 一量名"连锁句中前句和后句这样的语义关系,可以通过与(12)的对比看出(为避免重复,此处不再列出)。(1)与(12)两组句子都是光杆动词并置,但(12)是并列句,而(1)中前句和后句是承接的关系,不是并列关系。

3.1.3 全称解读的产生

至此,我们探讨了光杆动词并置为"V 一量名"连锁句带来"动作重复"的语义,而"一量名"只能出现在宾语位置的限制使得"V 一量名"连锁句中的前句和后句承接起来,具有了"前一动作 A 发生后,后一动作 B 接续发生"的意思。将这二者结合起来后可以发现,"V 一量名"连锁句表示"A 发生后,B 发生;A 发生后,B 发生;A 发生后,B 发生……"的意思。换句话说,"A 发生后,B 发生"构成一个完整事件,"V 一量名"连锁句表示这个事件不断重复的意思。这个分析符合我们母语者的语感,在北京语言大学汉语语料库(BCC)中我们经常可以看到一个"V 一量名"连锁句出现两次及以上的情况。

(14) a. 防尘塞买一个,丢一个,买一个,丢一个。(微博)

　　 b. 我煎一张,吃一张,煎一张,吃一张……头几张我根本尝不出味道,越吃到后来越香。(张贤亮《绿化树》)

(14a)中"买一个,丢一个"出现了两次,(14b)中"煎一张,吃一张,煎一张,吃一张……"表示"煎一张,吃一张"出现两次以上的情况,这些都直观反映出"V 一量名"连锁句"前后动作交替出现"的语义特点。

现在回到本节的主要问题,即为什么"V 一量名"连锁句具有"每"的意义(或全称解读)?本文认为,正是"V 一量名"连锁句的这种"动作交替出现"的语义特点才使得其具有全称解读。以(14)为例,(14a)中"买一个,丢一个"表示整体事件不断重复,所以从不定个体"防尘塞"的角度看,每一个或所有的"防尘塞"都是"买一个,丢一个"事件的参与者,因此针对不定个体"防尘塞"就产生了全称解读,这就是"V 一量名"连锁句全称解读的来源。(14b)也因同样的理由具有全称解读。

综上,"V 一量名"连锁句具有全称解读是该句式"光杆动词并置"与"宾语位置'一量名'"共同影响的结果。

3.2 "一量名"同指—语用作用的结果

引言中我们曾提出下列疑问,即疑问代词连锁句是现代汉语中语法化程度高且固定的句式，而"V—量名"连锁句除具有全称解读外，如果"一量名"同指也由语法决定的话，那其和疑问代词连锁句十分相似，为什么同一语言系统会允许两类几乎相同的句式存在？通过考察分析，本文认为"V—量名"连锁句中"一量名"的同指现象不受语法约束，而是语用作用的结果。

首先请看(15)这组句子，(15a)、(15b)两个句子形式上与"V—量名"连锁句完全一致，但值得注意的是，这两句中前后"一量名"的指示对象不同。

(15) a. 商家促销，买<u>一盒巧克力</u>，送<u>一盒巧克力</u>。

cf.儿子喜欢吃巧克力，<u>买一盒吃一盒</u>，每月的零花钱总是不够。(=(3c))

b. 小丽喜新厌旧，买<u>一件衣服</u>，扔<u>一件衣服</u>。

(15a)中"商家促销"的背景语境告诉我们，客人买的"一盒巧克力"和商家送的"一盒巧克力"不可能是同一盒巧克力。这与前文(3c)(这里的 cf 句)中"买的一盒（巧克力）和吃的一盒（巧克力）为同一盒"的情况截然不同。另外，(15b)在"小丽喜新厌旧"的语境基础上，人们也很自然地推测出小丽买"一件（新）衣服，扔一件（旧）衣服"，而不是"买一件（新）衣服，扔那件（新）衣服"。

如果去除"商家促销""喜新厌旧"这样的语境，将(15a)，(15b)其余部分放在一个适合的语境中，前后的"一量名"也可以指示相同的对象，如(15)'。

(15)' a. 小明对他喜欢的小朋友特别大方，买<u>一盒巧克力</u>，送<u>一盒巧克力</u>。

b. 富家千金小丽任性且喜怒无常，为发泄情绪，她经常买<u>一件衣服</u>，扔<u>一件衣服</u>。

(15a)' 中"小明特别大方"的语境为其"买"和"送"的连贯行为提供了语义上的支持，因此这里的"一盒巧克力"易被解读为同一对象；同时，(15b)' 中"小丽是富家千金，任性且喜怒无常"的背景信息也为她的极端行为"买了新衣服又扔"提供了支撑，所以这个句子中前后的"一件衣服"也可以指示同一件。类似的例子还有很多，此处限于篇幅不再举例。从上述事实可以看出，"V—量名"连锁句中"一量名"同指与否很大程度上受语境因素影响，在适当的语境中，"一量名"可以指示相同的对象，也可以指示不同的对象。

其实不只(15)，把(1)中前后两个动词更换为(16)后，(16)前后的"一量名"指示对象也变得不相同。

(1) a. 张三见<u>一个姑娘</u>，爱<u>一个姑娘</u>。

b. 小王很厉害，做<u>一道题</u>，对<u>一道题</u>。

c. 妈妈做<u>一张饼</u>，小明吃<u>一张饼</u>。

对比：

(16) a. 张三调走一个姑娘，新招收一个姑娘。

　　b. 小王做一道题，空一道题。

　　c. 妈妈吃一张饼，小明买一张饼。

(16a)中，"调走"和"新招收"语义矛盾，所以"调走"的和"新招收"的不可能是同一个姑娘，(16b)"做（解答）"和"空（不解答）"也语义矛盾，所以"一道题"也不可能是同一道题。再者，(16c)中"妈妈吃"意味着饼的消失，所以小明买的"一张饼"一定不是"妈妈吃"的那张饼。由此可以看出，当"V一量名"连锁句中后一动词的语义与前一动词矛盾时，"一量名"通常不能作同指解读。与(1)相比，(16)替换了动词以及动词的前后顺序，这时动词本身的语义及其所蕴含的背景信息创造了新的语境，这个新语境影响听话人，使其对(16)中的"一量名"作出指示对象不同的语义解读。

　　综上，同一句子在不同的语境中，以及同一句子替换动词及其先后顺序后，"一量名"可以解读为同指，也可以解读为不同指。这说明"V一量名"连锁句中"一量名"同指与否由语用决定，不受语法约束。

四、"V一量名"连锁句与疑问代词连锁句的语义差异

　　引言中我们曾提到，文卫平（2009）认为"V一量名"连锁句中含有隐性全称量化算子，所以具有全称解读。其实不止如此，文卫平（2006、2009）认为"V一量名"连锁句和疑问代词连锁句都是汉语的驴子句（donkey sentence），句中前后的"一量名"或疑问代词由同一全称量化算子（universal quantifier）约束，因此指示对象相同。

(17) a. 治一个病人，（治）好一个病人。

　　$\forall x [病人 (x) \land 治 (y, x)][治好 (y, x)]$

　　b. 见一个人，问一个人。

　　$\forall x [人 (x) \land 见 (y, x)][问 (y, x)]$

（文卫平 2009：227）

(18) a. 谁违反合同，谁受罚。

　　$\forall x, y [人 (x) \land 合同 (y) \land 违反 (x, y)][受罚 (x)]$

b. 谁喝茶，谁（自己）倒。

$$\forall x, y [人 (x) \land 茶 (y) \land 喝 (x, y)] [倒 (x, y)]$$

也就是说，文卫平（2009）认为"V 一量名"连锁句和疑问代词连锁句语义相同。然而，下列考察反映出二者在语义上存在较大差异。首先请看它们形式上的不同。

第一，二者在句中动词是否必须为光杆动词这一点上不同。前文指出了"'V 一量名'连锁句中的动词必须是光杆动词，不能与体标记共现"的事实，但疑问代词连锁句中的动词没有这个限制，其可以是光杆动词如(19)，也可以与体标记"了"共现如(20)。

(19) a. 小明吃<u>什么</u>，妈妈做<u>什么</u>。

b. 你去<u>哪儿</u>，我就跟着去<u>哪儿</u>。

(20) a. 张三看见了<u>哪个姑娘</u>，就问<u>哪个姑娘</u>要了电话号码。

b. 妈妈做了<u>什么饼</u>，小明就吃了<u>什么饼</u>。

第二，二者在"一量名"或疑问代词出现的句法位置这点上也不同。如前所述"V 一量名"连锁句中的"一量名"只能出现在宾语位置上，但疑问代词连锁句中的疑问代词没有这样的限制，其可以自由出现在"主谓宾定"等位置上（杉村博文 1992，温宾利 1997）如(21)；也可以出现在句主语（sentence subject）、句宾语（sentence object）等更深的句法位置上如(22)。

(21) a. <u>谁</u>先来，<u>谁</u>先吃。　　（主语-主语）

b. <u>谁</u>先进来，我先打<u>谁</u>。　　（主语-宾语）

c. 你喜欢<u>谁</u>，<u>谁</u>倒霉。　　（宾语-主语）

d. 你喜欢<u>谁</u>，我就批评<u>谁</u>。　　（宾语-宾语）

e. <u>谁</u>的工资高，<u>谁</u>请客。　　（定语-主语）

f. <u>谁</u>的责任，咱们就批评<u>谁</u>。　　（定语-宾语）

(22) a. [张三做<u>什么</u>]对学习有利，老师就让张三做<u>什么</u>。（句主语内）

b. 你经常跟<u>谁</u>在一起，人们就自然认为[你和<u>谁</u>是好朋友]。（句宾语内）

"V 一量名"连锁句与疑问代词连锁句在形式上的差异导致了它们之间语义解读的不同。

首先，前文我们指出"V 一量名"连锁句具有全称解读。疑问代词连锁句也可以表达全称解读如(19)，但不仅如此，疑问代词连锁句还可以表示某一单次的、已发生了的事件，如(20)。(20a)意为"张三问他看见了的姑娘要了电话号码"，(20b)意为"小明吃了妈妈做的那种饼"，两个句子都表示一次既已发生的事件。也就是说，疑问代词连锁句比"V 一量名"连锁句语义范围广。"V 一量名"连锁句与疑问代词连锁句在上述语义解读上的差异和它们之间形式上的差异密不可分。如前文所述，"V 一量名"连锁句的全称解读依赖于其"光杆动词并置且'一量名'限于宾语位置"的条件，但疑问代词连锁句中动词可以与体标记"了"共现，疑问代词也不限制在宾语位置，所以除全称解读外，疑问代词连锁句也具有表"某一单次的、已发生了的事件"的语义解读。而且，即使是全称解读，疑问代词连锁句也不必遵循类似于"V 一量名"连锁句的条件（即"光杆动词并置且疑问代词限于宾语位置"），这反映出二者全称解读这一语义的产生路径不同的问题。⑧

其次，疑问代词连锁句中的疑问代词具有同指解读，而如前所述，"V 一量名"连锁句形式的"一量名"不一定同指。"一量名"是否同指取决于语境因素，不受语法约束，而疑问代词的同指解读则是语法规约的结果。

综上，文卫平（2006，2009）的形式语义学分析虽然抓住了"V 一量名"连锁句与疑问代词连锁句在"全称解读"上的相似之处，但忽视了二者间上述语义差异。通过上述分析可以看出，"V 一量名"连锁句与疑问代词连锁句是现代汉语中两类构成机制十分不同的句式，在语法语义分析以及汉语教学上对二者加以区别是十分必要的。

五、结语

本文主要对"V 一量名"连锁句的语义解读及其成因，以及其与疑问代词连锁句的语义差异进行了分析。首先，本文认为"V 一量名"连锁句可作全称解读，指出这是该句式光杆动词并置与"一量名"限于宾语位置出现这两点因素共同作用的结果；其次，对于"一量名"的同指解读，本文认为其不受语法约束，是语用作用的结果。这表现在同一句子在不同的语境中，"一量名"可以同指，也可以不同指；同一句子替换动词及其先后顺序创造出不同的语境后，"一量名"的指示对象可以相同也可以不相同等方面。

基于上述分析，本文还探讨了"V 一量名"连锁句与疑问代词连锁句的语义差异问题，概括起来为 1. "V 一量名"连锁句具有全称解读，疑问代词连锁句则既具有全称解读，也具有表"单次的，已发生了的事件"的语义；而且，"一量名"连锁句与疑问代词连锁句的全称解读的产生路径不同。2. "V 一量名"连锁句中"一量名"同指现象受语境影响，不受语法约束；而疑问代词连锁句中疑问代词的同指语义解读是语法规约的结果。这些事实说明，文卫平（2009）的形式语义学分析从根本上忽略了"V 一量名"连锁句与疑问代词连锁句之间的语义差异，是极为不妥当的。

此外，关于"一量名"的同指解读本文举出实例说明了语境对这一解读的重要性，并初步提出了"前后动词语义矛盾时'一量名'不易作同指解读"的看法（文中(16)的分析）。但在什么语境下"一量名"可作同指解读的概括上尚有不足，今后我们将围绕"一量名"同指解读的可能性这一问题展开进一步的研究。

附注

1) 现代汉语虚词例释（2010:358）对"每"的释义为"用逐指个体的形式统指全体"。黄瓒辉，石定栩（2009）认为"每"全称量化个体或事件，陈振宇，刘承峰（2019）也指出"每是外部量化的全称量词"。
2) 李临定，范方莲（1960）研究的数量结构对应式不只包括"V 一量名"连锁句，还包括"一张纸包两本书"类句（只出现一个动词）和"一组五个人"类句（不出现动词）。
3) 比如，Cheng & Huang(1996)中的经典例句"谁先来，谁先吃"的逻辑表达式被表述为"∀x [x comes first][x eats first]"。
4) 杉村博文（1992）较早使用该名称。除此之外，这类句子多被称为疑问代词的"任指"用法（刘月华等 2001）或"承指"用法（邵敬敏 2014）。为了体现该类句式形式上的特征，本文沿袭杉村博文（1992）的说法，称之为"疑问代词连锁句"。
5) 吴为善（2016）还指出了"V 一量名"中其它构件的特征，如数词以"一"为常，一般不会用其他数词替换；量词主要为物量词，以"个"为常，也包括"条、栋、捆"等其他量词。
6) 黄南松（1994:444）在正文中举出的例子比如有(i)这样的句子。
   (i) a. *李大力拿棍子。→李大力拿棍子打人。
      b. *王师傅来我家里。→王师傅来我家里帮我修电视。
7) 刘小梅（1994:10）指出，宾语位置上的"一量名"具有这一特性，所以其能与进行式共现。
   (i) a. *他正在吃一个苹果。   b. 他正在吃苹果。
      a. *他正在喝一杯水。   b. 他正在喝水。
8) 本文认为其不同可能表现在以下方面。疑问代词连锁句的全称解读依赖于汉语疑问代词的"复数性"，比如"谁""哪儿"等疑问代词除了指代单个的个体或地点，其也可以指代复数的个体或地点（刘月华 2001 等）。而且，由于疑问代词指示对象不固定，因此当其用在(19)那样光杆动词并置也就是动作重复义强的语境中时，疑问代词的表"复数性"得以激活，导致全称解读的产生。与此相对，"一个姑娘"这样的"一量名"虽然一般指代单个个体，但在"光杆名词并置"和"'一量名'限于宾语位置"这些条件的帮助下，"V 一量名"连锁句产生了"前后动词交替出现"的意义，进而使其中的"一量名"产生了全称解读的理解。

参考文献

陈振宇，刘承峰 2019. "每"的功能演变以及与"都"的共现——基于修辞语用以及语法化的解释，《当代修辞学》(2)：56-71.

黄南松 1994. 试论短语自主成句所应具备的若干语法范畴，《中国语文》(6)：441-447.

黄瓒辉，石定栩 2013. 量化事件的"每"结构，《世界汉语教学》(3)：305-318.

孔令达 1994. 影响汉语句子自足的语言形式，《中国语文》(6)：434-440.

李临定 1986.《现代汉语句型》，北京：商务印书馆.

李临定，范方莲 1960. 试论表"每"的数量结构对应式，《中国语文》.

李艳惠，陆丙甫 2002. 数日短语，《中国语文》(4)：326-336.

刘小梅 1994. 汉语数量词的语义分辨及进行式动词组中数量词的使用，《世界汉语教学》(4)：10-17.

刘月华等 2001.《实用现代汉语语法》，北京：商务印书馆.

吕叔湘 1992. 试论含有同一[一 N]两次出现前后呼应的句子的语义类型，《中国语文》(4)：241-243.

邵敬敏 2014.《现代汉语疑问句研究》，北京：商务印书馆.

沈家煊 2015.《不对称和标记论》，北京：商务印书馆.

王　力 1956.《中国现代语法》，北京：中华书局.

温宾利 1997. 英语的"驴句"与汉语的"什么…什么句"，《现代外语》(3)：1-13.

文卫平 2006.《英汉驴子句研究》，北京：北京语言大学博士论文.

文卫平 2009. 汉语不定名词关联结构与驴子句，程工、刘丹青（主编）《汉语的形式与功能研究》北京：商务印书馆.

吴为善 2016.《构式语法与汉语构式》，上海：学林出版社.

北京大学中文系 1955/1957 级语言班（编） 2010.《现代汉语虚词例释》，北京：商务印书馆.

杉村博文 1992. 中国語疑問詞連鎖構文の研究，大阪外国語大学『言語の対照研究と語学教育』:79-95.

Cheng, Lisa & James Huang 1996. Two types of donkey sentences. *Natural Language Semantics* 4(2): 121-163.

现代汉语连动结构形成的句法语义机制研究*

王晓娜

（沈阳师范大学外国语学院）

摘要：内部和外部对比结果表明现代汉语连动结构不是一种有别于并列和主从的独立结构，其典型结构实则是一种非对称并列结构。同汉藏语反复问句演变路径一样，汉语连动结构是在语言经济性原则的驱动下逐步紧缩而成，其背后的句法机制是并列结构紧缩规则，语义条件是并置 VP 共享核心论元。

关键词：典型连动结构 非对称并列 经济原则 句法机制 语义条件

一、引言

区别于典型单动句式，连动结构因其"多动连用"的形式特点，对传统层次结构分析法以及形式句法分析造成了极大的挑战，同时也吸引着一大批国内外学者以不同语言为研究对象、从不同理论视角尝试揭开连动结构的神秘面纱。从时间上看，2000 年以前的国内汉语连动结构研究主要集中于描写性研究，包括汉语连动结构的定义、分类，特别是连动结构"动"的诠释、"连动结构"存废之争。2000 年以后随着西方理论的引介，很多学者尝试在不同的理论框架下对这一特殊句式进行解释，包括语法化视角（高增霞 2003）、事件整合理论（赵旭 2014）、类型学理论（刘丹青 2012,2015,2017）、形式句法理论（邢欣 1987；杨永忠 2009；杨西彬 2013、2016；孙文统 2013；张孝荣和张庆文 2014）、形式语义研究（李可胜 2013,2015,2016）以及少数民族语言连动结构研究（邱月和戴庆厦 2008）。

* 本文得到了辽宁省教育厅科学研究项目"新描写主义框架下连动式的句法语义研究"（项目编号：WQN201917）、辽宁省社会科学基金一般项目（项目编号：L18BYY001）、沈阳师范大学 2018 年度重大孵化项目"英汉信息结构对比研究"（项目编号：ZD201818）、沈阳师范大学 2019 年度重大孵化项目"汉语语法格式系列词典编纂的理论与实践"的支持。谨致谢忱。

但是已有的解释性研究少有涉及对连动结构形成动因的探究，其中部分学者已经注意到语言经济性原则是汉语连动结构形成的助推力，比如高增霞（2003）时间相似性原则临摹说，赵旭（2014）事件结构整合说，但均未提及汉语连动结构语法化过程中所受到的深层句法语义限制条件。本文拟通过汉语内部相关句式对比和外部跨语言对比，揭示现代汉语连动句形成的动因及背后的句法语义机制，以期重新认识汉语连动结构的本质，推进该结构的形式化研究。

二、现代汉语连动结构的重新认识

关于连动结构"动"的内涵，不同学者有不同的诠释，进而导致"连动结构"的外延不同。已有研究大致可以分为动词说（吕叔湘和朱德熙 1956；丁声树 1961；Aikhenvald &Dixon 2006）、谓词说（朱德熙 1982；叶根祥 1988；邢福义 2002；沈阳和郭锐 2014）和谓语说（王福庭 1960；宋玉柱 1978；陈建民 1986；吕冀平 2000）。从"动词说"到"谓语说"，现代汉语连动结构的范围越来越大，界限越来越模糊，演变成一个大杂烩（Paul 2008）。因此，学者们对是否取消"连动结构"展开了激烈的讨论。有些学者（萧璋 1956；赵元任 1979；张静 1977；吕冀平 1979；史存直 1982；邓思颖 2010）认为连动结构可以归为偏正或并列结构，应该取消。而有些学者（宋玉柱 1978；吕叔湘 1979；朱德熙 1982；刘丹青 2012，2015，2017）认为连动结构是一种独立的结构，不应该取消。正如吕叔湘（1979：83）指出的那样"自从连动式出现在语法著作中以来，一直有人要取消它，也一直没有取消的了。……典型的连动式很难从形式上决定其中哪一部分是主体，哪一部分是从属。……看样子连动式是要赖着不走了。剩下的问题就是给它划定界限。凡是能从形式上划成别的结构的，就给划出去。留下来的，尽管有意义上主次，还是不妨称为连动式,同时说明意义上的主次"。

Aikhenvald &Dixon（2006:1）在考察了大量语言的连动结构后，从形式、谓语、韵律、语法范畴、论元、动词及物性等方面将连动结构的特征描述如下：第一、形式上有两个或两个以上动词连用，整体做句子的谓语，具有单述谓性（monopredicative reading）；第二、动词之间没有显性的表达句法依存关系的连词标记；第三、表达一个单一事件；第四、韵律同单动词小句；第五、动词共享时、体和否定等语法范畴；第六、连用的动词可以单独成句，动词的及物性特征可以相同也可以不同；第七、连用的动词共享核心论元或其他论元。第八、连动结构具有小句性特征。

Haspelmath(2016)指出通过"单个事件"或"单个谓语"来定义连动结构不合适。事件的概念至少有两个理解，如果从形式上来说，一个谓词代表一个简单事件（simplex event），连动结构就是一个复杂事件或复合事件（complex event），也可以说是一个宏事件，由几个微事件或子事件构成；如果从概念事件（conceptual event）理解的话，连动结构表达一个单一的概念事件。无论从哪个角度理解，由连动短语作谓语构成的句子是单句（Jarkey 2010）。

基于已有研究对连动结构的定义和汉语语言事实，本文提取了连动结构显著的语法语义特征，将广义汉语连动句定义如下：

广义汉语连动句在语法形式上表现为几个中间无停顿、无连接项的并置 VP 对句首语义类型为<e>的名词性成分进行阐述的单句，语义上表达一个完整的概念事件，也就是 Aikhenvald & Dixon(2006)提到的对称连动结构；而狭义或典型汉语连动句是在广义汉语连动句的基础上表现为并置的前后 VP 不可以任意调整顺序，即严格遵守时间顺序性原则（戴浩一，1988），也就是 Aikhenvald & Dixon(2006）提及的非对称连动结构。

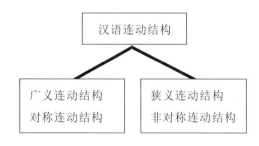

图 1　汉语连动结构分类

（1）狭义汉语连动结构（非对称连动结构），前后 VP 除共同陈述相同的话题之外，只有时间语义上的先后关系（李可胜，2013）。

　　a. 萌萌穿上衣服跳下地跑到客厅了。

　　b. 萌萌拿起一本书走到书桌前读了起来。

　　c. 萌萌买了本故事书看。

　　d. 萌萌买了把刀切肉。

（2）广义汉语连动结构（对称连动结构）：动词之间无事件发生的先后语义关系。

　　a. 萌萌每天唱歌跳舞。

　　b. 萌萌常常写字画画。

　　c. 萌萌用左手写字。

　　d. 萌萌总是上课说话。

　　e. 萌萌拖着一只大箱子走在大街上。

　　f. 萌萌正趴在桌子上读小说。

汉语连动结构广义和狭义的区分是十分必要的，广义视角符合汉语连动结构"大杂烩"的特点，狭义的视角符合"从典型入手"的研究原则。下面就针对汉语连动结构的典型句式出发，揭示汉语典型连动句式的本质及其成因。

三、跨语言对比视角下汉语连动结构的本质

沈开木（1986）从形式和意义两方面指出汉语连动结构和并列结构四个方面的共同点，认为汉语连动结构是一种特殊并列结构。之后，高增霞（2003）和赵旭（2014）分别从语法化和事件整合视角指出汉语表达时间先后关系的连动结构更接近于并列结构。下面从形式句法测试和跨语言对比证据来说明汉语典型连动句式实则是一种非对称并列结构。

3.1 并列结构孤岛效应

首先，如果汉语典型连动句式是一种非对称并列结构为真，则命题"汉语典型连动结构句式是一种并列结构"也为真。如果汉语典型连动句式是

一种并列结构，那么就应该受到并列结构限制条件（CSC）的约束。Ross (1967:161)指出所有并列结构受到并列结构限制条件（coordination structure constraint）的约束，即，在并列结构中，1）所有并列项都不能移出 2）并列项中任何成分也不能移出。并列结构限制条件 1）是说并列项不能外置，条件 2）是说并列结构不能进行 A 杠移位（A'-movement）。Pan（2016）指出汉语 A 杠依存关系结构包括关系化结构(relativization)、话题化结构（topicalization）、外置分裂焦点结构(ex-situ cleft-focus structure)、wh 疑问句(wh-dependency)。那么下面就分别通过 A 杠移位中的关系化和话题化测试以及 VP 外置来测试汉语典型连动句式是否呈现并列结构孤岛效应。

（3）a. 萌萌穿上衣服跳下地跑到了客厅。

b. *那件衣服，萌萌穿上跑到了客厅。（话题化）

c. *萌萌穿上跳下地跑到了客厅的那件衣服（关系化）

d. *跳下地，萌萌穿上衣服跑到了客厅。（VP 外置）

（3a）是汉语典型连动句，话题化、关系化和 VP 外置后所得到的句子分别为（3b-d），且都不合法。测试结果表明，汉语典型连动句不能进行 A 杠移位或 VP 外置，即受到并列结构限制条件的约束，呈现并列结构孤岛效应，说明汉语典型连动结构是一种并列结构。

3.2 跨语言对比证据

跨语言对比证据表明汉语典型连动结构是一种非对称并列结构，即一种前后 VP 语序固定、不可任意调整的并列结构。本文共考查了 28 种语言并列型连动结构语料，涵盖汉藏语系、阿尔泰语系和印欧语系。由于篇幅有限，仅列举几例来说明，（4-9）分别为景颇语、大羊普米语、满语、蒙古语、英语和古汉语并列型连动结构例句。粗体部分为连接前后 VP 的连接项，它们共同的语义特征就是表达时间先后关系。差别在于，第一、景颇语 ni³¹na⁵⁵和大羊普米语 nəuŋ⁵⁵是助词,满语-fi 和蒙古语的-aad 是语缀，英语 and 和古汉语“而”是连词；第二、景颇语 ni³¹na⁵⁵是非强制使用的，大羊普米语、满语、蒙古语、英语和古汉语连动句中的连接项要求强制出现。

（4）naŋ³³ ʃat³¹ wan³³ mi³³ ʃap³¹ **ni³¹na⁵⁵** ʃa⁵⁵ u²³¹.（景颇语）

 你 饭 碗 一 盛 之后 吃（句尾）

 你盛碗饭吃吧！（戴庆厦 2008）

（5）tə⁵⁵ gɯ⁵⁵ tʃʅ²⁴ thə³¹-thəuŋ⁵⁵ **nəuŋ⁵⁵** jiᵝ⁵⁵tʃʅ²⁴ thə³¹-lo³¹-si⁵⁵.（普米语）

 他 说 DIR-完 （连） 马上 DIR-走-已行体

 他说完就走了。（蒋颖 2015:465）

（6）latuχʊ uratʰ pə turi-xə paitʰa pə paitʃʰa-**fi** wəɕimpu-xə.（满语）

 拉都虎乌拉特 ACC 抢劫-完成体 案件 ACC 调查-顺副 上奏-完成体

 拉都虎调查谁抢劫了乌拉特部落的事情，然后上奏（给皇上）。

 （季永海 2011:144）

（7）tere hʊbchasʊ ban ugiya-ju bara-**gad** bʊdaga ban ide-jei.（蒙古语）

 她 衣服 总属 洗-副动 完-副动 饭 总属吃-过去时

 她洗完衣服吃了饭。（蒙古语母语者香玲提供）

（8）Mary went to the store **and** bought some whisky.（英语）

（9）郑伯有耆酒，为窟室，而夜饮酒击钟焉，朝至未已。朝者曰："公
 焉在？"其人曰："吾公在壑谷。"皆自朝布路而罢。既而朝，
 则又将使子晳如楚，归**而**饮酒。庚子，子晳以驷氏之甲伐**而**焚
 之。伯有奔雍梁，醒**而**后知之，遂奔许。（古汉语）（梅广 2015）

　　通过跨语言对比研究发现，在所考查的 28 种语言中，其中有 14 种语
言的并列型连动结构中有连接项，如图 2 所示（见下页）。

　　从图 2 可以看出，动词之间有表达时间先后的连接项的语言主要集中
于形态标记相对比较丰富的藏缅语族以及阿尔泰语系。藏缅语族并列型连
动结构依据前后动词之间语法和语义的紧密程度，选择性使用连接词。语
义关系紧密的连动结构，动词之间不需要连接项，常见于宾语共享连动结
构以及动结式复合词连动结构；如果语义关系不紧密或宾语非共享连动句
中一般要在动词之间插入连接词。以景颇语为代表的语言，连接项的使用
取决于说话者是否要强调动作发生的时间先后关系。

　　阿尔泰语系的满语、蒙古语以及维吾尔语都存在表达行为动作发生先
后关系的语缀，依附于先发生的动词词干后，这类词叫做副动词（converb），
虽不能独立成句，但副动词具有半述谓性特征。以满语-fi 为例，前后动词

语义独立，不存在依附和修饰关系。因此阿尔泰语系这些表达时间先后关系的副动词后缀同藏缅语族以及英语的"and"一样都统属于携带时序意义特征的功能范畴 F，差异在于各语言在实现时序意义特征的表征形式不同而已，有的为独立的连词、有的为语缀，有的为介于两者之间的助词；有的语言强制要求使用，有的语言不强制要求；有的语言有语音形式的形态标记，有的则为零标记。

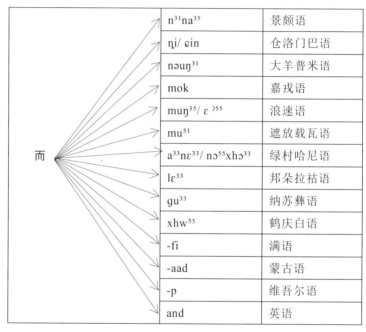

而	n³¹na³⁵	景颇语
	ŋ̩i/ ɕin	仓洛门巴语
	nəuŋ³¹	大羊普米语
	mok	嘉戎语
	muŋ³⁵/ ɛ ʔ⁵⁵	浪速语
	mu⁵¹	遮放载瓦语
	a³³nɛ³³/ nɔ⁵⁵xhɔ³³	绿村哈尼语
	lɛ³³	邦朵拉祜语
	gu³³	纳苏彝语
	xhw⁵⁵	鹤庆白语
	-fi	满语
	-aad	蒙古语
	-p	维吾尔语
	and	英语

图 2　并列型连动句中连接项分布情况

　　基于此，本文提出了强式连动结构假设（SST，Strong Serial Verb Construction Thesis），如（10）所示。

　　（10）强式连动结构假设（SST）：所有语言都存在非对称并列型连动结构。

　　差别仅在于是否有语音形式的形态标记，通常形态标记丰富的语言有，形态标记匮乏的语言没有；表达时序意义特征的连接项有的为连词，有的为助词，有的为语缀。基于连接项是否使用及其语法特性，本文提出了连动结构典型性等级（STH，SVC Typicality Hierarchy）。

（11）连动结构典型性等级（STH）：

Φ>语缀>助词>连词（典型性等级从右向左逐渐增强）

Payne(1997:307)也认为所有语言都存在连动结构，但是连动结构在那些形态标记不丰富的孤立语中更显著，这里所说的"显著"大致对应（11）连动结构的典型性特征。连动结构典型性等级反映了世界语言连动结构的概貌，以汉语为代表的孤立语语言和以满语为代表的黏着语语言连动结构发达，而以英语为代表的屈折语语言连动结构不显著。前者连接项表现为Φ或语缀，后者连接项表现为连词，两者构成了连动结构连续统的两端。

不管连接项是否为空，不管连接项是连词还是语缀，这类结构最显著的语法特征为前后 VP 的语序不可以任意调整，否则不合法或语义发生改变，而这一显著特征也是汉语典型连动句区别于典型并列结构的重要特征。受 Zhang(2009)对称并列和非对称并列结构的研究，本文认为汉语典型连动句其实是一种非对称并列结构，"非对称"体现为前后 VP 的顺序不可任意调整。

不管从并列结构孤岛效应还是从跨语言对比证据，结果都表明汉语连动结构并不是区别于并列和主从的独立结构，可以归为现有的并列和主从结构中去。因此根据奥卡姆剃刀原则（Occam's Razor），不需要在汉语语法体系中增加"连动结构"这一理论构件。

四、汉语连动结构形成的句法语义机制

上一节分别从并列结构孤岛效应和跨语言对比证据两方面论证了汉语典型连动句其实是一种非对称并列结构。下面分别从内部对比和外部对比来探析汉语连动结构形成的句法语义机制。

4.1 形成的动因

因形式上都表现为多动并置，汉语连动结构常常与动结结构、紧缩句和顺承复句放在一起对比。那么通过分析汉语连动结构与其相似结构的转换关系，可以看出在语言经济性原则的驱动下，汉语连动句形成的路径。

（12）a. 叶芳压不住火气，突然用拳头发疯似得打着刘思佳的肩膀头。然后，又把脸趴在他的肩上，哭了起来。（顺承句群）

b. 叶芳压不住火用拳头突然用拳头发疯似得打着刘思佳的肩膀头，然后又把脸趴在他的肩上哭了起来。 （顺承复句）

（13）a. 张三穿上衣服，接着就走出了教室。（条件复句）

b. 张三穿上衣服就走出了教室。（紧缩句）

（14）a. 他一坐下来就看书。（紧缩句）

b. 他坐下来看书。（连动句）

（15）a. 他喝酒喝醉了。（连动句/动词拷贝句）

b. 他喝醉了酒。（动结式）

（12a）为顺承句群，含有两个句号，通过删除中间的句号，转换为只含有一个句号的顺承复句（12b）；（13a）为顺承复句，前后分句之间常以逗号标记，若删除两者之间的停顿，但保留连接副词，则顺承复句就转换为紧缩句（13b）；（14a）为含有连接副词"就"的紧缩句，删除"就"所得到的句子为连动句（14b）；动结式结构主要有两个来源，一是来源于古汉语"而"字连动结构，二是来自现代汉语分离开式连动结构的融合（incorporation）操作，见（15a-b）。将顺承句群、顺承复句、紧缩句、连动句与动结式五者之间的转换关系形式化的表达为（16）。

（16）VV（复合词）←VPVP（连动）←VPVP（紧缩）←VP，VP。（顺承复句）←VP。VP。（顺承句群）

（16）反映了汉语连动句从复句逐步紧缩为单句的演变路径，与汉藏语是非问句的演变链一致。戴庆厦（2013:4）指出汉藏语是非问句的演变链是一个从复句到单句，从单句到复合词组逐步紧缩的过程。逐步紧缩的演变链体现了 Berwick &Chomsky （2016）提出的"less is more"的普遍经济性原则。因此，语言经济性原则是汉语连动结构形成的动因。

4.2 生成机制

上文提到汉语连动句的紧缩路径与汉藏语反复问句的演变路径一致，都是从复句逐步紧缩为单句，从单句紧缩为复合词。因此汉语连动句的生成机制可以参考反复问句的分析。

Huang 等（2009:253）认为 A-not-A 问句的各类句式都是通过并列紧缩（Conjunction Reduction, CR）、代词删略（Anaphoric Ellipsis）和复制（Reduplication）等三个转换规则按照一定顺序生成。并列紧缩（Coordination Reduction）最早是由 Ross (1967:175)提出的，并列紧缩规则受到方向性限制的（Directionality Constraint），即如果相同的成分出现在左分支，那么就承前省略；如果相同的成分出现在右分支，那么就承后省略(deletion applies forward if identical elements occur on a left branch, but backward if identical elements occur on a right branch)。论元删略操作遵守一般的代词约束原则，复制操作与汉语连动结构的句法分析无关，因此在这里不赘述。

那么，同理汉语典型连动句的形成的句法机制就是并列紧缩规则（CR）。从并列复句开始逐步通过 S 节点删除规则（S-pruning）以及论元删略规则（AE）而生成的。以（17）为例来说明。

（17）萌萌穿上鞋走出了房间。

根据 Ross（1967），例（17）的深层结构为两个单句构成的并列复句，如图（3）所示。

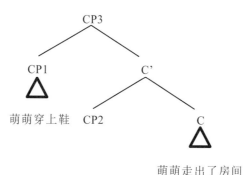

图 3　深层结构

从图 3 可以看出，CP1 和 CP2 中都含有相同的左分支成分"萌萌"，因此满足论元删略操作的条件，根据方向性限制条件，承前删略 CP2 中的"萌萌"得到图 4。

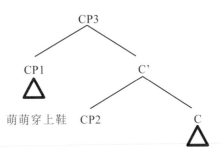

萌萌穿上鞋　CP2

~~萌萌~~走出了房间

图 4　代词删略操作

　　Ross（1967:150）指出 S 节点删除规则（S-Pruning）是超规则，即普遍适用于语言体系中的公认规则。S 节点删除的条件是当且仅当内嵌句中 S 节点不直接统制两个节点，即 S 节点不分叉（delete any embedded node S which does not branch(i.e: which does not immediately dominate at least two nodes)（Ross:1967:44）。图（4）CP2 中的"萌萌"通过代词删略规则后，CP2 节点满足 S 节点删除规则的应用条件。S 节点删除规则应用后，CP2 不再是一个独立句，CP1 和 CP2 紧缩成为一个单句，为语义上两个独立事件编码为一个完整的概念事件提供了句法上融的条件。下面用用括号表达式将（17）在并列紧缩机制的约束下，通过代词删略规则、S 节点删除规则等操作逐步生成连动句的过程，如（18a-d）所示。

　　（18）a. [CP3[CP1 萌萌穿上鞋], [CP2 萌萌走出了房间]]。（深层结构）

　　　　　b. [CP3[CP1 萌萌穿上鞋], [CP2 ~~萌萌~~走出了房间]]。（代词删略，承前省略）

　　　　　c. [CP3[CP1 萌萌穿上鞋], [~~CP2 萌萌~~走出了房间]]。（S 节点删除操作）

　　　　　d. 萌萌穿上鞋走出了房间。

　　从（18）可以看出，S 节点删除规则是汉语连动句从复句紧缩为单句，几个独立事件融合为一个概念事件的关键，而 S 节点删除规则的应用条件是深层结构中两个并列关系的单句存在所指相同的主语论元，进而可以发生代词删略操作。因此我们可以得到汉语连动句形成的语义条件是前后 VP 必须共享核心论元，主语论元共享或主宾语论元都共享。

Pan &Hu（2008：1970）认为汉语垂悬话题的允准条件是："一个（悬垂）话题可以被允准，当且仅当（i）存在集合 Z 被述语中的变量引出；（ii）所生成的集合 Z 与话题所指称（denote）的集合 T 相交时不产生空集"。那么汉语连动句形成的语义条件为：（19）当且仅当（i）存在集合 Z 被述题句"VP1+VP2"中的变量引出；（ii）所生成的集合 Z 与话题所指称的集合 T 相交时不产生空集，以（20）为例。

（20）张三推开门走出了教室。（连动句）

设 x=张三'，则（24）述题句的逻辑语义表达式为"$\lambda x[[$推开'（门'）(x)]\&[走出'（教室'）(x)]]"，这是一个含有一个拉姆达变量的语义表达式，意思是"推开门"和"走出教室"的主语论元变量 x 所指相同，即 VP1 和 VP2 共享主语论元。

本节通过汉语连动句与其相似句式之间的转换关系，并参照汉藏语反复问句的演变路径，认为汉语典型连动句形成的动因是语言经济性原则。在语言经济性原则的驱动下，其形成的句法机制是并列紧缩规则，通过代词删略规则和 S 节点删除规则而生成的；语义限制条件是并置的 VP 之间共享至少一个核心论元，即（19）当且仅当（i）存在集合 Z 被述题句"VP1+VP2"中的变量引出；（ii）所生成的集合 Z 与话题所指称的集合 T 相交时不产生空集。

五、 结语

本文从语法形式和语义两个维度分别对广义和狭义汉语连动结构进行定义和分类，指出狭义汉语连动句的显著性特征是前后 VP 不可任意调整顺序。接着，通过跨语言对比的证据和形式句法测试手段，认为汉语典型连动句式是一种非对称并列结构。最后通过内部对比和外部参照，指出汉语典型连动句形成的动因是语言经济性原则，其背后的句法机制是并列紧缩规则，通过论元删除和 S 节点删除的操作而生成；其背后的语义限制条件为并置的 VP 共享核心论元。

参考文献

Aikhenvald A.Y.& Dixon R.M.W. 2006. Serial Verb Construction—A Cross-linguistic Typology. New York: Oxford University Press.

Berwick, R. and N. Chomsky. 2016. Why Only Us. Cambridge, Mass.: MIT Press.

Haspelmath, M. 2016. The Serial Verb Construction: Comparative Concepts and Cross-linguistic Generalizations. Language and linguistics, 17(3):291-319.

Huang, C.-T., Y.-H.,Li&Yafei Li.2009. The Syntax of Chinese. Cambridge: Cambridge University Press.

Jarkey, Nerida. 2010.Cotemporal Serial Verb Constructions[A]. Mengistu,A .,Baker, B.&Harvey,B. Complex Predicates—Cross-Linguistic Perspectives on Event Structure[C], Cambridge: Cambridge University Press.

Pan, Haihua & Jianhua Hu. 2008. A Semantic-Pragmatic Interface Account of (Dangling) Topic in Mandarin Chinese. Journal of Pragmatics, (40):1966-1981.

Pan, Victor Junnan. 2016. Resumptivity in Mandarin Chinese. Berlin: De Gruyter Mouton.

Paul, Waltraud.2008. The serial verb construction in Chinese: A tenacious myth and a Gordian knot, The Linguistic Review, (25):367-411.

Ross, J.R. 1967. Constraints on Variables in Syntax. Cambridge, Mass:MIT.

陈建民.1986.论兼语式和一些有关句子分析法的问题,《中国语文》第 3 期：101-106。

戴浩一.1988.时间顺序与汉语语序,《国外语言学》第 1 期：10-20。

戴庆厦、邱月.2008.OV 型藏缅语连动结构的类型学特征,《汉语学报》第 2 期：2-10。

戴庆厦、邱月.2008.藏缅语与汉语连动结构比较研究,《世界汉语教学》第 2 期：72-82。

戴庆厦.2013.再论汉语和非汉语结合研究的方法论问题,《民族语文》第 6 期：3-11。

邓思颖.2010.《形式汉语句法学》,上海：上海教育出版社。

丁声树.1961.《现代汉语语法讲话》,北京：商务印书馆。

高增霞.2003.《现代汉语连动式的语法化视角》,中国社会科学院博士论文。

季永海、刘景宪、屈六生.2011.《满语语法》,北京：中央民族大学出版社。

蒋颖.2015.《大羊普米语参考语法》北京：中国社会科学出版社。

李可胜.2016.连动式的结构机制：PTS、情状特征和 VP 的外延,《外国语》第 1 期：

23-31。

李可胜.2013.VP 的有界性与连动式的事件结构,《现代外语》第 2 期：127-134。

李可胜.2015.连动式的时间模式和有界性的时体语义贡献,《语言教学与研究》第 2

期：66-75。

刘丹青.2012.汉语的若干显赫范畴:语言库藏类型学视角,《世界汉语教学》第 3 期：

291-305。

刘丹青.2014.汉语连动式的句法库藏地位和显赫性——附论周边语言中的连动式.

浙江工业大学：全国汉藏连动句式研讨会。

刘丹青.2015.汉语及其亲邻语言连动式的句法地位及显赫度,《民族语文》第 3 期：

3-22。

刘丹青.2017.汉语动补式和连动式的库藏裂变,《语言教学与研究》第 3 期：1-16。

吕冀平.1979.两个平面、两种性质:词组和句子的分析,《学习与探索》第 4 期:80-94。

吕冀平.2000.《汉语语法基础》,北京：商务印书馆。

吕叔湘、朱德熙.1952.《语法修辞讲话》,沈阳：辽宁教育出版社。

梅广.2015.《上古汉语语法纲要》,台北：三民书局。

沈开木.1986.连动及其归属,《汉语学习》第 5 期：19-21。

沈阳、郭锐.2014.《现代汉语》,北京：高等教育出版社。

史存直.1982.从汉语语序看分布理论,《河南师范大学报(社会科学版)》第 2 期：85-91。

宋玉柱.1978. 也谈"连动式"和"兼语式"——与张静同志商榷,《郑州大学学报

（哲学社会科学版)》第 2 期：32-40。

孙文统.2013.现代汉语连动结构的动态生成:侧向移位与左向附加,《山东理工大学

学报（社会哲学版)》第 1 期：73-76。

王福庭.1960."连动式"还是"连谓式",《中国语文》第 6 期：281-284。

萧璋.1956.论连动式和兼语式,《北京师范大学学报》第 1 期：225-234。

邢福义.2002.《汉语语法三百问》,北京:商务印书馆。

邢欣.1987.简述连动结构的特点及分析,《新疆大学学报(哲学社会科学版)》第 1 期：

116-122。

杨西彬.2013.《扩充的格位理论及汉语相关句法现象研究》,华中师范大学博士论文。

杨西彬.2016.现代汉语"连动句"的重新审视,《浙江师范大学学报（社会科学版)》

第 6 期：101-107。

杨永忠.2009a.再论连动式中的时序-语序对应,《天津外国语学院报》第 5 期：11-18。

杨永忠.2009b.连动结构类型的参数分析,《当代外语研究》第 10 期：17-26。

叶根祥.1988.谈"连述短语",《北京师院学报（社会科学版）》第 1 期：53-61。

张静.1977."连动式"和"兼语式"应该取消,《郑州大学学报》第 4 期：71-80。

张孝荣、张庆文.2014.现代汉语兼语句中的控制再研究,《外语教学与研究》第 5 期：
643-655。

赵旭.2014.《汉语连动式研究》，北京大学博士学位论文。

赵元任.1979.《汉语口语语法》，北京：商务印书馆。

朱德熙.1982.《语法讲义》，北京：商务印书馆。

"双层定语重形素 NP" 成立条件研究*

崔晓芳 [1] 夏军 [2]

（1.沈阳师范大学国际教育学院；

2.沈阳师范大学文学院、北京大学中国语言学研究中心）

摘要： 本文对朱德熙（1956）指出的像"顶小的小绿夜壶"之类内外层定语中含有相同形容词语素的名词性结构——"双层定语重形素 NP"的成立条件进行了进一步探讨。该结构中，内层定中结构须满足内定语是粘合式定语且是口语单音节形容词、定中结构体具有整体概念特征等条件，外层定语须满足组合式定语、不是光杆形容词加"的"、表达主观大量或比较增量义等条件。在上述分析基础上，本文总结出句法结构扩展的两条规则——扩展成分信息量原则与扩展成分和谐性原则。

关键词： 双层定语重形素 NP 冗余 句法结构成立条件 整体概念 扩展

一、引言

现代汉语中存在着一种比较特别的双层定语结构，其外定语中含有和内定语相同的形容词。譬如：

（1）祥子心里一活便，看那个<u>顶小的小绿夜壶</u>非常有趣，绿汪汪的，也撅着小嘴。

（下划线为本文作者所加，以下同）

这个例句出自老舍《骆驼祥子》，是朱德熙（1956）最早指出来的。这是一种非常有趣的语言现象。一般说来，双层定语结构的两个定语中接连出现两个相同的形容词会造成语义表达上的冗余，譬如"*老的老房子""*漂亮的漂亮姑娘"。但是朱文所举的上述例句为什么能够存在呢？这种现象的存在受到怎样的限制？自朱文发表至今，学界对此鲜有关注。本文尝试在朱文的基础上做出进一步的探讨。

朱文在谈及上面例句的同时还举了另外两个例子——"顶大的大老虎""小不钉点儿的小耗子"。[1] 从这些例子可以看出，外定语所包含的和内定语相同的部分可能具有词

---

* 本文得到了中国教育部人文社科重点研究基地重大项目（项目编号：15JJD740002）、辽宁省社会科学基金一般项目（项目编号：L18BYY001）、辽宁省教育厅科学研究项目（项目编号：WQN201917）、沈阳师范大学 2019 年度重大孵化项目"汉语语法格式系列词典编纂的理论与实践"、

的身份（如"顶大"里的"大"），也可能不具有词的地位，而只是构词的语素（如"小不钉点儿"里的"小"）。因此，进一步概括，这是一种外定语和内定语含有相同形容词语素的名词性词组，可以称之为 "双层定语重形素 NP"，简称"重形素 NP"，符号化为"X+x+N"（X 是外定语，x 是内定语，X 中含有 x 作为构成要素——x 以词或构词语素的身份。如果有"的"的话，一概算入其前的定语之中。如"顶小的小绿夜壶"中，X 是"顶小的"。）。以下我们从内层定中结构"x+N"的限制条件、外定语"X"的限制条件两个方面进行讨论。

二、内层定中结构"x+N"的限制条件

2.1 x 须为粘合式定语

朱德熙（1956）之所以提及"重形素 NP"语例，是为了说明直接组合（不用"的"）的定中结构是"相当稳定的结构"，"常常表现出一种'单词化'的倾向"，"是一种具有强烈的凝固趋势的结构，它的结构原则不是自由的造句原则"。朱德熙（1982）进一步指出，像"白纸""新房子"这类"粘合式偏正结构的功能相当于一个单个的名词，凡是单个的名词能出现的地方，它也能出现"。朱先生的观察是非常正确的。确实，如果以上朱先生所举三个语例中的内定语带"的"，结构就不能成立了：

*顶小的小的绿夜壶

*顶大的大的老虎

*小不丁点儿的小的耗子

所以，内层定中结构须为粘合式定中结构，或者说内层定语须是粘合式定语——即粘合式定中结构中的定语（沈阳、郭锐，2014），是"重形素 NP"成立的基本条件。

为什么会有这个限制条件呢？这并非朱德熙（1982）所说的偏正词组扩展限制。[2] 而是语义表达上的限制。组合式定语是典型的词组成分，其语义表达符合语义加和原则。当两个组合式定语中含有相同的形容词/形容词语素的时候，其语义冗余过于明显，因而

沈阳师范大学 2018 年度重大孵化项目（项目编号：ZD201818）的支持。论文初稿曾在第十七次现代汉语语法学术讨论会（上海师大，2012.10）宣读，得到与会专家的建议，谨致谢忱。

[1] "小不钉点儿"是朱文的原来写法。现通常写作"小不丁点儿"。

[2] 即组合式词组只能替换组合式里的名词，不能替换粘合式里的名词，只有粘合式词组才能替换粘合式里的名词。例如：

新房子→*新木头的房子（这是拿组合式词组"木头的房子"替换"房子"）

新房子→新木头房子（这是拿粘合式词组"木头房子"替换"房子"）

不能被接受。而如果内定语是粘合式定语,就可以与中心语构成了一个具有某种整体性的概念——有了"单词化"倾向(朱德熙,1956),内定语就不再是语义凸显的修饰语,与外定语中相同的形容词/形容词语素不构成明显冗余,从而使得结构可能得以成立。

但是内层定中结构是粘合式只是必要条件,而非充分条件。至少我们发现形容词 x 的音节是受限制的。

2.2 x 须是口语单音节形容词

考察显示,"重形素 NP"中的 x 不仅须是粘合式定语,还不能是双音节形容词。如:

? 最艰苦的艰苦岁月

? 这么亲密的亲密朋友

? 顶漂亮的漂亮姑娘

? 非常糊涂的糊涂小孩

而语义大体相当的单音节形容词则能构成语感好很多的"重形素 NP"。例如:

最苦的苦日子

这么好的好朋友

好美的美少年

很笨的笨小孩

语料考察中也发现如下的现象:

最明白的明白人

更糊涂的糊涂蛋

但这里的"明白人""糊涂蛋"已经词汇化了,不能算作双层定语词组。[3]

如何解释这种现象呢?李泉(2001)的研究颇有启发意义。依据李文的研究,现代汉语单音节形容词大都直接作定语,形成的偏正结构都有词化的倾向(中间常常不宜插入"的")。如果加"的"构成偏正结构,就有了区别和强调的意味。而双音节形容词大都要求加"的"后作定语,所形成的偏正结构没有词化的倾向。只有少数口语中常用的双音节形容词作定语时一般不加"的",如"精明人、干净水、热乎馒头",修饰的中心语以

---

[3] "明白人"可以扩展成"明白的人",但扩展前后语义不同。前者是具有稳定性质的一类人。后者语义不确定,可以表示前一类意思,也可以表示在某临时特定情境下的某些人。在表示前一个意思时,一般更常用"明白人"的说法。而且,"明白人"之类的说法并不能随意类推,不存在定中结构的"明白男人""明白农民""明白老师"。因此,可以认为"明白人"已经在相当程度上词汇化了。

单音节名词为多。李文的观点很好地支持了以上现象的分析：单音节形容词充任"重形素 NP"中的 x，可以与中心语名词有更强的整体性（是有词化倾向的词组），从而使得定语的语义不会被特别"区别和强调"，可以在一定程度上被抑制、忽略；双音节形容词做 x 的话，x 和中心语的组合整体性较差（是没有词化倾向的词组）——除非已经成词。从而解释了如上单双音节形容词在构成"重形素 NP"方面体现出的差异。这都是在朱德熙（1956）"'单词化'倾向"思路下的推进分析。

那么，为什么单音节形容词构成的偏正结构具有明显的词化倾向呢？为什么双音节形容词构成的"2+1"三音节结构也更多词化倾向呢？这可能是韵律的作用。依据冯胜利（1996），汉语中的双音节是标准音步，三音节是扩展音步，三音节以上就不再是一个音步了。而单音节形容词构成的偏正结构多是"1+1"式双音节结构或"1+2"式三音节结构，它们和双音节形容词构成的"2+1"三音节结构都可以是一个音步（标准音步或扩展音步），成为一个韵律词。这种韵律上的整体感（一个音步）可能会影响语言使用者的词感，从而使其显出较强的词化倾向来。

此外，还需要指出的是，除了语音韵律限制之外，语体因素也在起作用。"重形素 NP"是一种口语化色彩较重的语言现象。书面语崇简，口语中才允许这种相对冗赘的表达。由于书面正式语体形容词绝大多数是双音词，所以语音条件自然也就基本排除了书面正式语体形容词了。事实上这个语体条件是和上一个韵律条件并列的。像"*最艰苦的艰苦岁月""*这么亲密的亲密朋友"等等之所以不成立，既可以说受到了韵律条件的限制，也可以说是语体原因造成的。[4]我们也发现个别书面语体的单音形容词，但是这类形容词往往很难修饰双音节及以上音节数目的名词，而修饰单音节名词在现代汉语中一般被看作词。不过不论是否成词，这类形容词都不宜构成"重形素 NP"。例如：

*巨大的巨车

*碧绿的碧草

? 很弱的弱女子

鉴于语音韵律限制基本可以说明问题，我们就不为语体因素单列一节来说明了。

---

[4] 我们还发现，那些词汇化的"2+1"式偏正结构（往往可以构成类似"重形素 NP"的结构），也基本都是由口语语体的双音节词构成的，例如"明白人""精明人""干净水"，而语义相当的双音节书面语体形容词大都不能不带"的"构成偏正结构，更不能形成"2+1"式的偏正结构名词，如"*聪慧人""*狡黠人""*清洁水"。

2.3 "x+N"结构须有整体概念特征

以上我们指出，"重形素NP"中，内层定中结构须是粘合式结构，内定语须是口语常用单音节形容词，这主要是从"x+N"的词化倾向入手分析的。这一分析思路看起来是合理的，但仍不充分，并不是满足以上条件的定中结构就一定能自然地构成"重形素NP"。请看：

A	B
极好的好朋友	? 极好的好办公桌
最笨的笨女人	? 最笨的笨老板

这又该作何解释？A 组和 B 组的对立原因是什么？

我们分析认为，和 B 组相比，A 组的"x+N"具有更强的概念整体性，是一个认知单位（感知单位、记忆单位、使用单位），而不是几个认知单位的临时组合。这种具有整体概念特征的认知单位既可能是一个句法上的词，也可能是句法上的词组。在偏正结构中，只有粘合式词组才具有整体概念特征，但粘合式偏正结构未必都具有概念整体特征。这还要受到语用和语义上的限制——有概念整体特征的词语往往具有高频使用特征、有一定的语义类型特征偏好。

以常用形容词"好"构成的"重形素NP"为例，我们在bcc语料库中用"好的好n"字符串检索获得"好"参与构成的"重形素NP"100 多例。其中描写一类人的"好朋友""好男人""好女人""好兄弟""好姐妹""好孩子""好姑娘""好青年"等占了约 90%，"好朋友"一项就占了一半以上。例如：[5]

（2）王之淳半晌晌无话，见衣红两眼钉着他，只好说："她曾经是我的女朋友。"衣红说："曾经？那现在呢？"王之淳说："现在还是非常好的好朋友。"

（3）因为你去借钱之前，曾经信心百倍地对你的妻子说过，他是你最好的好朋友，从小在一块儿长大的好朋友，肯定会慷慨解囊的。

（4）想问问这是哪家的好媳妇培养的这么好的好男人？

（5）我这才醒悟，原来我是爱你的，你是我心目中最好的好女人，只要你答应，我要立刻娶你。

（6）慕凡，你别这样，快告诉我，我们一直是最好的好兄弟，是不是？

---

[5] 本文的完整例句主要来自北京语言大学bcc语料库，这部分不特别注明出处。也有一部分来自百度搜索引擎，会在行文有所说明。极个别是自造，会有注明。短语语例有的截取自真实语料，也有的是作者自造，为简明起见，均不注明出处。

（7）就如你所言，君琦是个好姑娘，非常好的好姑娘。

（8）阿姨终于欣慰地确认了我是一个很好很好很好很好很好的好青年。

不描写人的语例中，最多的是"好消息"，也有"好时机""好酒""好诗"等。如：

（9）她像一股热烈的风从门外刮进来，方丹，告诉你一个天下最好的好消息！

（10）一个很好的好消息，跟一个很坏的坏消息……要先听哪一个？

（11）妻子忍住笑，给我敬酒："来来来，祝你在新的一年里喝到更好的好酒！"

（12）把你的诗念给我听吧。我知道你能够做诗，而且能够做极好的好诗。

而语料统计显示，像"好朋友"等均是具有极高使用频率的词语。在 bcc "多领域"语料库中检索"好 n"，前 10 位及其出现次数如下：[6]

好朋友	22338
好东西	12854
好消息	11174
好男人	10141
好心情	8246
好梦	7759
好孩子	6814
好效果	5805
好地方	5670
好办法	4938

我们看到，"好朋友""好消息""好男人""好孩子"均赫然在列，前三个甚至分别占据第 1、3、4 的位置。而"好兄弟""好酒"等的出现频次也都比较靠前（前 50）：

好时机	3574
好兄弟	3230
好女人	2921
好姑娘	2866
好酒	2601
好姐妹	2198

---

[6] 检索时间为 2020 年 5 月 31 日。检索结果经过简单的整理。譬如"好关系"有 12140 例，位居第三。但实际例句多是"良好关系""较好关系"等，真正将"好关系"作为一个单位使用的语例并不多。所以就排除在外了。

好诗　　　　2178

这可以说明两点：其一，从统计来看，真实语例中大量出现的"重形素 NP"中的"x+N"确实自身也往往具有明显较高的使用频率；其二，从规则来看，"x+N"的高频出现并非充分条件。语义也在起着一定的作用。真实语例中"好+N"构成的"重形素NP"有明显的优势语义类型特征——最常见的是描写一类人的。不符合此语义类型特征的前 10 位高频词语"好东西""好心情""好梦""好效果""好地方""好办法"等在 bcc中并未见到一例"重形素 NP"。扩大范围考察百度在线搜索的情况，发现其中四个有个别语例：

（13）<u>这么好的</u>好东西别再扔了。（百度）

（14）春暖花开，万物复出，和四月相拥，带着<u>美好的</u>好心情出发。（百度）

（15）我做了一个<u>很美好的</u>好梦，还没做完就醒了，怎么样才能继续做？（百度）

（16）家是<u>最好的</u>好地方。（百度）

可见也不是都不可说，只是由于语义原因，在现实中出现得很少。这个语义原因是什么，我们目前认识得还不够。但可以确定的是，它们不属于能构成"重形素 NP"的"好+N"的典型语义类（描写人的），没有形成一种心理上的整体概念——至少跟"好朋友""好消息"等相比差很多。[7]

回到本节开头的两组语例，可以看出，和"好朋友""笨女人"相比，"好办公桌""笨老板"之所以不能构成"重形素 NP"，是因为不像前者那样具有心理上的整体概念特征。光是它们在 bcc 中的出现频次差异差异就很能说明问题：

好朋友　22338　　　　好办公桌　　0

笨女人　683　　　　　笨老板　　　2

这里还要补充说明一点，判定一个语言片段是否具有整体概念特征是有个人差异的，每个人可能有自己的判定标准。正如董秀芳（2016）在分析词库和词法时的分析一样：一些人看不清一个词的内部构造而将其放入个人词库，但在另一些人看来，它可能是根据词法构建出来的。判定一个词属于词库还是词法构词，取决于人对词的构造机制的认识能力，而判定一个词语是否具有整体概念特征则取决于是否一个人的生活经历、语言储备，是否经常稳定地将其作为一个整体使用。它反映了不同语言主体用以概括世界知识的认知单位的差异。请看下面两个例句：

---

[7] "好效果"实际上也不算非常高频的词语。因为语例统计中包含了"较好效果""很好效果"等检索结果，真正作为一个独立结构的"好效果"的语例只占很小的比例（不到五分之一）。

(17) 他心情紧张，神情颤栗，走到一幢<u>很大的大房子</u>前，房子的一堵墙对着运河，另一面墙冲着 x 街。

(18) 可我……我是个可耻的女人，我是个<u>很大的大罪人</u>！唉，您为什么要说这种话！

这里的"大房子""大罪人"并不一定被每个人都认为是有整体概念特征。同样的意思，换个人可能不会采用"重形素 NP"表达形式。[8]就是朱德熙（1956）所举例句中的"小绿夜壶"也未必每个人都会将其视为一个整体概念。我们从朱文的措辞中也可以看出，朱先生考虑到了这种现象的个体差异。朱先生原文有这样的表述：

作者连用了两个"小"字，可见他认为"小绿夜壶"是一个稳定的整体。

这里的"他认为"表明，朱先生本人并不一定认同"'小绿夜壶'是一个稳定的整体"，但他认为原文作者（老舍）或书中人物（祥子）是这样认为的。

至此，我们总结出能构成"重形素 NP"的内层定中结构"x+N"须满足的三个条件：

（一）"x+N"须是粘合式偏正词组。或者说，x 须是粘合式定语。这是句法构造方面的条件。

（二）x 须是口语单音节形容词。这是语音韵律和语体方面的条件。

（三）"x+N"须具整体概念特征，往往高频出现。这是认知、语用方面的条件。

其中，前两个条件都对第三个条件有支持作用：只有粘合式偏正词组才更具结构整体性，从而有条件具有整体概念特征；单音节形容词构成的粘合式定中结构多是"1+1"或"1+2"音节结构组合，这恰是一个韵律词，更具词化倾向，也更容易获得较高使用频率，从而更容易有整体概念特征。因此可以说，第三个条件是最本质的条件。

以上关于"重形素 NP"中"x+N"限制条件的分析基本上是在朱德熙（1956）"单词化"倾向说法的指引下进行的。我们的工作主要是利用词表和语料库，从语音、使用频率、认知等角度对朱文的观点作了进一步的拓展和深化。

但是，仅仅是"x+N"满足条件并不一定能构成"重形素 NP"，对比：

非常好的好朋友　　　　　　*好的好朋友

极小的小茶壶　　　　　　　? 有点小的小茶壶

可见，我们还有必要考察"重形素 NP"中外定语的限制条件。

---

[8] 这两个例句出自陀思妥耶夫斯基的《罪与罚》的一个译本，本文作者尚未全面调查全部译本进行对比，但不难想见，不同的译本完全可以采用不同的译法。

三、外定语 X 的限制条件考察

3.1 X 必须是含"的"的组合式定语

朱德熙(1956)所举的三个例子都是外定语含"的"的,我们上一节着力讨论"x+N"的限制条件,所举语例的外定语也都是含"的"的。那么"重形素 NP"的外定语可不可以不含"的"呢? 事实证明不可以:

A	B
非常好的好朋友 *非常好好朋友	天大的大事情 *天大大事情
小不丁点儿的小老鼠 *小不丁点儿小老鼠	更大的大问题 *更大大问题

这其中,有的因为某些外定语必须含"的"才能做定语(如 A 组的"非常好的""小不丁点儿的"),修饰"x+N"自然也要含"的";有的外定语虽然可以直接修饰内层定中结构的中心语(如 B 组的情况):

(19)爹爹当真把挂在板壁上的历书翻了一下,说理不过,但是依然不许去。并说<u>天大事情</u>也不许去。

(20)制造"假婚"骗局是美国移民局面临的<u>更大问题</u>。

但是不能修饰定中结构。这可能因为这些外定语的基本用法是含"的"的,不含"的"是特定情形下的省略。而这种省略是有条件的——直接修饰相关中心语。当这些中心语已经被内定语(无论是否含相同的形容词语素)修饰之后,就不能再被这些省去"的"。以下是内定语并不包含相同形容词语素的情况:

天大的好事情   ?天大好事情

更大的经济问题   ?更大经济问题

以上谈的都是外定语必须含"的"做定语或者通常情况含"的"、特定情况可以省去"的"做定语的情况。外定语也有本来就不需要含"的"做定语的情况,那就是"性质形容词+的"。我们接下来讨论这种情况。

3.2 X 不能是性质形容词加"的"

考察显示,光杆的性质形容词构成的"性质形容词+的"都不能做"重形素 NP"的外定语。除上文的"*好的好朋友"外,还例如:

*大的大房子   *臭的臭狗屎

能够构成"重形素 NP"的 X 常见以下几种情况。

（一）x 的重叠式加"的"，例如：

> 大大的大房子　　　　　　　　白白的白衬衫

（二）"x+后缀"加"的"，例如：

> 臭哄哄的臭狗屎　　　　　　　红通通的红布

（三）含 x 的复合式状态词加"的"，例如：

> 天大的大事情　　　　　　　　雪白的白衬衫

（四）"绝对程度副词+x+的"，例如：

> 非常好的好朋友　　　　　　　特别大的大房子

（五）"相对程度副词+x+的"，当相对副词是"更"时，前面有时有"比+NP"，例如：

> 最好的好朋友　　　　　　　（比这所房子）更大的大房子

（六）"指示代词+x+的"，例如：

> 这么好的好朋友　　　　　　　那么大的大房子

（七）x 参与构成的"又+A1+又+A2+的"结构，例如：

> 又大又圆的大西瓜　　　　　　又高又大的大房子

（八）x 参与构成的其他结构，例如：

> 心也灵、手也巧的巧媳妇　　　漂亮、能干、心肠又好的好女儿
>
> 脸蛋黢黑的黑小子　　　　　　长得比猪还胖的胖猴子

"性质形容词+的"不能做"重形素 NP"的外定语，看起来很容易理解。应该是受了语言传递信息的相关机制制约。一般认为，在一个正常的语言片段中，一个刻意扩展增加的修饰语一定要起到某种语义或语用作用，总要传递某种信息——这可以称为"结构扩展的信息量原则"。"性质形容词+的"做外定语构成的"重形素 NP"不能增加任何语义，也没有特别的语用功能，是完全多余的。从结构扩展（为"x+N"添加修饰语）的角度来看，这个扩展毫无必要，反而累赘。

相比之下，以上八类能构成"重形素 NP"的外定语 X 都增加了语义信息：或是单纯修饰了 x 的程度，或者在修饰下的程度的同时为内层定中结构的中心语 N 增加了其他的语义修饰（如第七类，以及第八类的一部分）。

但是，并非增加语义信息的外定语都能构成语感自然的"重形素 NP"。譬如上文提到的"有点小的小茶壶"。下面我们对这种情况进行分析。

3.3 X 须表示主观大量义或比较增量义

考察发现，上一小节第四类"绝对程度副词/代词+x+的"中的程度副词不能是低程度义的，第八类中的 X 不能含有"不 x"这样的否定表达。例如：

A	B
*环境优雅、面积不大的大房子	? 有点大的大房子
*既不结实也不长的长绳子	? 有点长的长绳子

其中 A 组很好理解。外定语和内层定中结构直接语义冲突，自然不能成立。严格说这也不是本文所谈"重形素 NP"的研究对象。但语料中也存在"不算太大的大房子"的说法，本节稍后单独谈这种情况。

下面我们着力来探讨 B 组语例不成立的原因。分析显示，之所以如此，可能跟"重形素 NP"这类结构的构造机制和表达功能有关。我们对语料进行整理，发现"重形素 NP"从构造机制上来看可分为两个大类。

第一大类是主观大量类，不涉及比较，表达功能是在强调主观大量的同时也强调内层定中结构的整体性——说话人认为：X 所修饰的对象是"x+N"，而不是 N——"白马非马"。3.2 节第八类中涉程度比较的语例和第五类以外的其他所有类型都属于主观大量类。这一类"重形素 NP"前后两个相同的形容词语素的分工在于——后者仅仅表示中心语 N 的分类特征，不突出其量值特征，前者参与构成的 X 则突出量值特征（主观大量、足量），形成一种"认为'x+N'是一类概念+强调 x 的主观大量"的语义结构，可以说是"量-质"兼顾的语义表达形式。因此，如果这一类的 X 不表示主观大量，就不符合此类结构的表达功能。上述 B 组语例不成立都是这个原因。3.2 节中，第一类"x 的重叠式+的"具有描绘性，表达"足量"语义（李劲荣、陆丙甫，2016）。[9]而依据朱德熙（1956），第二类、第三类、程度副词"很""挺"等构成的第四类也都和第一类一样，属于状态形容词，可以认为它们都具有描绘性和高量特征。第六类是指示代词构成的，和前面几类情况一样。第七类"又+A1+又+A2+的"这种并列结构，虽然每个性质形容词没有高程度义副词修饰，但整个结构也具有"足量"特征。第八类以前面几类为构成要素，就不单独说明了。仅从基本语义表达来看，主观大量类中 X 的存在可以蕴含 N 具有 x 的性质，x 是冗余的，x 的存在是为了突出"x+N"作为一个专门概念类的表达需要。

---

[9] "足量"也大致可以认为是一种主观大量。

但我们也发现，并非所有的"重形素 NP"的 X 都表达主观大量、"足量"，譬如 3.2 节第五类以及第八类中涉程度比较的部分。如果说"最好的好朋友""更大的大房子""长得比猪还胖的胖猴子"这些语例在表达程度比较的同时也表达了主观大量的话，那么像下面的语例就没法说是表达主观大量了：

(21) 稍微大一点的大房子价格都要贵很多。(自造)

(22) 我最近发现胸前长了几粒比痘痘稍微小点的小红点。(百度)

可见，这些语例和第一大类有实质的不同，它们从根本上来说属于另一大类——比较增量类。比较增量类的表达功能是在强调内层中心语 N 具有 x 这一性质的前提下，谈论另一事物与 N 的 x 程度比较增量。这一类"重形素 NP"前后两个相同的形容词语素的分工在于——后者表示中心语 N 具有该性质，前者参与构成的 X 则表达该性质所涉及的量值比较，形成一种"认为 N 具有 x 性质+对性质 x 进行程度比较增量"的语义结构。和主观大量类不同，比较类"重形素 NP"中 X 的存在并不能蕴含 N 具有 x 的性质，因此 x 的存在不是冗余的。

相对主观大量类的"量-质"兼顾，比较增量类的外定语和内定语都表达的是"质"——是比较所涉及的两个对象的"质"。变换分析的话，大致有如下的格式。

主观大量类"重形素 NP"的变换格式：

X+x+N → 这 N 是 x 的，而且非常/相当 x。例如：

小不丁点儿的小耗子   →   这耗子是小的，而且相当小。

雪白的白衬衫   →   这衬衫是白的，而且非常白。

比较增量类"重形素 NP"的变换格式：

X+x+N→ 这 N 是 x 的，(但是/而) N'(比 N 还)最/更/稍微 x(一些)。例如：

更大的大房子   →   这房子是大的，但是那个房子更大。

稍微大一点的大房子   →   这房子是大的，而我想找的房子比这还稍微大一些。

关于比较增量类，还要补充说明一点。"最""更"等构成的"重形素 NP"看起来也体现出类似主观大量类的特点——N 的 x 性质在绝对意义上程度很高。这不是此类结构中的外定语 X 单独决定的。就外定语 X 自身而言，"更大的 x"实际上可能并不大、"最好的 x"可能实际上也没有多好。但是在"重形素 NP"中，内定语的存在使得这种情况不会发生——"更大的大 x""最好的好 x"一定表示绝对程度较高。这种主观大量义既不是外定语 X 的语义，也不是内定语 x 的语义，而是结构整体的语义——这比较明显地体现出此类"重形素 NP"的语法构式特点。

在真实语料中，我们也发现不少通过叠用程度副词"最"或者"最+A"构成的比较增量类"重形素 NP"，这些结构中的 X 自身也表达主观大量。例如：

（23）不管多少个十年，还是二十年后的我们仍是<u>最最最好</u>的好朋友。

（24）你是我<u>最好最好最好</u>的好朋友，必须给你转发，祝福你。

同样的叠用方法在主观大量类"重形素 NP"中也常见：

（25）在过去了的十九岁，庆幸我能成为<u>这么这么这么这么</u>好的好朋友。

（26）我们不是同性恋，只是<u>很好很好的好朋友</u>！

上文分析 A 组时提及"不算太大的大房子"一类说法。下面是更多的同类语例：

（27）我们刚到达涞滩不久，天上就起了<u>不算太小的小雨</u>。（百度）

（28）找一首<u>不算太老的老歌</u>。（百度）

（29）同桌的你是部<u>不算太好的好电影</u>。（百度）

（30）又一个<u>不算太好的好消息</u>。（百度）

这一类跟朱先生所提及的"顶小的小绿夜壶"显然相去甚远。但是依据上文定义来看，也勉强可以算一种特殊的"重形素 NP"——正反冲突型。与完全不能接受的 A 组语例相比，这一类可以称为委婉冲突型（A 组那种"不+x+的+x+N"就是直接冲突型）。这种委婉冲突型有点类似"小事不小"之类的说法，既承认 N 具有 x 的性质，又指出该性质程度不高，或者说在 N 是否具有 x 这一性质上存在争议。这种现象大致可以概括为"不太/不算太/算不上太+A+的的+A+N"格式。这类现象和上述两种"重形素 NP"有相似的地方，比如内层定中结构"x+N"的限制条件、外定语 X 的限制条件，但是也存在比较明显的差异，主要是语义表达功能方面：上面两类强调突出 N 的性质 x 的主观大量、比较增量，而这种正反冲突型结构则是对 N 是否具备性质 x 进行质疑、讨论。对于这种现象，我们拟另文再论，此处不赘。

至此，我们总结出能构成"重形素 NP"的外定语 X 须满足的三个条件：

（一）X 须是带"的"的组合式定语。

（二）X 不能是光杆形容词加"的"。

（三）X 须表示主观大量义或表示比较增量义。

其中，前两个条件是形式上的，后一个是语义上的。严格说来，第二个条件可以蕴含在第三个条件当中，因为光杆形容词加"的"都满足不了第三个条件。我们还对之所以存在这几个条件的原因进行了分析，顺带介绍了"重形素 NP"的外定语 X 的构成类型，并对"重形素 NP"现象进行了分类：分为两大类——主观大量类和比较增量类。

四、小结

本文从朱德熙（1956）所提及的"顶小的小绿夜壶"这种现象出发，讨论现代汉语中"重形素 NP"的成立条件。主要包括两个方面：内层定中结构的限制条件和外层定语的限制条件。前者涉及三个方面：（一）"x+N"须是粘合式偏正词组；（二）x 须是单音节形容词；（三）"x+N"须具整体概念特征。往往高频出现。其中最核心的是第三方面。后者也涉及三个方面：（一）X 须是带"的"的组合式定语；（二）X 不能是光杆形容词加"的"；（三）X 须表示主观大量义或比较增量义。其中最核心的也是第三方面。概括而言，"重形素 NP"就是一种内层定中结构有整体概念特征、外层定语表主观大量或程度比较增量的双层定中短语。内层定中结构有整体概念特征，也就倾向于被看作一个整体——朱德熙（1956）所谓的"单词化"倾向；外层定语表主观大量或程度比较增量，就可以突出其作为一个扩展成分的语义价值（如果将"重形素 NP"看作是其内层定中结构的扩展结构的话）。反之，如果内层定中结构不具有整体概念特征，则内层定语的语义比较凸显，和外层定语形成过于明显的冗余——如果将"重形素 NP"看作是外定语和内层中心语的直接组合"X+N"的扩展的话，这个 x 的插入没有必要；如果外层定语是光杆形容词加"的"，则其作为扩展成分没有增加任何语义，也造成过于明显的冗余；如果外层定语表示程度较低，则与整个结构的表达功能产生冲突。

在本文对"重形素 NP"的分析中，我们总结出和结构扩展有关的两条具有一定普适性的语法规则：

（一）扩展成分信息量原则（冗余价值原则）：给一个语言片段扩展增加的成分一定要起到某语义或语用作用，总要传递某种信息。否则，这种扩展就完全是消极的冗余，不能成立。换言之，语言中正常接受的所谓冗余往往只是从某个侧面看的，实际上从另一个角度来看并不冗余。如果从任何角度看都没有意义，就是无效冗余。冗余是一种类型丰富的现象，我们这里仅仅是从话语生成、扩展的角度来讨论相关的冗余现象，对于其他类型的冗余也可能有一定参考价值。

（二）扩展成分和谐性原则：一个语言片段扩展增加的成分不能与其自身或所形成的结构体的语义、语体色彩等方面产生冲突。这一规则是在句法语义双向选择性原则（邵敬敏，1997）基础上提出来的。从扩展的角度来考虑，扩展成分不仅要和组合对象双向选择，还要和所形成的结构体的特征相兼容。"重形素 NP"中内定语不能是书面语体形容词，"重形素 NP"的外定语不能由"有点+A+的"这种不足量语义成分构成，都是受制于扩展成分和谐性原则。至于上文谈到的委婉冲突型"重形素NP",可以认为是修辞对语法基本规律的利用——故意有限违反一点,营造一种新颖的、引人注意的表达效果。

此外,本文对于词语整体概念特征及其个人差异的探讨也有一定理论探索意义。应该说,"重形素NP"也是检验定中结构凝固度的重要测试手段。学界一些相关研究如"偏正结构的整合度"(石惠敏,2012)、"复合名词连续统"(完权,2012)都可以以之为形式手段进行相关区分。

参考文献

程 序 2002 偏正形式的中心语和修饰语语义重复现象简析,《江西教育学院学报》,第2期。

崔晓芳 2006 形名偏正结构中形容词性语素重复的语法化研究,中国传媒大学硕士学位论文。

董秀芳 2016 《汉语的词库和词法(第二版)》,北京大学出版社。

冯胜利 1996 论汉语的"韵律词",《中国社会科学》,第1期。

金周永 1999 "又A又B"格式之考察,《汉语学习》,第4期。

李劲荣、陆丙甫 2016 论形容词重叠式的语法意义,《语言研究》,第4期。

李 泉 2001 同义单双音节形容词对比研究,《世界汉语教学》,第4期。

石惠敏 2012 "红+名"偏正结构的整合度高低及认知理据研究,第十七次现代汉语语法学术讨论会,
    上海师范大学。

完 权 2012 复合名词连续统,第十七次现代汉语语法学术讨论会,上海师范大学。

夏 军 2012 "很+含数量补语VP"成立条件研究,北京大学博士学位论文。

张 敏 1998 《认知语言学与汉语名词短语》,中国社会科学出版社。

朱德熙 1956 现代汉语形容词研究,《语言研究》,第1期。

朱德熙 1982 《语法讲义,商务印书馆。

"也似的"固化进程中的相关问题*

胡承佼

（安徽师范大学）

摘要："也似的"经历了由助词"似"到助词"也似"再到助词"也似的"的发展过程。助词"似"源于助词"相似"对于"交互义"词素"相"的删减，而非动词"似"的虚化。"也"具有强化比拟表达的作用，并非只是衬字。受"也"语义磨损的影响，"也似的"逐渐与"似的"趋同，失去了交际上的独特价值，因而在现代汉语中用频极低。

关键词：也似的 功能分工 强化比拟 趋同

零、引言

"也似的"是汉语比拟助词中的一个非典型成员，其用频在现代汉语中较低，学界关注不多。王洪君（2000）讨论了山西方言中的"也[ia]似的"，吴仲华（2005）粗略分析了"X 也似的"结构，其他涉及"也似的"的研究则大多是考察"似的"、"也似"之余顺笔带过，未予深入，如江蓝生（1992，1999）、李思明（1998）、黑维强（2002）、翟燕（2008）等。

关于"也似的"，学界现在基本认可其来源于"也似"，是"也似"与"的"凝固成词的结果，但对其具体形成过程却一直脉络不详，缺乏清晰梳理。对于"也似"，学界也存在两种针锋相对的看法：一种看法认为"也似"是汉语和蒙古语语言接触的产物，"也"是为了将比拟动词"似"与比拟助词"似"相区分而人为添加的语助衬词（江蓝生 1992）；另一种看法认为"也似"是汉语自身形成的语法成分，与蒙古语关系不大（黑维强 2002）。新近，杨永龙（2014）又从语序类型的角度讨论了"X+相似/似/也似"的来源，再次强调助词"似/也似"之所以在元代兴起并繁荣，与蒙古语的影响和强化密不可分。

本文拟对"也似的"展开历时考察，重点就其固化进程中的一些纠葛性问题进行分析和讨论，以期能够藉此廓清以往研究中的相关争议。

---

* 本研究得到安徽省高校优秀青年人才支持计划重点项目（编号：gxyqZD2018008）的资助。本文是在作者博士学位论文的基础上修改而成，感谢导师张谊生教授的悉心指导，文责自负。

一、动词"似₁"与助词"似₂"

"似"最早是作为比拟动词使用，在先秦时期即已存在。此时，动词"似"所在表达结构基本上都是"X似Y"。其中，"X"为本体，充当主语；"Y"为喻体，充当宾语。"似Y"作为谓语用来陈述"X"的一种相似性状态特征，即以Y为参照说明X与之相似。例如：

(1) 与之言伐晋，对曰："多则多矣，抑君似鼠。夫鼠，昼伏夜动，不穴於寝庙，畏人故也。今君闻晋之乱而後作焉，宁将事之，非鼠如何？"(《左传·襄公二十三年》)

"似"作为比拟动词一直被沿用，直到清代中后期仍有该用法。例如：

(2) 有菩提树，其叶似柿，浸水去皮，肉筋细如蝉翼纱，可裱小册写经。(《浮生六记》第四卷)

作为比拟助词的"似"(为以示区分，后文将动词"似"写作"似₁"，助词"似"写作"似₂")，则到金、元时期方才出现。例如：

(3) 龙颜尽改变，失却紫玉似颜色。(《刘知远诸宫调》卷十二)

(4) 做娘的剜心似痛杀杀刀攒腹，做爷的滴血似扑簌簌泪满腮。(《元曲选·看钱奴》)

以上两例的表达结构均为"Y似X"，喻体Y在前，本体X在后。前例"紫玉似"充当描摹对象"颜色"的定语，后例"剜心似"、"滴血似"则分别充当后面成分"痛杀"、"扑簌簌"的状语。

"本体X似喻体Y"与"喻体Y似本体X"并非只是本体与喻体的语序调整，它们的结构关系还是表达目的已经很不相同。"本体X似喻体Y"结构上应分析为"本体X/似喻体Y"，表达目的在于以Y作为参照陈述说明X；"喻体Y似本体X"结构上则应分析为"喻体Y似/本体X"，表达目的在于以Y作为参照限定说明X。前者中的"似"是动词"似₁"，后者中的"似"是助词"似₂"。

而在金、元之前的唐（包括五代）宋时期，"相似"、"一般/般"作为比拟助词已经开始使用，尤其是"相似"。例如：

(5) 我等亦须努力，身强力健，王见我等，还如怒蜗相似。(《敦煌变文选·伍子胥变文》)

(6) 若无如是事，饶汝说得，簇花簇锦相似。(《禅林僧宝传》卷第六)

前例是比拟动词"如/似"同比拟助词"相似"配合使用，后例是比拟助词"相似"独用。

那么，在已有其他比拟助词可供使用的情况下，何以还会产生新的比拟助词"似₂"？这主要同三个因素相关：一是陈述性比拟描摹与限定性比拟描摹的互通；二是蒙古语比拟表达式的影响和触动；三是比拟助词"相似"中词素"相"残存义的干扰。下面概述之。

1.1 陈述性比拟描摹与限定性比拟描摹的互通

从语料看，直到金、元代之前，汉语中的比拟表达式基本上都是"本体 X+比拟动词+喻体 Y"和"本体 X+比拟动词+喻体 Y+比拟助词"。虽然其间比拟动词有"若"、"如"、"似"等的不同，比拟助词有"然"、"者"、"馨"、"相似"等的差异，但整体上这两种表达式的基本结构关系和表达功能并未发生显著变化。结构关系上，仍都保持了"主—谓—宾"格局；表达功能上，都是将喻体 Y 作为参照对象加以直接陈述的方式来表现本体 X。正如江蓝生（1999）所观察到的，在 12-13 世纪以前，汉语的比拟式在形式和语法功能上都是比较单一的。

但是就比拟概念建构的认知识解而言，实际上其完全存在两种可能：一种是以喻体 Y 为参照通过陈述说明的方式呈现本体 X；另一种是以喻体 Y 为参照通过限定说明的方式呈现本体 X。陈述性描摹与限定性描摹凸显、反映的是对于比拟概念的不同认知识解方式，如果单就描摹表达看两者本质上可以互通。认知上的互通性使得由"本体 X+比拟动词+喻体 Y"向"喻体 Y+比拟助词+本体 X"的语序调整成为可能，并且这种语序调整对本体 X 而言并不影响其状态表现。不同只在于，用"本体 X+比拟动词+喻体 Y"是对 X 的某种状态进行陈述性描摹，重在陈述一个命题；用"喻体 Y+比拟助词+本体 X"则是在对 X 的该种状态进行限定性描摹，重在说明一个对象。比较：

（7）进曰："不会，成持个什摩？"师云："你似铁橛。"（《祖堂集》卷五）

（8）虎狼似恶公人，扑鲁推拥厅前跪。（《元杂剧三十种•张鼎智勘魔合罗》）

前例"你似铁橛"是陈述性比拟描摹，后例"虎狼似恶公人"是限定性比拟描摹。

可以说，陈述性比拟描摹与限定性比拟描摹在认知上的互通性，为比拟助词"似₂"的产生与形成提供了重要的认知基础。

1.2 蒙古语比拟表达式的影响和触动

根据江蓝生（1999）、杨永龙（2014）的研究，蒙古语比拟表达式的构成语序是：喻体 Y+后置词+本体 X。以下两例转引自江蓝生（1999）：

（9） ra metü ularan tur.

火 似　 红 旗。

（10） mori nisqu metü qaruluna.

马 飞 　似 　跑。

语序类型上，蒙古语是 OV 型语言，汉语是 VO 型语言，因此上面两例对应汉语的准确表达应为"红旗似火"、"跑似马飞"，即"本体 X+比拟动词+喻体 Y"语序。"火似红旗"、"马飞似跑"实际仅是一种字面上的直译，巧合的是：对比 1.1 小节所论可以发现，蒙古语比拟表达式这种字面直译所形成的语序恰恰与汉语以限定性描摹来识解比拟概念建构时的语序安排相一致。由此，基于汉语与蒙古语的频密接触，蒙古语比拟表达式的语序安排形式开始逐渐被汉语所接受、吸纳，借以与汉语中原有的比拟表达式形成一种功能分工："红旗似火"、"跑似马飞"用于陈述性比拟描摹，"火似红旗"、"马飞似跑"用于限定性比拟描摹。前种语序形式是汉语本来就有的比拟表达式，后种语序形式则是汉语借用蒙古语的比拟表达式。

本质上讲，汉语对蒙古语比拟表达式的借用并非是为了完全调换成一种新的比拟表达形式，而是为了对原有的比拟表达加以方式上的补充。所以，自"喻体 Y 似本体 X"出现后，原本的"本体 X 似喻体 Y"表达式并未消失，二者一直处于并存状态。例如：

（11）今汉天下有倒悬之急，社稷<u>似</u>累卵之危，不遇忠臣，未得良将。（《三国志评话》卷中）

（12）把山海<u>似</u>深恩掉在脑后，转关儿便是舌头，许了的话儿都不应口。（《西厢记诸宫调》卷三）

上述两例均出自元代。前例"社稷似累卵之危"是"本体 X 似喻体 Y"，后例"山海似深恩"则是"喻体 Y 似本体 X"。

至此，汉语开始出现动词"似₁"与助词"似₂"共存的局面。"似₁"用于陈述性比拟描摹中，"似₂"用于限定性比拟描摹中。

1.3 比拟助词"相似"中词素"相"残存义的干扰

上面两小节的分析，解释了"喻体 Y+比拟助词+本体 X"表限定性描摹的比拟表达式何以能够在汉语中出现。但还有一个问题没有解决：这种表达式中的比拟助词为什么不直接沿用原先已经高频使用的比拟助词"相似"，而另外产生一个"似₂"？考察语料，没有发现"喻体 Y 相似本体 X"的用例。这同比拟助词"相似"中词素"相"残存义的干扰有关。受"相"的"交互义"的影响,"相似"表示"彼此类似",具有很强的"交互性"含义。"交互"本质是一种"统括",其必须涵括彼此交互的对象,单一对象无法采用交互表达。这导致句法位置上,"相似"只能同时居于本体 X 和喻体 Y 的后面,无法居于两者之间。

既然如此,如果想要将比拟助词"相似"置于喻体 Y 与本体 X 之间,且不影响本、喻体间的比拟参照关系,最简单的处理方法就是将附带"交互义"的词素"相"从中删除,这样便出现了一个新比拟助词"似$_2$"。也就是说,比拟助词"似$_2$"更可能来源于比拟助词"相似",而不是直接由动词"似$_1$"发展而来。这从另一类比拟助词"一般/般"的使用也可以看出端倪。比拟助词"一般/般"可以直接置于喻体 Y 与本体 X 之间。例如:

(13)那牛厂里,塑一个象<u>一般</u>大的春牛,妆点颜色。(《朴通事》)

(14)俺媳妇儿呵,脸搭红粉偏生嫩,眉画青山不惯鬘,瑞雪<u>般</u>肌肤,晓花<u>般</u>丰韵,杨柳<u>般</u>腰枝,秋水<u>般</u>精神,白森森的皓齿,小颗颗的朱唇,黑鬓鬓的乌云。(《全元曲•救孝子贤母不认尸》)

理论上,既然"一般/般"可以置于"喻体 Y+比拟助词+本体 X"表达式,那么同时期同为比拟助词的"相似"应也可以。"相似"之所以无法置于"喻体 Y+比拟助词+本体 X"表达式的根本原因即在于其中词素"相"的"交互义"的干扰。

李思明(1998)也认为"似$_2$"是比拟助词"相似"减少次要语素"相"的结果。其提出的理由是:"相似"其中的"相"意义已经虚化,由此为助词"相似"的一系列词形发展变化提供了可能。我们的看法是,对于"似$_2$"的形成而言,"相似"中"相"的实义残留对其具有重要影响。说"相似"由于词素"相"意义已经虚化所以可以删成"似",解释不了比拟助词"相似"为什么不能居于喻体 Y 与本体 X 之间形成限定性比拟描摹表达式,而同期的"一般/般"却完全可以。

二、副动短语"也似$_1$"与助词"也似$_2$"

副动短语"也似"差不多与比拟动词"似$_1$"同时出现,在先秦时期就开始使用。例如:

(15)夫物多相类而非也,幽莠之幼<u>也似</u>禾,骊牛之黄<u>也似</u>虎,白骨疑象,武夫类玉,此皆似之而非者也。(《战国策•魏策》)

副动短语"也似"中的副词"也"主要是用来强化比拟表达。动词"似₁"意义上表"类似","也"同时又具有强调"类同"（马真 1982：179-180）的作用。而"类似"与"类同"本来就紧密关联，可以因彼此"类似"而认为彼此"类同"，也可以因彼此"类同"而认定彼此"类似"。所以，"也"与"似₁"配合就能够更加凸显、强化本、喻体对象之间的相似性，从而加强了比拟表达的语力（force）。副动短语"也似"同样一直被沿用下来。例如：

（16）幸而碰到你父亲和先母都是仁孝之人，<u>也似</u>我逢师尊一般，得脱万劫不复的大难。（《八仙得道（上）》）

（17）偃原籍临淄，得了这个美差，即日东行，<u>也似</u>衣锦还乡一般。（《秦汉演义》）
上面两例，前例来自清代，后例来自民国，两例中的"也似"均还是副动短语。

有意思的是，在金、元时期，汉语中又出现了一个比拟助词"也似"（为以示区分，后文将副动短语"也似"写作"也似₁"，比拟助词"也似"写作"也似₂"）。例如：

（18）骑着一个墨丁<u>也似</u>五明马。鞍子是一个乌犀角边儿幔玳瑁，油心红尽水波面儿的鞍桥子。（《朴通事》）
该例中"也似"是比拟助词，"墨丁也似"对"五明马"加以限定性比拟描摹。

江蓝生（1999）认为，比拟助词"也似₂"是在"似₂"的基础上添加衬字"也"而来，其目的是便于从形式上来区分原有的比拟动词"似₁"和新产生的比拟助词"似₂"。但这种看法难以解释以下两点：

一是，由于副动短语"也似₁"与比拟助词"也似₂"同期并存，添加衬字"也"如果只是为了区分动词"似₁"与助词"似₂"，岂不又造成了"也似₁"与"也似₂"的同形？

二是，即使承认"也"是衬字，添加的衬字为什么一定是"也"呢？"恰"、"好"等不行吗？

我们认为，比拟助词"也似₂"中"也"在功能上并不仅仅是"衬字"。导致"也似₂"出现的动因是基于副动短语"也似₁"的类推泛化。比拟动词"似₁"出于强化陈述性比拟描摹的表达需要，会在其前面加上用于表述近似概念、表"类同"的"也"，在类推作用下，比拟助词"似₂"出于强化限定性比拟描摹的表达需要，同样会在其前面加上"也"。比较：

（19）相公闻语，由如甘露入心，夫人闻之，<u>也似</u>醍醐灌顶。（《敦煌变文集·庐山远公话》）

（20）周妈妈如何不烦恼，一个观音<u>也似</u>女儿，又伶俐，又好针线，诸般都好，如何教他不烦恼！（《元代话本选集·闹樊楼多情周胜仙》）

例（19）"也似"是副动短语，强化陈述性比拟；例（20）"也似"是比拟助词，强化限定性比拟。

"也"除了强化比拟表达之外，同时还兼带一定的语义聚焦功能。作为一个"焦点算子"（袁毓林 2004），"也"能将受话人的注意力进一步着力在其后的"似"身上，并通过"明示"（Sperber& Wilson，蒋严译 2008：63-64）本、喻体之间的类同性关联，从而引导受话人对于该比拟表达的推理与理解，顺利实现比拟描摹的表达意图。可见，"也"无论是在副动短语"也似 ₁"中作为一个副词，还是在比拟助词"也似 ₂"中作为一个词素成分，其作用基本是一致的。至于为什么"也"已经与"似 ₂"凝固为比拟助词，而未与"似 ₁"凝固为比拟动词，这主要同"也似"的句法表现和信息地位有关。"也似 ₁"句法上处于显赫的谓语句位，其后接喻体 Y 后，"也似 ₁Y"同时又是非常显著的前景信息，因此"也"与"似 ₁"的句法边界难以消解，不易实现融合。"也似 ₂"句法上处于非显赫的修饰语句位（定语/状语），其前接喻体 Y 后，"Y 也似 ₂"同时又是说明性的背景信息，加之"似 ₂"本身已虚化，因此"也"与"似 ₂"的句法边界极易消解，很容易重新凝固为一个单词。

此外，自明代就开始出现"也一般"的用例，这进一步印证了"也似 ₂"中的"也"不只是"衬字"。"一般"作为比拟助词并不存在与比拟动词的区分问题，在"一般"的前面加"也"正是为了强化比拟表达。例如：

（21）你来时才十六七岁，黄毛团儿<u>也一般</u>。也亏在丈人家养活了这几年，调理的诸般买卖儿都会。（《绣像金瓶梅词话》第八十六回）

不妨将此时期的"也似 ₂"与"也一般"直接比较：

（22）殷直从里面叫出二十四岁花枝<u>也似</u>浑家出来，道："你且看这件物事！"（《喻世明言》第三十五卷）

（23）西门庆道："有，在此。"便向茄袋内取出，递与桂姐。打开观看，果然黑油<u>也一般</u>好头发，就收在袖中。（《绣像金瓶梅词话》第十二回）

例（22）"花枝也似浑家"与例（23）"黑油也一般好头发"均为定中限定性比拟描摹，其中"也似 ₂"与"也一般"作用基本相近。

比较上述例句，很难说"也一般"中的"也"不是衬字，而"也似 ₂"中的"也"却是衬字，这两个"也"功能上的同一性显而易见。如果非要说区别的话，"也似 ₂"中"也"

与"似₂"的凝固化程度更高,"也似₂"已经是一个独立的词汇词;但"也一般"中"也"与"一般"则尚未真正凝固化,"也一般"还是一个临时的语法词。

三、助词"似的"与助词"也似的"

江蓝生(1992)观察到"似的"与"也似的"大体于明代同期出现,这同我们的语料整理结果一致。例如:

(24)葫芦中冲出一道黑气,顷刻散漫半天,昏昏惨惨,许多细沙铁屑似的东西,向人身上打来……(《古本水浒传》第四十七回)

(25)法善道:"这有何难?就请御驾启行。"说罢,将手中板笏一掷,现出一条雪链也似的银桥来,那头直接着月内。(《初刻拍案惊奇》卷七)

既然已有"似₂"和"也似₂","似的"与"也似的"为何还会出现?这主要涉及三个方面的原因。

首先,结构助词"的"具有标记定中、状中修饰关系的句法作用。通过添加结构助词"的",能够进一步明确、凸显喻体 Y 与本体 X 之间的限定性比拟描摹关系。这一点从"似的"、"也似的"此期大多居于定语成分、状语成分中可以看出痕迹。例如:

(26)才出宅未远,只见青鸦似的一簇人来拥住轿车。(《明珠缘》第四十八回)

(27)身边腰袋里摸出一个纸包,打开来都是些药末,就把小指甲挑起一些来,弹在罐里,倾将出来,连那铅杂不见了,都是雪花也似的好银。(《初刻拍案惊奇》卷十八)

(28)苟昌落了魂似的径自拔脚在后赶来,转过花圃……(《古本水浒传》第九回)

(29)江老夫妻、女儿三口,杀猪也似的叫喊,播天倒地价哭。(《二刻拍案惊奇》卷十五)

例(26)"青鸦似的"、例(27)"雪花也似的"均充当定语;例(28)"落了魂似的"、例(29)"杀猪也似的"都充当状语。

其次,通过添加结构助词"的",能够达到同时区分动词"似₁"与助词"似₂"、副动短语"也似₁"与助词"也似₂"的作用。附带"的"的"似"和"也似"只能视为助词,而不可能是动词和副动短语。比较:

(30)大人你明如镜,清似水,照妾身肝胆虚实。(《窦娥冤》第二折)

(31)等了一会,龙氏穿着油绿绉纱衫、月白湖罗裙、白纱花膝裤、沙蓝绸扣的满面

花弯弓*似的*鞋，从里边羞羞涩涩的走出来与众人相会。（《醒世姻缘传》第五十九回）

（32）我命恰如凝草露，吾身*也似*缀花霜，蝉声返覆穿疏牖，柳影雕残对病床。（《敦煌变文集新书》卷二）

（33）与员外一般开彩帛铺的胡员外宅里，花枝*也似的*一个小娘子。年方一十九岁，多少人家去说亲的，都不肯。（《三遂平妖传》第二十二回）

例（30）"清似水"中是"似₁"，例（31）"弯弓似的鞋"中是"似₂的"。例（32）"吾身也似缀花霜"中是"也似₁"，例（33）"花枝也似的一个小娘子"中是"也似₂的"。

最后，前文已经提到汉语限定性比拟描摹表达式实际是对蒙古语比拟表达式汉语直译形态的语序借用。而在修饰语与中心语之间添加"的"恰恰反映了"汉语按照自己的习惯对外来语成分进行再改造（江蓝生 1992）"的过程。语言中一种借用形式"离借用时代越远，越容易加进本民族语言的特色"（江蓝生 1992），这就可以解释"似的"、"也似的"为什么并不是在金元时代就开始出现，而要滞后到明代方才产生。

关于"似的"与"也似的"，还需要对一个问题稍加说明："似的"究竟由何而来？江蓝生（1992）提出：一是明代开始书面语中的"似的"可能是"也似的"省去前助词"也"的结果；二是现代汉语北方话中的"似的"（也写作"是的"）可能与本来的"似"助词无关，而是来自明代用于句末的助词"是的"。对于这两点认识，我们的看法有所不同。

关于第一点，"似的"源于"似₂"直接与"的"相融合，而非"也似的"的省去"也"。在"似₂"可以同"的"直接结合的情况下，却采用先由"也似₂"与"的"融合成"也似的"进而再省去"也"最终形成"似的"如此曲折迂回的生成方式，似乎不太符合语言发展的基本规律。虽然在明代同期"似的"的用频远低于"也似的"，但这并不能证明"似的"是由"也似的"而来。既然"似₂"与"也似₂"作为助词可同期使用，那么它们基于共同的需要同时后加"的"并最终分别融合成"似的"、"也似的"更顺理成章。亦即，"似的"、"也似的"的产生是并行性行为。

关于第二点，"是的"是现代汉语"似的"的重要来源，特别是表不确定性测断描摹的"似的"在功能上确实可能同句末"是的"存在承继关系。江蓝生（1992）为"是的"构建的"表判断——表不肯定的推断——表相似、比喻"发展脉络，应该可信。但比拟与测断，两者本质上都是一致性与矛盾性的结合体，比拟是似而不同，测断是似乎如此但不确定。既然由表测断能够发展至表比拟，那么反之，由表比拟同样可以发展至表测断，胡承佼（2015）就曾讨论过助词"一般"由表比拟到表测断的功能扩展。并没有充分的证据来证明汉语中表比拟的"似的"没有发展出表测断功能，江蓝生（1992）也没有对此加以明确论证。是故，我们认为现代汉语中的"似的"更可能是"似的"与"是的"的合流。这种合流的结果在形式上的表现就是：书写上采用"似的"的形态，读音上采用"是的"的形态。

综上，"也似的"固化进程中的相关演变可以总结如下：

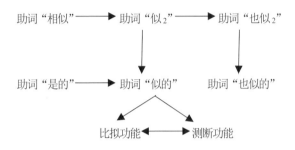

四、"也似的"的功能表现

"也似的"自产生后在相当长的一段时间内基本只用于定语、状语中，用以进行限定性比拟描摹。直至现代汉语阶段，"也似的"同样还是以用于定语、状语中为主。例如：

(34) 古兰花从花莲回来的时候换过一身装束：鹅黄色的粗绒厚毛衣，黑得发亮的原子裤，两英寸来高的白胶皮高跟鞋和一头鸡窝<u>也似的</u>鬈发。（张大春《四喜忧国》）

(35) 当年赛马，骑士们就在煤碴路上奔驰，一匹匹马旋风<u>也似的</u>飞奔而去，一匹快似一匹，最先到达的马受到全场的人热烈的欢呼。（周而复《上海的早晨》）

但值得注意的是，现代汉语阶段"也似的"的使用范围已经扩大化，非定语、状语的"X 也似的"明显增多。例如：

(36) 暨南大学澳门籍学生吴军民来杭途中因疲劳和水土不服而生病，可他硬是抱病参赛，800 米竞速，小伙<u>子飞也似的</u>，全然不像有病……（《人民日报》1993 年）

(37) 那男子给妻子这一顿数说，不敢回一句嘴，一张脸胀得<u>猪肝也似的</u>，成了紫酱之色。（金庸《倚天屠龙记》）

例（36）"飞也似的"充当谓语，例（37）"猪肝也似的"充当补语。

表达上，"也似的"也由比拟描摹发展出了不确定性测断描摹的功能。例如：

（38）不过他们正要放弃的时候，却又快的惊喜发现，方林似乎精力不济<u>也似的</u>，本来分出来的解牛刀刀光由五道减少到了三道。（卷土《王牌进化》）

（39）柳遇秋依旧着一声不响，好象曼英的话不足以刺激他<u>也似的</u>。（蒋光慈《冲出云围的月亮》）

朱俊阳（2010）参照朱德熙（1983）有关自指与转指的概念，从自述与转述角度讨论了"似的"的结构。从"也似的"所依附的 X 来看，名词性 X 构成的"X 也似的"一般都表比拟描摹，转述状态；形容词性 X 构成的"X 也似的"一般都表测断描摹，自述状态。比较：

（40）斜刺里两只老鸟<u>箭也似的</u>飞来，接住了它，衔上巢去。（冰心《一只小鸟》）

（41）这时他脸上已变得铁青，愤愤地道："好，师弟，你居然敢如此对我……"笠原一鹤<u>木讷也似的</u>，一言不发……（萧逸《鹤舞神州》）

而动词性 X 构成的"X 也似的"很多时候需要结合具体语境方能判断到底是表比拟还是表测断，有时甚至可能根本就难以区分清楚。比如同样是"逃也似的"，比较：

（42）陈一平想不到幸福会来得这么快，<u>逃也似的</u>离开了刑警队，在外面打了一辆出租，赶回和平支行。（当代影视作品《冬至》）

（43）冉阿让<u>逃也似的</u>出了城。他在田亩中仓皇乱窜，不问大路小路，遇着就走，也不觉得他老在原处兜圈子。（雨果《悲惨世界》）

（44）那口试委员说了句"请和这里的杨书记接洽"，点着头像<u>逃也似的</u>走了。（茅盾《蚀》）

例（42）"逃也似的"从语境看明显是转述一种状态——飞速，是比拟描摹。例（43）"逃也似的"从语境判断可以看出是自述一种状态，是测断描摹。例（44）"逃也似的"就完全可以有两种理解，既能看成比拟描摹，也能看成测断描摹。

通过上述分析，不难看出"也似的"在功能表现上随着时代的推移已经很明显的与"似的"趋同。究其原因，应与"也似的"中"也"的语义磨损有关。随着"也"语义的不断磨损，"也似的"原本的强化比拟表达的功用不断弱化，由此其在表达中的独特价值也急剧衰退，很多人已经意识不到"也似的"与"似的"表达上还有什么差异。可能正因如此，现代汉语中"也似的"的使用频率就相对较低，主要用于较文的书面语，而口语表达中基本只用"似的"。

108

五、结论

本文以助词"也似的"的形成为切入点，重点讨论和商兑了与之相关的一些争议性问题，主要有六点认识：1）助词"似"源于助词"相似"，是助词"相似"删减"交互义"词素"相"的结果，其并非源自动词"似"的虚化。2）助词"也似"中的"也"具有强化比拟表达的作用，不只是衬字。3）助词"似的"是助词"似"与"的"的直接融合，而非源自"也似的"对"也"的删除。4）助词"也似的"源自助词"也似"与"的"的直接融合，而非"似的"与"也"的融合。5）现代汉语中的助词"似的"很可能是古汉语"似的"与"是的"合流的结果，引起合流的原因是比拟功能与测断功能之间往往可以相互引申。6）随着时间推移，受"也"语义磨损的影响，"也似的"逐渐与"似的"趋同，失去了交际上的独特价值，因而在现代汉语中用频极低。

参考文献

[1] 黑维强 2002. 从陕北方言看近代汉语助词"也似"的来源.《延安大学学报（社科版）》第 3 期.

[2] 胡承佼 2015."一般"的助词化及其主观描摹功能.《汉语学习》第 2 期.

[3] 江蓝生 1992. 助词"似的"的语法意义及其来源.《中国语文》第 6 期.

[4] 江蓝生 1999. 从语言渗透看汉语比拟式的发展.《中国社会科学》第 4 期.

[5] 李思明 1998. 晚唐以来的比拟助词体系.《语言研究》第 2 期.

[6] 马 真 1982.《现代汉语虚词研究方法论》.北京：商务印书馆.

[7] 王洪君 2000. 山西方言的"也[ia]似的".《语文研究》第 3 期.

[8] 吴仲华 2005."X 也似的"简论.《湖北师范学院学报（哲社版）》第 2 期.

[9] 杨永龙 2014. 从语序类型的角度重新审视"X＋相似／似／也似"的来源.《中国语文》第 4 期.

[10] 袁毓林 2004."都、也"在"Wh+都/也+VP"中的语义贡献.《语言科学》第 5 期.

[11] 翟 燕 2008. 明清山东方言中的比拟助词"也似"及其来源问题.《语文研究》第 1 期.

[12] 朱德熙 1983. 自指和转指——汉语名词化标记"的、者、所、之"的语法功能和语义功能.《方言》第 1 期.

[13] 朱俊阳 2010."似的"结构.《世界汉语教学》第 3 期.

[14] Dan Sperber & Deirdre Wilson. 蒋严译 2008.《关联：交际与认知》.北京：中国社会科学出版社.

关于予以介词"给"以及"动词＋给"的用法

今井　俊彦

（防卫大学校）

摘要：本文试图说明现代汉语的"给"的一部分用法。用"给"表予以义的句子，除了介词"'给'＋接受者＋动词"以外，还有"动词＋给＋接受者"的形式。由于语法化的原因，介词"给"的"予以"义已经相当虚化。因此，也可出现在其他句子中。对于动词后的"给"的用法，以往的研究未见明确的说明。根据本文的考察，动词后的"给"具有确定予以义的功能，用在没有明确的予以义的动词后，可以使其附加予以义。本文还观察到，存现句里也有类似的现象。

关键词：给 予以义 接受者

零、前言

　　现代汉语的"给"，除了表示予以的动词用法以外，还有很多其他意义和用法。本文主要探讨与予以义有关的一些用法。"予以"这一行为，除了施事（agent），还可以带另外两个项。一个是受事（patient），一个是接受者（recipient）。如例(1)，包含用介词"给"标记接受者的介词结构。有时，动词后加"给"的形式也可以表达跟(1)相近的意思，如(2)。此外，还有一些动词可以带两个宾语，如(3)。即双宾语结构。可以说，这类结构是表示予以的最典型的句型。

　　(1) 我<u>给</u>他寄一本书。

　　(2) 我寄<u>给</u>他一本书。

　　(3) 我<u>送他一本书</u>。

　　这些句式有什么差异，各自有哪些选择条件，是本文要考察的主要内容。以下称例(1)这类"介词'给'＋领受者＋动词"形式为Ⅰ型，其中的"给"可有不同的作用，本文只讨论标记接受者的"给"。称例(2)这类"动词＋给＋接受者"的形式为Ⅱ型。称动词本身直接带接受者宾语的"动词

＋接受者"的形式为Ⅲ型。在Ⅰ～Ⅲ型的句子中，表事物的受事有的可以用"把"等方式放在动词前面，有的因为上下文的关系，也可不出现。所以说，真正的双宾语句只是Ⅲ型的一部分，并非全部。详见后面的讨论。

对于Ⅰ～Ⅲ型的区别，目前尚未见充分的说明。例如，Ⅰ型的"给"和Ⅱ型的"给"的后边都是接受者，但Ⅰ型和Ⅱ型未必能够互换。另外，Ⅱ型和Ⅲ型在形式上的差异是有无动词后的"给"，但有或无，句子在实际的意义上几乎没有差异。下面通过语料的比较，考察分析Ⅰ～Ⅲ型的意义和用法。

一、动词的种类

没有既能进入Ⅰ型，也能进入Ⅱ型、Ⅲ型的动词。我们首先考察哪类动词可以用于哪个形式。下面的分类是以张伯江1999和杉村2005为参考，加上本文搜集的语料所做的概括。

1.1 "送"类动词

指"给、送"等表施事直接把受事予以接受者的动词，可以用于Ⅱ型和Ⅲ型，但不能用于Ⅰ型。张伯江1999认为："这些动词都在语义上要求有明确的方向和目的，所以不需要特意事先规定其目的物"。

本文通过对"CCL汉语语料库"、"BCC汉语语料库"等大规模语料库的调查，未见用在Ⅰ型里的表予以义的"送"[①]。这类动词"递、借、还、赏"等。在现代汉语普通话里，最典型的表予以义的动词"给"不能出现于Ⅱ型（例如"*我给给他一本书"）。所以本文不把动词"给"作为研究对象。

1.2 "寄"类动词

"寄"类动词所表示的予以有空间或时间的距离。这是跟"送"类动词不一样的地方。"寄"类动词可以用于Ⅰ型和Ⅱ型。但这类本身不具直接带接受者宾语的功能，所以不能用于Ⅲ型。这类动词还有"邮、汇、传"等。

1.3 "扔"类动词

"扔"类动词本来没有予以义，但表使事物离开施事。这样的意义基本上不需要接受者。所以动词本身不能带接受者宾语，不能用于III型。不过，"扔"的动作往往可以有目标，如果目标是人的话，可以用"给"作标记，用于II型。张伯江 1999 指出，"扔"不适于I型。在搜集的语料中，"扔"类确实有不适于I型的倾向，但也有一部分的例外。详见第3章。

1.4 "告诉"类动词

"告诉"这类发话动作，可以看作"施事把信息传给接受者"，所以，和予以义动作有很多共同点。例如，"告诉"类动词跟"送"类动词一样，可以用于II型和III型。但张伯江 1999 指出，"告诉"一般不能用于I型。我们也几乎没有找到"告诉"在I型里出现的句子。"告诉"类动词还有"教、报告、提醒、通知"等。此外，表"说、讲"等发话义的动词可以用于I型。本文的"告诉"类不包括这些动词，详见第5章。

以上的四种动词类与I～III型的关系可概括为下表。

	I型	II型	III型
"送"、"告诉"类	×	○	○
"扔"类	×	○	×
"寄"类	○	○	×

如表所示，动词可以直接带接受者宾语的是"送"类动词和"告诉"类动词，换言之，可以用于III型的动词，都不能用于有介词"给"的I型。相反，不能用于III型的"寄"类动词都可以用于I型。这样看来，予以义动词引进接受者的方式，在I型和III型呈现为互补性关系。动词本身没有予以义的"扔"类动词只能在II型里引进接受者，句子整体能够表示予以义。可以认为，动词根据意义和功能选择形式。下面通过具体用例，进一步分析I～III型在用法上的差异。

二、远程予以义动词

　　目前为止的关于给予的研究，主要考察典型的予以动词"送"类，本文把表示远程予以的"寄"类和不含予以义的动词"扔"类等作为研究对象。这样可以更客观地观察Ⅰ～Ⅲ型的差异。

　　首先看"寄"类动词。这类动词有予以义，但是在现代汉语普通话的口语里不能直接带接受者宾语，例如不能说"寄你"。这跟"送"类不一样。"寄"类当然可以带受事宾语，例如"寄书"。可是根据本文的考察，像(4)那样"寄"类动词直接带受事宾语的句子非常罕见，大多数都是像(5)那样动词后加上表示趋向的"来、去、出、到"等（以下称为"趋向成分"）。也就是说，"动词＋趋向成分＋受事"是"寄"类动词带受事宾语的最普遍的形式。

　　(4) 陈炳南不仅去信鼓励，还一次次寄钱。（《人民日报》1996年）

　　(5) 父亲专门从老家寄来一本《蒙汉词典》，并在信中叮嘱儿子："首都当兵，不会说汉语，就不能很好地执行任务。你一定要争气……"（《人民日报》2000年）

　　尤其是，表某一具体、个别的事件的动作，即不是习惯性的动作或对比等时要同趋向成分共现的倾向非常强。虽然"送"类动词也可以同趋向成分一同现，但没有"寄"类那样的"必现"要求。"送"类动词表示直接给予，所以给予的动作和事物转移止点的接受者可以同时出现。"寄"类动词表示的是间接给予，动作实现后，事物到达接受者之前有一定的空间、时间距离。所以，动作的实现只能表示把事物寄出，离开施事的领域而已。我们认为，是"寄"类动词的这个特征要求趋向成分共现。

　　"寄"类动词要求趋向成分共现的倾向，在用介词"给"引进接受者的Ⅰ型里也同样可以看到。在动词"寄"用于Ⅰ型的约900个例句之中，像(6)这类动词直接带受事宾语的约160个。其他大多数都附带趋向成分。如(7)、(8)。

　　(6) 嗣后，每年元旦，康佳公司都给我寄一张纪念卡，希望保持联系，及时反馈他们产品的质量问题。（《人民日报》1993年）

　　(7) 他含着泪赶到邮局给家里寄去了500元钱。（《人民日报》1994年）

(8) 《江汉论坛》的荣开明同志<u>给我寄来一封信</u>，认为对错误的难免
　　和可免、对再认识中的肯定否定问题，确有阐明之必要。(《读书》
　　1985 年）

本文还考察了"邮、汇、传"等其他"寄"类动词，结果相同，大多
数的句子含有趋向成分。

对介词"给"的功能，沈家煊 1999 认为"表示预定的目标"。也就是
说，用"给"引进句子中的接受者是事物转移的目标。有了明确的目标，
"寄"类动词仍然要求趋向成分。这一语言事实说明，介词"给"只有标
记接受者，表明转移目标的功能，已经完全失去了动词"给"的予以义包
含的事物转移和转移方向等意义。因此我们可以推测，Ⅰ型主要表示的不
是给予义。如上例(8)，"给"标记的"我"虽然是接受者，但句子整体主
要表示的不一定是给予，只是转移事物。转移事物是动词"寄"承担的，
"给"标记目标，"来"表示方向。

下面考察Ⅱ型的句子。在"寄"用于Ⅱ型的约 1800 个句子中，没有一
个是有趋向成分的。如(9)、(10)。

(9) 他还将一张身穿和服的照片<u>寄给妻子</u>，信中说："衣冠虽异，肝胆
　　不移，贻此相对，无殊面见矣。"（刘福祥《梁启超的爱情》）

(10) 1993 年 6 月，广州电信局<u>寄给他们一张缴款通知书</u>，…。(《市场
　　报》1994 年）

趋向成分一般都在动词后面紧接着出现，但Ⅱ型的动词后要有"给"，
趋向成分没有出现的位置。换一个角度来看，要求与趋向成分共现的倾向
特别强的"寄"，可以用"给"代替趋向成分。这意味着"给"可以承担类
似趋向性的功能[②]。可以认为，Ⅱ型里的"给"不仅标记接受者，还能表施
事为起点、接受者为终点的事物转移的方向。

三、没有予以义的动词

"扔"类动词本来没有予以义，但进入Ⅱ型形式后，句子整体可以表
示予以义。这样的用例很多，如下。

(11) 一天两次，只有一个中国人<u>扔给她一块黑饼子</u>，和一点凉水。(老舍《四世同堂》)

(12) 我把车钥匙<u>扔给方方</u>："你可快去快回，别误了晚上的事。"(王朔《一半是火焰一半是海水》)

如前所述，Ⅱ型里的"给"可以引进接受者，表示事物转移的方向。如果是这样，剩下的就是施事的动作作为引擎，进行事物的转移。可以说，Ⅱ型的形式具备予以行为实现的环境。"扔"本来的意思是"挥动手臂使拿着的东西离开手、抛弃"，表示事物离开施事处的动作。这可以看作事物转移的引擎，这种动词进入Ⅱ型后，可以充分表予以义。也就是说，动词只表示转移的开端，通过动作实现予以的是Ⅱ型格式的核心意义。

典型的予以动词"送"类、远程予以动词"寄"类动词本身都包含着予以义，所以在Ⅱ型里使用时，动词和"给"的意义不能完全分离。通过与没有予以义的"扔"类进行对照分析，才能得出结论：Ⅱ型拥具有的予以义大多由"给"承担，动词只是提供动力的引擎，两者结合起来，表"通过动作，实现向接受者的予以"。

对"扔"类动词不适应Ⅰ型的原因也可以说明，没有予以义的这类动词搭配介词"给"，标记事物转移的目标。在我们看来，这还不足以使予以行为成立。如果是Ⅱ型，动词只提供动力，予以义就可成立。Ⅰ型要使予以义成立，必须有表把事物转移到目标的明确意义的动词。

不过，我们也发现了"扔"动词进入Ⅰ型里的用例。

(13) 她们帮助干完活，每人<u>给杨淑清扔下 100 元钱</u>，没留姓名走了。(《作家文摘》1994 年)

动词"扔"所表示的"挥动手臂使拿着的东西离开手"的动作，虽然有些不礼貌，但作为家人朋友之间授受事物的手段，不一定是很少见的。所以，可以作为转移事物的手段之一。至少跟"踢"等其他手段比较起来，还能够接受。再则如前所说，Ⅰ型的核心意义不是予以，而是事物的转移。所以"扔"类有时可以进入Ⅰ型。

四、典型的予以动词

下面我们看表示典型予以义的"送"类动词。这类动词与其他动词不一样的是，可以带两个宾语，即可以构成属于III型的双宾语句。同时，还可以进入II型。结果可以形成如III型的例(14)和II型的例(15)，这两个意思差不多。两者的差异就是有没有"给"。这个"给"看起来是多余的。对这个"给"的添加，已经有很多研究。主要的如"使接受者的方向性更明确的功能"（盧涛 1993）、"凸显动作行为的结果的接受者"（関光世 2001）等。只是这些说法尚嫌抽象，还不足以成为适当地使用I型和II型的标准。

(14) 我送你一本书。

(15) 我送给你一本书。

本文考察的语料库中的句子，几乎没有单个动词"送"带接受者宾语的。说"送你"，可以指"送给你（某个东西）"的意思，但更一般的理解是"伴随你一起（到你的目的地）去"。动词只带一个宾语的话，这个宾语最自然地被理解为宾格。相对而言，II型的"送给你"里，"你"一定是接受者。很明显，在只有一个宾语的情况下，是否有"给"，可以辨别句义。根据本文的考察，在所有用"送"的句子里，大约有百分之十是II型。考虑到"送"的意义和用法，百分之十亦是极大的数目。这从另一个角度说明，附加"给"是辨别意义的有效办法。

再如，"借"有"借出"和"借入"两个意义。但"借给"的意义只有一个。"给"有把后面的名词限定为接受者的功能，由这个功能来消除歧义。

II型的"给"的作用不是"强化予以义"，而是为了确定予以义，特别是有歧义时，它是不可缺少的重要成分。

杉村博文 2005 指出，在"送你"和"送给你"都可以用的情况下，"送给你"给人的感觉礼貌一点。他认为，这是由于加上"给"引起的予以义的强化和接受者的前景化。对于这个现象，本文的观点正好相反。由于"给"可以辨别意义，所以本来应该加上，不加的话，反倒使人觉得略欠礼貌。

"送"类动词不能用于I型，但可见"送"和介词"给"共用的句子，本文也搜集到了不少。可是，这些例句的"送"都是"搬运"的意思。如：

(16) 他们是那些清洁你们小区的，他们是那些给你送水送煤气的，…

（《杨恒均微博的博客》）

这样看来，Ⅰ型里的"送"表示的不是予以义的"赠送"，而是"送到、搬运"。这时，"给"后边的名词是事物的接受者，同时也是服务的受益者。

五、传达信息类动词

前章论及，光杆儿的"送"类动词，很少只带接受者宾语。它如果带两个宾语则为Ⅲ型。但是，用两个宾语来表达的事件并不多，所以不管Ⅱ型，还是Ⅲ型，受事和接受者两个宾语同时出现的句子很少见。迄今为止的研究在有限制的环境中，比较带两个宾语的Ⅱ型和Ⅲ型，或比较一个宾语的Ⅱ型和两个宾语的Ⅲ型，试图借以抽出"给"所表示的意义。但表示传达信息的"告诉"类动词可以构成只带一个接受者宾语的Ⅲ型，我们可以认为，为了真正抽出"给"的意义，对用"告诉"类动词构成的Ⅱ型和Ⅲ型进行比较，是一个有效的手段。

表信息传达的光杆儿"告诉"类动词可以直接带接受者宾语，可以构成Ⅲ型。根据本文的考察，"告诉"带一个宾语的结构，这个宾语几乎都是接受者，如"告诉你"。罕见的带受事宾语，如"告诉一件事"。可以说，"告诉"跟接受者的关系紧密，主要表示的不是对"什么"而是跟"谁"有关的动作行为。

此外，"告诉"类动词所传达的内容，在一般的情况下，动作开始之前已经有准备。这个倾向在"通知"、"报告"等"告诉"类动词句中表现得更明显。由于这一原因，"告诉"类动词常常出现在"把"字句里。

(17) 临出来的时候，我把住址告诉给她——深愿她求我，或是命令我，作点事。她似乎根本没往心里听，一笑，眼看看别处，没有往外送我的意思。（老舍《微神》）

这说明"告诉"类表示得把某个信息传达给接受者的句义，可以认为是类似"予以"的行为。这类动词并不表物理上的事物转移，但可用于实现对接受者的予以行为的Ⅱ型。

但是，"予以"信息只是传达的信息的一部分，而不是全部。表信息传达的句子可如例(18)，不含传达的具体手段。

(18) <u>自然发展史告诉我们</u>，一个物种一旦灭绝再难复生。(《人民日报1994 年》)

在这个例子里，主语是无生命的事物，不能是动作的主体，作为信息的发源地，一直存在。接受者主动地理解信息。细看Ⅱ型和Ⅲ型的例句，我们发现，表信息传达一般使用Ⅲ型，但特别表示转给信息时则用Ⅱ型。换言之，Ⅱ型始终如一表予以义，Ⅱ型和Ⅲ型的形式差异，源于意义的差别。

另一方面，使用"告诉"类动词的Ⅰ型句几乎没有⑨。但是，表示和"告诉"类似的意义的"说"可以用Ⅰ型，用例也有很多。"说"同"告诉"类不一样，不能直接带接受者宾语，因而不能构成Ⅲ型。如"说他"不是"跟他说"，而是"责怪他"。"他"不能是接受者宾语。这意味着"说"所表示的动作不一定需要接受者。实际上，"说"也可以表自言自语，无需听话人。概括地说，"说"主要表示的是说话的行为本身，而不是传达信息。所以同"告诉"类不一样，不能表信息转给，也不能用于表予以的Ⅱ型。前面讨论的"送"是一个词两个意义，在Ⅱ型里表予以，在Ⅰ型里表示移动。"告诉"和"说"有共同的意义，在Ⅱ型里要用含予以义的"告诉"，在Ⅰ型里要用不含予以义的"说"。两个动词形成互补分布。

六、制作类动词

我们搜集到的用"说"的Ⅱ型句都是像"说给你听"这类，接受者后边再加另外一个动词句。这一格式的结构不是"说给你/听"而是"说/给你听"（朱德熙1983），而且没有后边的"听"就不能成立。所以，我们认为,这样的结构不在本文的Ⅱ型范围之内。这个形式也常见于制作类动词。制作类动词如"做（菜）"等，宾语所指的事物，在动作开始之前不存在，动作结束时才形成。这类动词同"说"一样，我们搜集到的都是如(19)那样的形式。

(19) "还是去我那里我<u>做给你吃</u>？"（冯小刚《非诚勿扰》）

另外，制作类动词的成立不一定需要接受者宾语、可以用介词"给"引进接受者而构成Ⅰ型等是这类动词同"说"的共同点。

制作类动词常常用Ⅰ型里，这时如(20)，制作之后，在把做出来的东西给接受者的同时，也把制作的行为本身，亦即服务，也提供给接受者。

(20) "快去换衣服洗洗脸，我给你做晚饭。"（龙志毅《政界》）

这时，用介词"给"标记的名词，是事物的接受者，也是动作的受益者。下面(21)的"你"虽然是接受者，但也可看作是"说故事"的受益者。

(21) "给你说个故事，想听吗？"周大龙说。"好！"晴儿点点头。（余
　　 少镭《现代聊斋》）

可以认为，Ⅰ型的"给"所标记的不一定是单纯的接受者，更多的是接受者兼受益者。

我们再看一个动词。朱德熙1979指出，能构成本文的Ⅱ型的动词里有"写（信）"等。朱氏说明，"'写'跟'信'组合的时候，预先假定有"受者"（收信人）一方存在。此时"写"就取得了给予的意义。"就是说，"给你写信"的意思不仅是"通过写的动作完成信"，还包括"把写完的信给对方寄出"。日语的「あなたに手紙を書きます」也可以做同样的理解。

"写"可以归入制作类动词。制作类动词不适于Ⅱ型，但"写"有很多Ⅱ型的用例。这些用例几乎都是如(22)、(23)，都是接受者后面加"的"的形式，"的"后面的名词是"信"，或者是类似"信"的东西。

(22) 我口袋里有他写给我的信件。（阿瑟·柯南·道尔《皮肤变白的
　　 军人》（王梦梅　改写））

(23) "你还记得这个吗？"她递给我一张残旧的纸。那是我在中学时
　　 写给她的一首诗。（麦迪《初恋的情人》）

在本文考察的动词里，几乎没用Ⅱ型的短句做定语的用法④，"写"也有不做定语的Ⅱ型例句。

(24) 他说："好吧，金秀，你把陈玉英家的地址写给我。我想我孙子
　　 了，我得去看看。"（陈建功《皇城根》）

(24)表示，通过"写"的动作，把"地址的信息"转给别人。这跟传达信息的"告诉"很像。此外，"写"还可以构成Ⅱ型的事实说明Ⅱ型所表示的"予以"义比较宽泛。在意义上跟"告诉"相近的"说"，用法上和制作类

动词一样。相反，制作类动词的"写"的用法接近"告诉"。这种相交现象很值得研究。

七、结语

"告诉"类动词表示的是用声音等手段直接向对方传达信息。但"写"是借助信或者纸条传达，所以在传达的时间上、空间上产生一定的"距离"。另外，"写"可以构成Ⅰ型和Ⅱ型。从这些特征来看，"写"同"寄"类动词很相似。

综上所述，动词同ⅠⅡⅢ型的关系可以归纳为下表。

事物	信息	Ⅰ型	Ⅱ型	Ⅲ型
"送"类	"告诉"类	×	○	○
"扔"类		×	○	×
"寄"类	写	○	○	×
制作动词	说	○	×	×

制作类动词和"说"表示的不是予以，但为了跟其他动词对比，包含在表里。

本文讨论的Ⅰ型的"给"在从标记"接受者"到"接受者＋受益者"的发展进程中，产生了更多的用法。如"给他开门"里的"他"完全没有接受什么事物或信息，只接受动作的恩惠。这里的"给"标记的是纯粹的"受益者"。这个"给"还可以标记"情况诱发者"，从而构成一种被动句⑤。由此看来，Ⅰ型的"给"源于动词"给"，此后逐渐虚化，产生了很多用法。

另一方面，Ⅱ型的"给"跟多义词"送"一起用时，可以确定"送"的意义。由此可见，动词后加的"给"有确定予以义的功能。"给"同"寄"类动词一起用时表示远程予以，同"告诉"类一起用时表示信息传达等。这些是非典型的予以义功能。"扔"类本来没有予以义，但只要有转移事物的引擎，在Ⅱ型里用就可以表示予以义。可见，不管用哪种动词，Ⅱ型的意义都是"通过动作行为，实现对接受者的予以"。

在汉语的"教室里有一个人"等表示存在的存现句中，动词要用"有"。但进一步说明以什么状态而存在的时候，如"教室里站着一个人"，用"动词＋着"的形式。我们认为，本文讨论的句式与此相似。表示予以本身时要用动词"给"，但进一步说明通过什么样的动作而予以的时候，用"动词＋给"的Ⅱ型形式。虽然有一部分动词如"送"类，构成双宾语结构也可以表示予以义，但在那些动词里，除了"给"以外，都可以构成Ⅱ型。而且"动词＋给"还可以带两个宾语。总括这些事实，可以说，用"给"以外的动词表示予以时，原则上要用"动词＋给"的形式。

附注

1) 动词"送"有几个意思，但本文基本上只以予以义的"赠送"义的"送"为讨论对象。

2) 趋向成分和Ⅱ型的"给"不一定能换。

3) 我们搜集到"告诉"后边有引号的句子，但数量极少。
   学校里竟自发生一件奇怪的事，——永不招惹人的小铃儿会有人给他告诉："先生！小铃儿打我一拳！""胡说！小铃儿哪会打人？不要欺侮他老实！"先生很决断的说，"叫小铃儿来！"（老舍《小铃儿》）

4) 详见今井 2016。

5) 详见木村 2005。

语料出处

CCL 汉语语料库 (http://ccl.pku.edu.cn)

BCC 汉语语料库 (http://bcc.blcu.edu.cn)

（例句的下线均系笔者所加。）

参考文献

関光世 2001. "Ｖ给"文の意味特徴に関する考察，《中国语学》248 号：153-167。

今井俊彦 2016. 非典型的な授与を表す動詞と"给"について，中国人文学会《饕餮》第 24 号：65-76。

盧涛 1993.「给」の機能語化について，《中国語学》240 号：60-69。

木村英樹 2005．北京語授与動詞"给"の文法化，《中国語普通話文法と方言文法の多様性と普遍性に関する類型論的・認知言語学的研究》：46-77。

杉村博文 2005．"普通话"の授与構文，《中国語普通話文法と方言文法の多様性と普遍性に関する類型論的・認知言語学的研究》：46-77。

沈家煊 1999．"在"字句和"给"字句，《中国语文》第 2 期：94-102。

张伯江 1999．现代汉语的双及物结构式，《中国语文》第 3 期：175-184。

朱德熙 1979．与动词"给"相关的句法问题，《方言》第 2 期：81-87。

朱德熙 1983．包含动词"给"的复杂句式，《中国语文》第 3 期：161-166。

从形容词的比较义看"多V"和"V多"的句法语义

许贤科

（名古屋大学）

摘要： 本文将形容词"多"的性状分为隐性比较和显性比较，以此为基础，联系"有意-无意"，考察了其作状语和结果补语的用法。"多V"既有隐性比较也有显性比较的用法，前者是"有意"的，通常不带数量词；后者可以是"无意"的，需要带数量词。数量词本质上源自"多"的一个配价成分，受谓语结构有界化的要求而被激活。"V多"只表示显性比较，一般不能带数量词，这个特点与显性比较的"多V"形成了"形式-功能"上的互补格局。

关键词： "多V"/"V多" 比较义 数量词 有界化 互补分布

一、引言

在现代汉语中，少数单音节形容词既可以作状语又可以作结果补语，由形容词充当的这一对修饰性句法成分以述语动词为轴心呈现"镜像"分布。一般认为两者分别反映了不同的主观意愿，文献中通常将例（1）、（2）所示的"晚"和"多"置于状位和补位时的语义差异归结为动作者的"有意"和"无意"（参看张黎 2003，2017；张国宪 2006等）。

（1）a.他昨天<u>晚</u>来了三分钟。【状语：有意】

b.不好意思，我来<u>晚</u>了。【结果补语：无意】

（2）a.他<u>多</u>喝了几杯。【状语：有意】

b.他今天又喝<u>多</u>了。【结果补语：无意】

但是，我们发现有些语言现象无法完全从动作者的"有意"和"无意"中得到诠释。比如，例（2a）可以解读为"比某个时间多喝了几杯"，而我们无法得知"多喝"这个行为是有意的还是无意的。事实上，"多V"经常出现在比字句的谓语部分，与其后的数量词短语共同表达比较的结果。

（3）我记性不好，背一篇课文常常要比别人<u>多</u>花<u>一两倍</u>时间。

（4）地球的内核每 400 年就比地壳<u>多</u>转<u>一圈</u>。

比字句与动作者的意图性之间并不存在明显的关联性。从例（3）所描述的语境可以得知，动作者"我"并非有意，而是不得不"多花一两倍时间"。例（4）中的动词"转"属于非自主动词，受"多"修饰的状中短语"多转一圈"表示客观视角下的比较结果。

另一方面，正如文献中所强调的，由"动词+中性形容词"构成的一部分述补结构（如"挖深了"、"剪短了"、"写大了"等）可以表示预期结果的实现和预期结果的偏离（陆俭明 1990；马真、陆俭明 1997）。"V 多"也不例外，如下例。

（5）"平时我经常来南湖边走走，⋯⋯走多了，感觉呼吸顺畅，身体里毛病就少了。"

（新华社 2003 年 11 月份新闻报道 CCL）【实现】

（6）路走多了，截肢部位已经磨出了血。（读者（合订本） CCL）【偏离】

如果我们把预期结果的实现看作是动作者的有意行为，把预期结果的偏离看作无意行为，那么"V 多"所表示的行为既可能是有意的也可能是无意的，取决于具体的语境。与"多V"不同的是，"V 多"通常不带数量词短语。

从这些现象来看，单纯基于语义结构的"有意-无意"不足以概括单音节形容词作状语和结果补语的用法。本文以使用频率相对较高的"多"为考察对象，以性质形容词固有的比较义为切入点，希望透过分析诸如比字句、数量词短语的隐现等句法层面的现象，同时联系"有意-无意"，探索比较义在"多 V"和"V 多"的用法中所扮演的角色。

二、"多 V"与比较义

上面提到，"多 V"经常出现在比字句的谓语部分，这是就形式而言的，在意义方面，前田（2019：93-94）指出"多 V"具有潜在的比较义，因此可以进入比字句。沿着这个思路，本节中我们将以"多 V"与比较义之间的关系为线索来讨论相关的句法语义问题。

2.1 "多 V"的语义分类

文献中一般将"多 V"所表示的语法意义分为两种（吕叔湘主编 1999 等）。其中，黄晓红（2001）明确指出部分"多 V"表示比较，现将其分类转引如下。

【A.达到一定的量】（以下称为 A 义）

（7）a.多锻炼身体好。（黄晓红 2001：24）

b.怎么才能学好汉语？关键是多听多说。（黄晓红 2001：26）

【B.超过一定的量】（以下称为 B 义）

（8）a.……比别家<u>多</u>放着两天份儿。（老舍《骆驼祥子》）（黄晓红 2001：25）

　　b.拉到了，坐车的连一个铜板也没<u>多</u>给。（老舍《骆驼祥子》）（同上）

　　c.（我）见她年轻，又是女性，所以<u>多</u>聊了几句。（丁天《漂着》）（同上）

该文认为，"多 V"表 A 义时代表说话者的主观希望：例（7）中话者希望"锻炼"、"听和说"达到一定的量，才能实现"身体好"、"学好汉语"，"多 V"在这里实际上成为达到目的的条件（p.26）。表 B 义时则含"比较"意：（8a）中直接出现了"比别家"，（8b）意为"比该给的"，（8c）则是把"她"跟语境中的"别的来宾"相比（p.25）。也就是说，定义中所谓的"一定的量"在 A 义和 B 义中的含义不同：在 A 义中指话者主观希望达成的量，在 B 义中则指用来比较的量。黄晓红（2001）侧重于语言现象的描写，并未论及两种意义的关联性以及与对应的句法表现形式之间的关系，本文将对这些问题展开讨论。

　　首先，从比较义的有无这一观点出发，如果说表示超过一定量时，"多 V"含有比较义，那么，表示达到一定量时有没有比较？我们认为，要回答这个问题需要从形容词本身所表示的性状入手。从广义上来说，大多数形容词的性状是在有关事物的比较中显现出来的。下面的（9a）作为一个单独的句子，虽然难以从中找出一个十分明确的参照物，但不妨说是话者"以自己心理的某一标准为参照"（张国宪 2006：239），来主观地描述"今天来的人"的数量；而（9b）则通过由"比"引导的介词短语明示了参照的基准。

　　（9）a.今天来的人很<u>多</u>。

　　　　b.今天来的人比昨天<u>多</u>。

在（9a）中，用来参照的基准是主观的、以话者为取向的（speaker-oriented），某个数量"多"还是"不多"、达到"多"的标准因人而异，这一点与例（7）的情况一致；（9b）则和例（8）一样，是以现实世界中的"某一客观事物"（张国宪 2006：240）为基准，当然，参照的基准有时会受语境、信息结构的影响在话语（discourse）中被删除。不难发现，（9a）和（9b）的这两种比较与"多 V"的 A 义和 B 义是平行存在的。本文的观点是，A 义和 B 义本质上是两种参照于不同基准的"多"的比较义在状语位置上的反映。一个句法上的证据是，一般的动作动词很难直接作比字句的谓语。

　　（10）a.他比平时<u>多</u>喝了两杯。

　　　　b.*他比平时<u>喝</u>了两杯。

由此可以得知，作为"多 V"可以进入比字句的先决条件，前田（2019）提到的它所具有的"潜在的比较义",准确来讲直接源自形容词"多"。

总而言之,我们认为表 A 义的"多 V"也具有比较义,只不过与 B 义相比,这种比较是隐性、抽象的。根据这个结论,本文在黄晓红(2001)的基础上,从比较义的角度将"多 V"所表示的两种语法意义进一步诠释为"隐性比较"和"显性比较"[②]。二者在比较基准的主观与客观、比较基准的明确度("从抽象到具体")、以及比较的凸显度("由弱变强")方面形成连续统(continuum),其原型(prototype)特征可以分别用下面的图来表示。

图 1 表示隐性比较的"多 V"   图 2 表示显性比较的"多 V"

从认知上的"图形-背景"(figure-ground)的角度来看,"量幅"在两种比较中的地位不同。在隐性比较中,无论是话者取向的主观基准还是希望达成的量都比较抽象且因人而异,两者之间的量幅往往难以进行具体的量化,因此成为背景;而在显性比较中,有了相对明确的比较主体和比较客体之后,比较的结果自然成为注目的焦点,量幅由此得到凸显,成为认知上的图形。

2.2 "多 V"的句法表现

隐性比较和显性比较的"多 V"在句法表现上的一个显著区别在于,后者通常需要数量词短语(以下简称"数量词")与之同现[③]。这是作为图形的量幅在形式上的具体体现。

(11)"谁不知道,每一家发十双!你乘着忙乱之中,<u>多拿了十双</u>,还怨我们,你真有胆子!"(老舍《四世同堂》 CCL)

(12)高三时作文的重点放在论说文与夹叙夹议文上,作文课是两周写一篇,我为自己定的任务是再<u>多写一篇</u>,即每周写一篇。(学术文献 CCL)

(13)她比对手<u>多用 15 分钟</u>,这对于 30 分钟快棋来说是难以挽救的劣势。

(人民日报 1993 年 BCC)

(14)北京市交通肇事已死亡 411 人,比去年同期上升 11.1%,特别是 9 月份以来

事故死亡大幅度上升，比去年同期<u>多死了 32 人</u>。（人民日报 2003 年 BCC）

关于数量词出现的位置，前田（2019：90）注意到下面的例（15）、（16）不能改写成比字句，"多 V"的后面也不能再补出数量词，她将此时的"多"解读为"多余、不该做"（「余計であった，実行すべきでなかった」），与"多去了一次"、"多喝了一口"的情况相区别，进而认为此时的"多"已经发生了副词化。徐采霞（2016：166）对此也持类似看法，认为例（17）中的"多"表示"不必要的、过分的"的意思。

（15）他每到苏家一次，出来就懊悔<u>这次多去了</u>。（黄晓红 2001：24）

（16）<u>这最后一口酒多喝了</u>。（同上）

（17）你刚才那段话<u>多说了</u>。（丁声树等 1961：67）

我们认为，前人的研究中对这些"多"的意义的解读基本可以视为是由句法关系的改变带来的。本来后置于"多 V"的"一口酒"、"一次"、"一段话"添加指示词后成为有定成分，移动到"多 V"之前，两者继而由述宾关系④变为主谓关系，"多"的主要功能也由"修饰"变为"陈述"，最终导致了"多"的含义由"数量上超出"（吕叔湘主编 1999：185）引申为"多余、不必要"等。也就是说，与表示显性比较的"多 V"同现的数量词的句法位置比较灵活，可以在"多 V"后面也可以在它前面。

至于属于隐性比较的"多 V"，往往不带数量词，常用于表达祈使意义（建议、劝告等）。

（18）张一凡骑着自行车挨家挨户发送传单，不厌其烦地叮嘱大家："明天降温，<u>要多穿衣服，关好门窗</u>……"（李义、李伟《春晓》 CCL）（→多穿几件衣服）

（19）进行牵引和胸腰椎骨折的卧床病人，<u>最好</u>选择朝南的房间，<u>多晒太阳</u>。

（1996 年人民日报 CCL）（→多晒几次太阳）

（20）……雅虎总裁杨致远曾告诫年轻人<u>要多读书</u>，他说辍学创业发财的人毕竟是少数，年轻人不能太急功近利。（《MBA 宝典》 CCL）（→多读几本书）

"多 V"所表达的祈使意义，以及这类句子中常出现的"要、最好"等道义情态（deontic modality）标记都具有典型的话者取向的特点。如上所示，李珠（1988）观察到在"表示对人的请求、命令、劝告等""祈使句的语用范围内"（p.17），"多（V+N）"与带"几+量词"的格式之间存在变换关系。我们认为这种变换并不改变句子的基本含义。此外，这一类句子中还经常出现表示不定量的量词和动词重叠式。

（21）她眯缝着眼睛笑着说，"老章，你有一年多没上咱们家来了，一定要<u>多吃点</u>。"

（张贤亮《男人的一半是女人》 BCC）

（22）"……这类问题还很多，希望新院长能<u>多了解了解情况</u>。"（学术文献 CCL）

黄晓红（2001）将所有带有数量词或动词为重叠形式的"多 V"都看成表示 B 义（显性比较）。但是，我们认为其中一部分数量结构不纯粹表示数量意义（quantity）。以上面这些句子为例，与表示祈使意义的"多 V"同现的"几+量词"、"点儿"、动词重叠式等表示不定量的数量结构在句中主要起缓和语气的作用，量化（quantification）并不是其主要功能。由此可见，这些"多 V"兼有显性比较和隐性比较的部分特点，似乎应该分析为介于两者之间的类型。

属于隐性比较的"多 V"的另一个常用结构是从属句，大多是复句中表示条件、目的等的分句。其中部分"多 V"（如例（23））也可以表示祈使意义。

（23）而德国科学家最近研究认为，糖尿病人恰恰应<u>多吃水果与蔬菜</u>，才能保证体内必要的营养。（新华社 2002 年 7 月份新闻报道 CCL）

（24）只有<u>多搞活动</u>，热热闹闹，长跑俱乐部的凝聚力才能越来越大。

（2000 年人民日报 CCL）

（25）……他为了<u>多交朋友</u>，广结善缘，他习惯把不认识的人排在一块儿，让大家交流去认识……（金正昆《金正昆谈礼仪之西餐礼仪》 CCL）

在上面两类句子中，"多 V"不乏下面这种连续使用的情况。当使用的动词在意义上处于互补（（26）"读"、"写"）、包含（（27）"练"包含"听"）或近义（（28）"接触"、"沟通"、"交流"）关系时[⑥]，动词的语义得到补充、重复或强调，"多 V"作为目标达成条件的语义特征就在连续使用中得以强化。

（26）她对我的作品，总是十分叹赏，鼓励我要<u>多读多写</u>。

（冰心《冰心全集第三卷》 BCC）

（27）针对这种情况，吴爱莲也找到了破解办法，就是<u>多听多练</u>，提高语感。

（人民日报海外版 2016 年 BCC）

（28）成思危说，两岸之间应<u>多接触、多沟通、多交流</u>，从而增进两岸的相互了解和互信，建立友谊与合作……（人民日报海外版 2005 年 BCC）

2.3 数量词与有界化

我们在 2.1 节中指出，"多 V"所表示的两种比较本质上反映了形容词"多"的比较义。假若数量词是"多 V"表示显性比较时的句法表征，那么，数量词与表示显性比较的"多"之间有什么关系？以下面的（29a）为例，当话者以现实世界中的某一客观事物为参照进行比较时，参照物以介词短语（"比昨天"）的形式出现。像（29b）一样，此时还可以加入数量词来进一步描述"多出多少"。

（29）a.今天来的人比昨天多。（＝（9b））

　　　b.今天来的人比昨天多三个。

张国宪（2006）、袁毓林主编（2018）都将数量词（数量成分）分析为形容词"多"的一个配价成分，语义角色为结果或幅量（extent）。其中，张国宪（2006：216）明确将"多"列入"三价形容词"。（29b）完整地例示（instantiate）了表示显性比较的"多"的配价结构。也就是说，与"多 V"同现的数量词其实源自"多"的一个配价成分。

这里需要解释的问题是，同样表示显性的比较，为什么"多"作谓语时不需要数量词，而作状语时数量词却大多成为强制性的句法成分？

（30）各省市在全运后的调整年中来了这么多的后备军，比往届多来了一倍人。

（新华社 2002 年 5 月份新闻报道 CCL）（→*多来了人）

（31）这天杨杏园多吃了一点西瓜，晚上从报馆里回来，又晚了一点，吹了几口风，到了家里，身上有点凉飕飕的。（张恨水《春明外史》 BCC）（→*多吃了西瓜）

（32）三分钟一到，我又偷偷多给他三十秒。

（卫小游《A 到好》 BCC）（→*多给他（时间））

（33）小黄终于憋不住："把剩下的兑给那边摊子，我们多给他 15 元钱。"

（福建日报 BCC）（→??多给他钱）

文献中一般认为数量词属于典型的有界性成分（参看沈家煊 1995；石毓智 2000 等）。因此，我们认为现代汉语对谓语结构有界化的要求是数量词强制使用的重要动因。石毓智（2000）曾举过以下形容词作状语的例子来说明古今汉语谓语结构的差异。

（34）a.太中大夫陈匙后至，人以其语疑之。（世说新语）（石毓智 2000：298）

　　　b.太中大夫陈匙晚到一些，有人把孔文举的话告诉了他。（同上）

这两个句子表述的是相同的内容，（34b）是（34a）的白话翻译。石毓智（2000：298）指出，（34b）如果去掉数量成分"一些"，"'陈匙晚到'就不是一个完整的句子"，从中"可以看出现代汉语的谓语结构普遍要求一个有界性成分"。如果我们把目光放在"多"后面的结构上，无论是（30）、（31）的"动词+了+名词"（"来了人"、"吃了西瓜"），还是（32）、（33）的双宾语结构（"给他时间"、"给他钱"）都不是自由的结构式，需要借助添加有界性成分（如数量词、"了"等）才能成句，同样反映了有界性对谓语结构的制约。至于表示隐性比较的"多 V"，成句时不需要数量词，是因为表达祈使意义的句子以及从属句叙述的都不是独立、完整的事件，属于"非事件句"，不受有界性的制约（沈家煊 1995：374）；形容词谓语句"今天来的人比昨天多。"则是通过介词短语实现了谓语的有界化。

值得注意的是，"多 V"表示动作者的无意图行为或非自主事件的情况仅发生在带数量词，也就是表示显性比较的句子中。这是因为显性比较基于话者作为比较的主客体外的第三者的客观视角，与动作者的意图性之间并无直接关系。并且，杨玉玲（2018）的实例调查显示，表示"客观结果"（即本文所说的"显性比较"）的"多 V"仅占全体（6515 例）的 6.7%（438 例）。换言之，表示"有意"才是"多 V"的常态。那么，总结我们目前为止的分析，可以得出这样一个结论：在现代汉语对谓语结构有界化的要求下，本来作为潜在的配价成分的数量词被激活，成为强制性的句法成分；与此同时，数量词所具有的"量幅"特征促使状语"多"的性状向显性比较转化，最终在一定程度上弱化了状语表示"有意"的句位意义。

三、"V 多"与比较义

我们在引言中提到，"V 多"可以表示预期结果的实现和预期结果的偏离。

（35）a.这次盐放多了，鸡蛋炒咸了，很好吃。（王红旗 1996：26）【实现】

b.这鸡蛋盐放多了，炒咸了不好吃了。（同上）【偏离】

如果从比较义的角度来考虑，无论是实现还是偏离，都可以看成是一种比较。（35a）可以看作是比"上次"放得多，（35b）中偏离的含义是跟达成"好吃"这一预期结果的量相比。按照这个思路，我们可以把非自主动词的情况（马真、陆俭明 1997 称之为"自然结果的出现"）也纳入比较的范畴中。下面这个句子里的"长多了肉"可以这样理解：与年龄加增前的状态相比，肉长多了。

（36）然后，他们的年龄加增，而只长多了肉，肚皮支起多高，脖子后边起了肉枕。

（老舍《四世同堂》 CCL）【自然结果的出现】

简而言之，我们认为通过"比较"这一概念可以对"V 多"所表示的预期结果的实现、偏离以及自然结果的出现等作出统一的解释。这种比较可以在现实世界中找到相对明确的基准，因此属于显性比较。在表示偏离义的（35b）中，"放多了"的基准虽然也会因人而异，但仍然可以通过"好吃"这一关键信息在现实世界中加以特定和具体化，这一点与表示隐性比较的"多锻炼身体好"的心理基准存在明显的不同；"偏离"一词顾名思义，必须先有一个基准才能谈得上"偏离"，因此"偏离义"天然地要求一个相对明确的基准，这个基准体现在动结式的用法中就是"预期结果"。"V 多"显性比较的特点还体现在，有一部分表示实现义的"V 多"虽然也可以用于表达建议、劝说等语用功能，但仍然带有很强的客观陈述的色彩，且不能与道义情态标记同现（可对比表示隐性比较的例（23）、（28））。

（37）他告诉我，要写好文章，……还是要背古人的好文章。<u>背多了</u>，自己写起来才能得心应手。（学术文献 CCL）（→*应该/必须/要背多了）

（38）数学考高分的唯一途径就是多做题，<u>题做多了</u>，……自然感觉就出来了。

（网络语料 CCL）（→*应该/必须/要做多了）

另外，"V 多"表示显性比较的观点还可以从吕叔湘主编（1999）对"多"的释义中得到印证。

多 1.数量大（与'少'相对）。

c）修饰动词。在某些客套话里可以重叠。例：明年一定～种棉花请～～指教

2.比原来的数目有所增加；数量上超出。

a）用在动词前。动词后有数量词。例：～吃了一碗|比去年～收了上万斤粮食

b）作动结式第二成分。例：请你再算一遍，钱找～了|酒喝～了对身体有害

（吕叔湘主编 1999：184-185，仅转引相关部分）

从中可以看到，吕叔湘主编（1999）将"V 多"与本文所说的表示显性比较的"多 V"放在同一个义项之下，可见两种用法中的"多"在语义上非常相似。

与表示显性比较的"多 V"不同的是，"V 多"通常不能带数量词（+N）作宾语。

（39）a.你<u>多拿</u>了两把伞。　　　　b.??你<u>拿多</u>了两把伞。

（40）a.他<u>多看</u>了几分钟。　　　　b.*他<u>看多</u>了几分钟。

（41）a.我<u>多念</u>了一遍。　　　　b.??我<u>念多</u>了一遍。

关于这个现象，杨玉玲（2018：112）认为，"汉语动词一般只带一个宾语或补语"，如果补语和宾语同时出现，"就会出现宾语和补语争相紧跟动词的矛盾，即所谓的'宾补争动'"。这种矛盾我们可以理解为补语与宾语对句末焦点位置的竞争。假若这种看法是正确的，如何解释下面这个"V 多"后面带宾语的例子？

（42）小王<u>喝多</u>了点儿酒。（张黎 2003：31）

我们认为，这个例子的成立与述宾结构"喝酒"的性质有密不可分的关系。"喝多了酒"的"酒"属于无指（nonreferential）成分，它的语义其实已经包含在动词"喝"之中。参

考郭锐（2002）对"喝醉了酒"、"吃饱了饭"一类例子的分析，我们认为"酒"并非"喝多"的宾语，而是"喝"的宾语，"喝多了（点儿）酒"实际上是"喝酒"中间嵌入补语（以及数量词）形成的。这类格式有凝固化的倾向，缺乏类推性，将"酒"置换为其他名词可接受度就会下降。

  （43）a.??小王喝多了点儿啤酒。

    b.??小王喝多了点儿二锅头。

为了弄清楚"V 多"带宾语的实际情况，我们对北京大学 CCL 语料库的现代汉语语料进行了调查，共找到 107 个"V 多"带宾语的句子①，其中"喝多了酒"最多，共 49 个（包括"喝多了酒" [46]、"喝多了点酒" [2]、"吃多了酒" [1]），约占 45.8%。与此类似的格式还有"走（跑）多了路"、"挣多了钱"、"读多了书"、"认多了字"、"看多了电视"等。值得注意的是，这一类格式，以及下面带有指（referential）宾语（"家禽家畜"、"相同的话题"）、或带动结式宾语（"地方"）的"V 多"往往都出现在从属结构（表原因的偏句等）中，不构成句子的主要谓语。

  （44）<u>吃多了家禽家畜</u>，难免想尝尝野味。（1994 年人民日报 CCL）

  （45）……<u>写多了相同的话题</u>，她自己都感到厌倦了。（作家文摘 1994 CCL）

  （46）我告诉你，<u>越丢多了地方</u>，才越好作生意！（老舍《四世同堂》 CCL）

从中可以看出"V 多"只在有限的条件下才会带宾语，带宾语相对而言是一种有标记的（marked）用法。我们认为，关于这个现象背后的原因，杨玉玲（2018）基于补语与宾语竞争句末焦点位置的诠释固然具有一定的解释力，但事实上不能很好地说明为什么"V 多"后面不能带数量词。数量词（+N）作为提供新信息的典型形式，作宾语时经常会自然地占据句尾焦点的位置，补语退居其次，从而使得宾语与补语的竞争关系得以消解②。现代汉语中存在大量动结式带数量词（+N）的例子便是佐证。

  （47）a.?看漏了字 → 看漏了<u>两个字</u> b.?走错了棋 → 走错了<u>两步棋</u>

    c.?熬糊了粥 → 熬糊了<u>一锅粥</u> d.?穿坏了鞋 → 穿坏了<u>好几双鞋</u>

  我们不妨换个角度，从本文提出的比较义的观点来看这个问题。"V 多"表示显性的比较，后面不带数量词，而同样表示显性比较的"多 V"则需要数量词与之同现。换言之，在"显性的比较义"这一范畴内，数量词的有无在"多 V"与"V 多"的形式特征中呈现互补分布（complementary distribution）。从表达功能上来说，"V 多"的功能侧重于表述"数量的超出"这一客观事实，而描述"超出多少"的功能则主要由"多 V+数量词"来承担。这种"形式-功能"上的分工可以进一步从配价结构中包含数量成分的其他形容词中得到验证⑩。在这一类形容词中，朱德熙（1980：24）指出只有"多、少、早、晚、迟"等少数几个能够作状语⑪。我们发现，其余不能自由作状语的"大、小、远、近、深、浅、长、短、宽、窄、厚、薄、粗、细、高、低（矮）、贵、便宜（贱）"等充当结果补语时，述补结构后面往往可以添加数量词来表示差量。以"大、小、远、近、深、浅、长、短"为例：

（48）a.鞋<u>买大</u>了（+一号）。　　　　b.鞋<u>买小</u>了（+一号）。

（49）a.他<u>走远</u>了（+几步）。　　　　b.他<u>走近</u>了（+几步）。

（50）a.坑<u>挖深</u>了（+两米）。　　　　b.坑<u>挖浅</u>了（+两米）。

（51）a.木板<u>锯长</u>了（+十公分）。　　b.木板<u>锯短</u>了（+十公分）。

这些形容词在语义指向上大多偏向于描述事物的状态，与动作本身的关系较远，因而作状语的能力受限，描述实现的量或偏离的量的功能就只能兼由述补结构来承担。另外，表示时间意义的"早、晚、迟"与上面的两种情形都不同，作状语时数量词是句法上的必需成分，但作补语时仍然可以带数量词。以"晚"为例：

（52）a.公交车<u>晚来</u>了三分钟。　　b.*公交车<u>晚来</u>了。

　　　c.公交车<u>来晚</u>了三分钟。　　d.公交车<u>来晚</u>了。

也就是说，事件或行为在时间上有关早/晚的实现、偏离等虽然通过述补结构来表达，但描述"早/晚了多少"的功能并未在状中和述补结构中出现明显的分化，而是由两种形式共同表达，二者的区别更多地体现在语用等其他层面上，这一点有待于我们进一步探究。

四、结语

本文从形容词"多"所具有的比较义的角度重新诠释了其作状语和结果补语的用法。一般认为，"多 V"和"V 多"的主要区别在于前者表示动作者的有意行为，后者表示动作者的无意行为。但是，我们发现带数量词的"多 V"可以是无意行为，表示预期结果的实现的"V 多"也可以是有意行为。基于这个观察，我们首先将形容词"多"的性状按照比较的基准是主观的还是客观的分为隐性比较和显性比较，然后考察了这两种比较义在"多 V"和"V 多"中的体现及其句法实现形式。"多 V"既有隐性比较也有显性比较的用法，前者是"有意"的，通常不带数量词，后者可以是"无意"的，需要带数量词。后者的数量词本质上源自"多"的一个配价成分，为适应谓语结构的有界化要求而被激活，促使状语"多"的性状向显性比较转化，由此产生了表示"无意"的"多 V"。

另一方面，"V 多"只表示显性比较，通过这一语义范畴我们对预期结果的实现、偏离以及自然结果的出现三种语法意义作了统一的处理。在此基础之上，指出"V 多"不能带数量词的特点事实上与显性比较的"多 V"形成了"形式-功能"上的互补格局，并进一步通过其他与量度有关的形容词的情况进行了验证。

附注

1) 原文为：「(前略)〈多 V〉は、潜在的にヒ比較義をもち、"比"構文に入ることができる。」

2) "隐性"和"显性"这一对关键词援引自张国宪（2006：239-240）。

3) 不包括被"不"及其关联成分否定的情况，数量词与"不"在"有界"、"无界"上相斥（参看沈家煊 1995）。

   a.康德对这个有详细的论证，由于时间关系，我们在这就<u>不多</u>说了。（学术文献 CCL）

   b."读书深造，当为好事，其它事情就<u>不要多</u>考虑了。"（作家文摘 1994 CCL）

4) 有一部分数量结构（如时量和动量成分）是宾语还是补语文献中有不同的看法，这与本文的讨论无关，我们沿用朱德熙（1982）的做法，将它们统一看作宾语。

5) 动词间的语义关系参看陈勇（2019：48-50）。

6) 另外两个配价成分的语义角色为行事和参照（张国宪 2006：235），或者主事（theme）和与事（dative）（袁毓林主编 2018：187）。

7) 关于这两种结构中的有界性制约，沈家煊（1995）有详细的讨论。

8) 为了提高检索的精确度，同时考虑到"V 多"一般要带"了"且它的宾语绝大多数都是名词，我们采用"模式查询"，以"(v)多了(n)"为关键词进行查找，之后剔除了不符合条件以及重复的句子。剔除的句子中包括 9 个"增多"的用例。"增多"的词汇化程度较高，可以看作是一个词，已被词典收录（《现代汉语词典（第 7 版）》第 1639 页）。

9) 参看李劲荣（2017：17-18）关于信息量与焦点的讨论。

10) 我们主要考察了张国宪（2006：212-216）中列举的"三价形容词"，以及陆俭明（1990：3）所举的"量度形容词"。

11) 朱德熙（1980：24）认为单独作状语的"快"（如"快走出来"）意义已经发生了变化，变成副词了。但我们仍然发现了用来说明速度的"快"作状语的例子。可见，形容词"快"作状语虽然不如"多、少、早、晚"自由，但一定程度上保留了作状语的能力。

   c.一想到这里，他就<u>快走了几步</u>，因为过了这市镇前边是他取钱的地方。（萧红《莲花池》BCC）

参考文献

陈勇 2019 "多 A 多 B"构式研究,《汉语学习》第 3 期:47-55。

丁声树等 1961《现代汉语语法讲话》,北京:商务印书馆(1999)。

郭锐 2002 述结式的论元结构,徐烈炯、邵敬敏主编《汉语语法研究的新拓展(一)——21 世纪首届现代汉语语法国际研讨会论文集》,杭州:浙江教育出版社。

黄晓红 2001 "多+V"和"V+多",《语言教学与研究》第 3 期:23-27。

李劲荣 2017 "宾补争动"的焦点实质,《汉语学习》第 5 期:12-19。

李珠 1988 "多(V+N)"的语义关系,《世界汉语教学》第 1 期:17-18。

陆俭明 1990 "VA 了"述补结构语义分析,《汉语学习》第 1 期:1-6。

吕叔湘主编 1999《现代汉语八百词(增订本)》,北京:商务印书馆(2017)。

马真、陆俭明 1997 形容词作结果补语情况考察(二),《汉语学习》第 4 期:14-18。

沈家煊 1995 "有界"与"无界",《中国语文》第 5 期:367-380。

史彤岚 2008《动作行为性状与结果的表达方式研究》,東京:好文出版。

石毓智 2000 现代汉语谓语结构的有界性及其历史成因,陆俭明主编《面临新世纪挑战的现代汉语语法研究:'98 现代汉语语法学国际学术会议论文集》,济南:山东教育出版社。

王红旗 1996 动结式述补结构的语义是什么,《汉语学习》第 1 期:24-27。

徐采霞 2016《现代汉语形容词状补功能比较研究》,北京:中国社会科学出版社。

杨玉玲 2018 "V+多"和"多+V"的不对称及其解释,《世界华文教学》第四辑:104-117。

袁毓林主编 2018《汉语形容词造句词典》,北京:商务印书馆。

张国宪 2006《现代汉语形容词功能与认知研究》,北京:商务印书馆。

张国宪、卢建 2011 现代汉语结果补语的客观义和已然义,『现代中国語研究』第 13 期:31-42。

张黎 2003 "有意"和"无意"——汉语"镜像"表达中的意合范畴,《世界汉语教学》第 1 期:30-39。

张黎 2017《汉语意合语法学导论——汉语型语法范式的理论建构》,北京:北京语言大学出版社。

朱德熙 1980 现代汉语形容词研究,《现代汉语语法研究》,北京:商务印书馆(1997)(原载《语言研究》1956 年第 1 期)。

朱德熙 1982《语法讲义》,北京:商务印书馆(2015)。

前田真砂美 2019 "比"構文における〈A+V〉と数量句,『现代中国語研究』第 21 期:86-96。

"了 2"的内涵义及其意象图式*

邓宇阳

（新潟大学　广东外语外贸大学）

摘要：本文主要基于认知语义学的立场，并结合一定的哲学依据，对先行研究中出现的与句末助词"了"相关的各种语义及认知模式进行了梳理，探讨了句末助词"了"的内涵义，也重新确立了句末助词"了"的内涵义所对应的意象图式（image schema）。其中，在提出句末助词"了"的内涵义所对应的意象图式之后，本文重点从语用效果的角度对该意象图式的有效性进行了检验。

关键词：了 2　内涵义　意象图式　语用效果

一、引言

如果按照位置标准对汉语助词"了"进行分类，助词"了"可以分为词尾"了"和句末助词"了"。在汉语语法学界里，词尾"了"也常称为"了 1"，句末助词"了"也常称为"了 2"（吕叔湘 1999：351）。

张黎（2010：13）指出，"从本体论上说，语言的语法系统并不是一种句法形式上的美学，而是人类认知结构的朴实而直观的显现。（中略）语法，归根结底是语义范畴、语义特征间的组合规则系统。语法的形态和形式是语义范畴和语义特征的表征"。因此，本文将立足于认知语义学的立场对"了 2"的语义问题进行分析。认知语义学认为，语义不仅包括一种静态的概念内容，它还包括对这种静态概念内容所作出的解释（construal）（Langacker 2008：34-42、55）。在诸多解释方法当中，意象图式占据着十分重要的地位（束定芳 2008：106-107），以至于有观点认为一个词的语义主要是由概念内容和意象图式组成的（松本 2003：167）。因此，本文所要探讨的语义问题主要是与"了 2"的内涵义及其相关的意象图式有关。

二、"了 2"的内涵义

---

* 本文在写作的过程中曾获得新潟大学的朱继征老师、大竹芳夫老师、山田陽子老师的指点，特此致谢。

"以往对句尾语气词'了 2'的语义刻画存在过于繁杂和过于概括两种倾向"（肖治野、沈家煊 2009：518）。比如说，竟成（1993：52-57）、王维贤（1997：171-187）、张立昌（2014：24）等将"了 2"的语义概括为一种，朱德熙（1982：209）、吕叔湘（1999：351-358）分别总结出了"了 2"的两种具体语义，肖治野、沈家煊（2009：518-527）则主张将"了 2"的语义分为三种不同的类型，郭锐（2008：5-15）认为"了 2"至少拥有六种以上的语义，Chao（1968：354-356）刻画了"了 2"的七种语义，萧国政（2000：568-576）则描述了"了 2"的八种语义，而何文彬（2013：10-18）、夏炎青（2017：51）认为"了 2"的语义具有生产性，人们难以追究它究竟有多少种语义。

不过，根据刘勋宁（1998：35-48）、刘月华等（2001：379）、吕文华（2010：548-556）的介绍可知，提到"了 2"的语义，一般都离不开"变化"、"出现"、"实现"、"发生"这几个关键词。另外，也有研究认为，这几个关键词在本质上具有某种共通性。比如，刘勋宁（1998：36）认为："一为'发生'，一为'出现'，只是用词上的差别，并不是对立性的概念。"郭锐（2008：13）认为："'变化、出现新事态'的意义其实是'实现'义作用于命题（句子）时产生的附带效应。"肖治野、沈家煊（2009：526）、陆方喆（2014：43-47）认为"实现"就相当于"出现"。刘月华等（2001：379）认为："所谓'实现'，意思就是'成为现实'，也就是'发生'、'出现'，'实现'意思更宽泛一些。过去一般汉语教材中说表示'出现了新的情况'，表示'变化'，也是这个意思。"

可是，如果说"变化"和"出现"、"实现"、"发生"有着本质上的共通性，那么为什么陈小红（2007：54-60）会认为在没有外来语境干扰的情况下例句（1）的"了 2"并不会轻易传达出一种具体的[+变化]的语义特征？

（1）他见到她了。（陈小红 2007：58）

杉村（2009：5）提示了其中的原因："这里的'变化'是作为汉语语法学里含有特定语法意义的术语使用呢，还是作为一个普通意义的词来使用？"也就是说，先行研究中常提到的"变化"一词其实可以分为两个层次的含义：一种是抽象的语法功能或抽象的认知层面上的"变化"，一种是具象的语义特征层面上的"变化"。这就意味着，从抽象的语法功能或抽象的认知层面上说，"了 2"无论在什么情况下都应该具有一种高度抽象的"变化"义，只不过在具象的语义特征的层面上，有些句子中的"了 2"则表现出了具体的[+变化]的语义特征，而有些句子中的"了 2"则没有表现出这种具体的[+变化]的语义特征而已。比如说，同样在没有外来语境的干扰的情况下，下面的（2）、

（3）就明显表现出了[+变化]的语义特征。

　　（2）蔬菜便宜了。（吕文华2010：553）

　　（3）大人了，还这么爱哭！（邢福义1984：26）

　　立足于Sweetser（1990：11、113-148）的三域（three domains）说，肖治野、沈家煊（2009：518-527）将"了₂"分为行域、知域、言域的"了₂"，并将这三种"了₂"的语义归纳为"新行态的出现"、"新知态的出现"、"新言态的出现"。Deng（2019：63-68）、邓宇阳（2019：117-133）对这三种语义进行了细化（elaboration）①操作。Deng（2019：63-68）等立足于常见的"变化"、"出现"、"实现"、"发生"这几个关键词，将"了₂"的行域的语义细化为"变化"和"发生"，同时，将吕叔湘（1999：351）、吴凌非(2002：23-27)、何文彬（2013：10-18）等所提及的"肯定"、"确认"、"决定"等表达某种主观性的语义总结为"确定"义，并归入"了₂"的知域的语义范畴，将王洪君等（2009：312-333）所提及的"主观近距交互（对话关系提醒）"等表达间主观性的语义细化为"请听我说"义，并归入"了₂"的言域的语义范畴。Deng（2019：63-68）等所描述的"变化"义凸显的是一种[+变化]的语义特征，"变化"义是指某种特定的状态变成了另外一种特定的状态，在认知上，"变化"后的状态以"变化"前的某个特定状态为参照对象，它暗示"变化"前的某个特定状态曾经存在。Deng（2019：63-68）等所描述的"发生"义凸显的是一种[−变化]的语义特征，"发生"义是指某个事件从"无"的状态变成了"有"的结果，在认知上，"发生"后的结果是以该结果以外的所有非特定的状态为参照对象的，抑或说，"发生"后的结果是以该结果自身为参照对象的。比如，在没有外来语境干扰的情况下，（1）的"了₂"主要传达"发生"义，整句可以解释为"'他见到她'这件事已经'发生'"，(2)、(3)的"了₂"则主要传达"变化"义，两句分别可以解释为"蔬菜从'贵'的状态'变化'为'便宜'的状态"、"你从某种特定的身份（比如'小孩'的身份）'变化'为'大人'的身份"。Deng（2019：63-68）等所描述的"变化"正是一种具象的语义特征层面上的概念，而非抽象的语法或认知层面上的概念。张黎（2010：16）更进一步明确了这种具象语义特征层面上的"变化"概念与抽象认知层面上的"变化"概念之间的本质区别：具象语义特征层面上的"变化"凸显的是"两个界面间的对比"，抽象的语法或认知层面上的"变化"凸显的是"两个界面转化的临界点"。关于后者，卢福波（2002：109-118）称之为"过程转换"，谭春健（2004：26-31）称之为"易态"，刘绮纹（2006：35-53）称之为"界限达成"（限界达成），吕为光（2007：147-149）和张黎（2010：12-21）称之为"界变"。

至此，我们可以明白，作为一种抽象的语法或认知层面上的"变化"和作为一种具象语义特征的"变化"是两个不同范畴的术语。因此，为了避免两个不同层面的概念发生混淆，本文将抽象的语法或认知层面上的"变化"称为"转换"。

那么，"了 2"的抽象层面上的"转换"义和 Deng（2019：63-68）等所定义的那种具象层面上的"变化"义、"发生"义、"确定"义、"请听我说"义之间究竟存在着什么样的关系呢？从哲学的角度上看，任何概念都应该包括外延和内涵两种语义（森下 1987：256-292）。所谓的外延义是指某一概念所指示的一切具体对象，即某概念的适用范围（新村 1998：429）。比如说，"动物"这个概念的外延义可以是"人"、"鸟"、"鱼"、"昆虫"等（見坊等 1981：167）。从另一个角度看，"动物"这个概念和"人"、"鸟"、"鱼"、"昆虫"等概念也属于一种上下位概念的关系，所以，在具体的语境下，"动物"这个概念和"人"、"鸟"、"鱼"、"昆虫"等概念之间可以进行互相解释、互相替换的操作。比如说，在描述某种鸟类的特性的语境下，我们可以说"这种动物会唱歌"，也可以用"鸟"来替换"动物"，解释为"这种鸟会唱歌"。所谓的内涵义，是指某一概念所指示的一切具体对象所拥有的共同属性（新村 1998：1967）。比如说，"鱼"这个概念所具有的内涵义，就是指"生活在水里"、"依靠鱼鳍前进"、"卵生"等属性（見坊等 1981：855）。根据刘綺紋（2006：35-53）、张黎（2010：12-21）可知，无论客观命题范畴的"了 2"还是主观情态范畴的"了 2"，都表现出了"转换"的动态认知特点。也就是说，无论"了 2"具有多少种具象语义，这些语义都应该包含着"转换"这一动态认知特点。因此，"转换"义也可以说是 Deng（2019：63-68）等所提出的"变化"义、"发生"义、"确定"义、"请听我说"义这几种语义的共同属性。从这个侧面看来，"转换"义正是"了 2"的内涵义。当然，除了"转换"义之外，"了 2"的各种外延还可以拥有其他的内涵义。比如说，它们还可以拥有一些共同的时体特点，也可以拥有一些其他的共同的认知模式等等。因此"转换"义也只是"了 2"在动态认知层面上的内涵义而已。另外，如前所述，在具体的语境下，"了 2"这一术语也可以被 Deng（2019：63-68）等所说的"变化"、"发生"等术语替换。这样看来，Deng（2019：63-68）等所说的"发生"、"变化"等也可以看作是"了 2"的某个下位概念，而"了 2"则是一种上位概念。这就意味着，Deng（2019：63-68）等所描述的"变化"义、"发生"义、"确定"义、"请听我说"义均属于"了 2"的外延义。

这样一来，先行研究中常见的关于"了 2"的语义的争论现象也就得到了解释。比如，刘勋宁（1998：35-48）、肖治野、沈家煊（2009：518-527）认为，《现代汉语八百词》中的"变化"义只能解释部分句子的"了 2"，并不能解释所有句子的"了 2"，其实这种质疑就是基于"了 2"的外延义的立场提出的。王维贤（1997：178）、肖治野、沈家煊（2009：519）、张立昌（2014：24）分别将"了 2"的语义描述为"实现"②、"出现"③、"发生"④，而他们所主张的这几个术语实际上是基于"了 2"的内涵义的立场提出来的。如前所述，不少先行研究认为"变化"、"出现"、"实现"、"发生"这几个关键词在本质上都有着某种共通性，实际上，某种共通性指的就是"了 2"的内涵义，也即本文所说的"转换"义。

三、"了 2"的内涵义所对应的意象图式

3.1 狭义"点"说

不少研究资料指出"了 2"具有点状的认知特征，这意味着，"了 2"的意象图式正是某种"点"。关于"了 2"的"点"说，大体可以分为狭义"点"说和广义"点"说。

狭义"点"说主要指的是动相"点"说。动相"点"说可见于王力（1980：304）、朱继征（2000：6-28）等。"了 2"的动相"点"说主要用于描述动词事象所内含的各种动态过程的交接点的动相意义⑤，又或者是用来区别动相标志"着"的线状认知特征的。不过，正如张黎（2010：13）所指出的那样："动词所表达的动作过程的完结或非完结，完了或非完了，完成或非完成等范畴是时体范畴所关注的主要内容。但是，汉语的'了'所关注的对象不仅仅是动作过程的完成和非完成"。这就意味着，动相"点"说受限于与动词相关的动相框架或体框架，这种"点"说难以解释像"体词+'了 2'"这种句式的认知模式。

3.2 广义"点"说

卢福波（2002：109-118）、谭春健（2004：26-31）、劉綺紋（2006：72）、吕为光（2007：147-149）、张黎（2010：12-21）等将"了 2"所指涉的"点"解释为两种任意类型的界面的交接点，也就是一种承载着"转换"功能的临界点。被"了 2"所标记的界面不仅可以是动相界面，也可以是其他类型的界面，比如，包括情态（modality）类型的界面、语态（mood）类型的界面等。从此，卢福波（2002：109-118）等的"点"说就突破了动相框架或体框架的限制，形成了具有更强解释力的广义"点"说。比如，广义"点"

说可以轻松解释像"体词+'了 2'"这种句式的认知模式,还可以解释"了 2"的一些主观语气的形成机制。不过,卢福波(2002:109-118)等的广义"点"说更侧重于分析各种"转换"的对象,也即各种界面或状态,对"转换"动态本身的运作方式及"转换"动态本身的形成条件并没有过多关注。

后来,张立昌(2014:83-108、139-142)立足于 Langacker(1987:102、141-146、248-249)的扫描(scanning)说,对"转换"动态本身的运作方式及其形成条件进行了初步的解释,并根据"转换"动态的形成条件解释了为什么"了 2"可以传达一种足够的语用效果。

Langacker(2008:139-143)认为,人类具有对某种事物或事态进行连续性认知的心智能力,并把这种连续性的认知能力称作"扫描"(scanning)。另外,Langacker(1987:141-146、248-249)还将"扫描"分成了"顺序扫描"(sequential scanning)和"累加扫描"(summary scanning)两种模式,并以小球下落的现象演示了这两种扫描模式的属性,如图 1 所示。

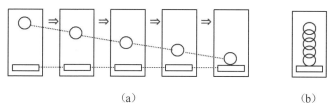

（a）　　　　　　　　　　　　　　　　　（b）

图 1　小球下落的"顺序扫描"模式和"累加扫描"模式（Langacker 1987:144）

根据 Langacker(1987:141-146、248-249)可知,采用"顺序扫描"的模式来观察小球下落,就如同使用高速摄影的方式对小球下落过程中的多个瞬间进行连续性抓拍,抓拍的结果就是多个独立的静态的小球影像,如图 1(a)所示。"顺序扫描"可以让运动物体的每一个瞬间都呈现出独立存在的特点。正因为每一个瞬间都是独立存在的,所以我们无法从每一个独立的瞬间中看到某物体的运动过程或运动方向。

采用"累加扫描"的模式来观察小球下落,就如同使用低速摄影的方式对小球下落后的其中一个瞬间进行一次性的抓拍,抓拍的结果就是一条长长的拖影,如图 1(b)所示。在图 1(b)中,小球下落后的所有瞬间的影像都是彼此相连、环环相扣的,每一个瞬间都无法像图 1(a)那样呈现出各自独立存在的特点。然而,也正是这种彼此相连、环环相扣的前后关联性将运动物体的整个运动过程以及运动方向都呈现了出来。

立足于"扫描"说，张立昌（2014：83-108、139-142）主张："了1"是"顺序扫描"的结果标记；"了2"则属于"累加扫描"的结果标记，经过"累加扫描"之后所得到的结果属于一种"临时结束点"，经过"累加"效应之后，"在这个点上，各项数量都达到最大值"，当事物或状态达到"最大值"时，事物或状态会发生"变化"或"转换"。

至此，我们可以知道，"了2"的"转换"动态本身的运作方式就是"累加扫描"，"转换"动态的形成条件就是某种事物或状态达到了某种"临时结束点"或达到了某种必要的"最大值"。

但是，张立昌（2014：83-108、139-142）的"点"说也存在若干问题。第一，张立昌（2014：83-108、139-142）的"点"说主要关注的是"转换"动态的过程性，也即"累加扫描"的过程，极少关注"转换"动态的方向性。第二，张立昌（2014：83-108、139-142）的"点"说并不关注被"了2"标记的语言形式究竟是"转换"前的语言形式还是"转换"后的语言形式。第三，"临时结束点"这样的术语本身也容易带来误解。如果我们承认"了2"是某种"临时结束点"的标记这种观点，那么，从内涵义上说，"某种语言形式+'了2'"这个句式的语义应该是可以解释为"某种语言形式+临时结束点"的。可是，一旦做出这样的语义解释，就意味着被"了2"所标记的某种语言形式所表现出来的就只能是一种结果义。但事实上，被"了2"所标记的某种语言形式既可以表现出某种"状态的消失/结束"义，也可以表现出某种"状态的呈现/开始"义（张黎2010：18）。那么，张立昌（2014：83-108、139-142）所说的"临时结束点"究竟是一种怎样的"点"呢？

3.3 "了2"的内涵义所对应的意象图式的重新确立

从哲学的角度来看，张立昌（2014：83-108、139-142）所描述的"临时结束点"的特性与Engels（1878：39-44）所说的"关节点"（Knoten）的特性是相吻合的。"关节点"是指量变和质变这两种动态的接口，也就是指根据量的增减而发生质变的场所。这样一来，张立昌（2014：139-142）所说的"最大值"的属性也应该具有正负两向性。

基于Engels（1878：39-44）的"关节点"和张立昌（2014：139-142）的"最大值"这两个概念，本文对"了2"的"转换"动态的形成条件总结如下：当一个事物或状态处于某种"关节点"时，该事物或状态在某种可量化的平面上就会发生最大限度的量变，也即达到了某种"最大值"；当该事物或状态达到了某种"最大值"时，该事物或状态就会产生质变，也即所谓的"转换"。

接下来，本文基于上述的"转换"动态的形成条件重新确立"了2"的"转换"义所对应的意象图式。

首先，通过"累加扫描"的模式拍摄到的小球虽然也是一个"点"，但这个"点"是一种内含着运动过程和运动方向的"点"，如图2所示。

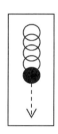

图2 小球下落的"累加扫描"模式

其次，既然"了2"所指涉的"点"是一种"关节点"，那么被"了2"标记的语言形式就不仅可以表示质变前的旧状态的某种"最大值"，它也可以表示某种质变后的新状态。

基于上述分析，本文采用"点"、"线"、"方向"等认知要素将图2的样式进一步细化为图3的样式，并采用图3的样式来表达"了2"的"转换"义的意象图式。本文将"转换"义的意象图式简称为"转换"图式。

图3 "了2"的"转换"图式

另外，下面的图4是Langacker（2008：42）所说的"起点·路径·终点"的意象图式。其实，图3所示的意象图式也就是"起点·路径·终点"图式的一种下位图式（subschema）（澤田等2017：32）。

图4 "起点·路径·终点"图式（Langacker 2008：42）

最后，本文对"了 2"的"转换"图式的定义及特点总结如下："了 2"的"转换"图式是指暗示了过程性与方向性的"关节点"，它可以明示一种旧状态的"最大值"的出现或者一种新状态的出现，也可以暗示一种"累加扫描"的过程性或者方向性。

3.4 "了 2"的内涵义所对应的意象图式的语用检验

根据先行研究可知，"了 2"可以传达出多种多样的语用效果，而"了 2"的各种语用效果的成因也可以从不同的角度来分析。比如，劉綺紋（2006：173-244）、谭春健（2004：26-31）、张黎（2010：12-21）分别从"界限达成"、"易态"、"界变"的角度，也即"了 2"的内涵义的角度入手，分析了"了 2"的提示前提、导出结论、传达新信息等语用效果的成因。邓宇阳（2019：297-301）则从"了 2"的外延义的角度入手分析了"了 2"的传达新信息、传达旧信息[⑥]、随意列举、导出结论等语用效果的成因。何文彬（2013：10-18）从主观性的角度分析了"了 2"的传达新信息、随意列举、提醒、要求等语用效果的成因。Vandenberg and Wu（2006：100-137、212-239）则根据人类大脑的共知共享模型（the structure of shared common ground）的特点分析了"了 2"的传达新信息、偏离标准、互动、提醒等语用效果的成因。本节主要从意象图式的角度，对"了 2"的足够、偏离标准、提示前提、导出结论、状态延续等语用效果的成因进行探讨。

3.4.1 足够的语用效果

有先行研究认为"了 2"具有一种传达足够语感的语用效果[⑦]。下面的（4）-（7）的"了 2"所反映的正是这种足够的语用效果。（4）-（7）的对比例之所以显得不够自然，就是因为这些对比例的后半句均带上了一种与足够的语用效果相冲突的语义信息。

（4）别叫我再干了，我喝了<u>三杯</u>了。（劉綺紋 2006：135）

（对比例：？我喝了<u>三杯</u>，当然没喝够。）

（5）少平跑了<u>三十分钟</u>了，你追不上了。（张立昌 2014：32）

（对比例：？少平跑了<u>三十分钟</u>了，你追得上了。）

（6）我<u>买了</u>书了。你不要给我买了。（吕文华 2010：550）

（对比例：？我<u>买了</u>书了。你要再给我买。）

（7）A：来，一起吃饭吧。

　　　B：我<u>吃过了</u>，主席，您快吃吧。（CCL）

（对比例：A：来，一起吃饭吧。

　　　　　B：？我<u>吃过了</u>，主席，一起吃吧。）

张立昌（2014：139-142）认为，"了₂"的"临时结束点"（也即本文所说的"关节点"）所指涉的某种"最大值"与"了₂"的足够的语用效果之间存在着某种正相关。比如，（4）的"三杯"本来只是一个普通的数值，因为没有其他可供对比的数值，所以我们无法判断"三杯"究竟是多还是少，但是加上"了₂"之后，"三杯"就被赋予了一种"最大值"的属性，因此，"三杯+了₂"就明显呈现出了"很多"或"足够（多）"的语用效果。和（4）一样，（5）的"三十分钟"这个数量词在添加了"了₂"之后也传达出了"很长时间"或"足够（长时间）"的语用效果。（6）的划线部分的"了₂"表示"买了₁（书）"这件事在一定程度上满足了"我"的要求，对"我"来说已经"足够"，不需要再买书了。（7）的"了₂"表示"吃过"这件事在一定程度上满足了B的要求，对B来说是"足够"了，不需要再吃了。可是，（6）、（7）的"买了₁"、"吃过"并不是作为一种显性的"数值"而存在的，因此，我们只有将它们放置到一个可量化的平面上进行量化操作，才能够理清它们跟足够的语用效果之间的某种正相关关系。比如，我们可以将"买"和"吃"这两个动作放置到动相时间轴上进行量化操作，这样一来，我们就会发现"买"和"吃"这两个动作的内部都隐藏着以下几种动相时间值："①动作即将开始的时间段"（将然相时间值）、"②动作开始的时间点"（起动相时间值）、"③动作正在进行的时间段"（进行相时间值）、"④动作完了或动作发展为某种结果的时间点"（完了相或结果相时间值）。（6）、（7）的"买了₁"、"吃过"所代表的动相时间值正是"④动作完了或动作发展为某种结果的时间点"。相应地，随着①－④的动相时间的展开，一种与足够度相关的语感也就会呈现出以下一种正相关的认知模式：从完全不够的语气阶段，逐步发展到不太够的语气阶段，再发展到很快就足够的语气阶段，最后发展到完全足够的语气阶段。

基于此，本文认为，"了₂"的足够之语用效果的认知模式也就是"转换"图式中"'累加扫描'段"的认知模式。于是，在（4）-（7）中，被"了₂"标记的"我喝了三杯+了 $_2$"、"少平跑了三十分钟+了 $_2$"、"我买了书+了 $_2$"、"我吃过+了 $_2$"这些语言形式的内涵义就可以被理解为某种"旧状态的'最大值'"。

3.4.2 偏离标准的语用效果

有先行研究认为"了 $_2$"可以传达出一种偏离标准的语用效果⑥。偏离标准,也就是指偏离了说话者所预设的某种"适中"之标准。在先行研究中我们很容易发现这样一个特征:在所有论及"了 $_2$"的偏离标准之语用效果的例句中,谓词基本上都是形容词或者包含形容词补语的动词短语。根据刘月华等(2001:386)可知,这些形容词主要包括"'大、小,高、低,肥、瘦,长、短,轻、重,粗、细,咸、淡,厚、薄,宽、窄,早、晚'等表示性状的形容词"。下面以(8)-(10)为例进行说明。

(8)这菜味道<u>咸了</u>。(劉綺紋 2006:143)

(对比例:这菜味道<u>很咸</u>。)

(9)这茶味道<u>淡了</u>。(劉綺紋 2006:140)

(对比例:这茶味道<u>相当淡</u>!)

(10)钱你给<u>多了</u>。(刘月华等 2001:386)

(对比例:钱你给得<u>真多</u>。)

在(8)-(10)中,虽然"咸"、"淡"、"多"并没有被"太"、"过头"、"偏"等表示"超标"义的副词所修饰,但是它们均表现出了一种偏离标准的语感。然而在(8)-(10)的对比例中,"咸"、"淡"、"多"这些形容词虽然被"很"、"相当"、"真"这样的表示程度很深的副词所修饰,但是它们并没有表现出"太"、"过头"、"偏"等"超标"义。这样看来,"很"、"相当"、"真"等程度副词并不能传达出一种偏离标准的语用效果,而"了 $_2$"本身是可以传达出一种偏离标准的语用效果的。

为什么"了 $_2$"可以传达出偏离标准的语感呢?这首先要从形容词的分类说起。汉语的形容词可以分为性质形容词和状态形容词(刘月华等 2001:190-195)。所谓的性质形容词,主要是指那些可以被程度副词修饰的形容词(刘月华等 2001:190-195;沈彤彤2018:73-77)。而程度副词本身就是一种表示程度大小的副词,因此,用程度副词来修饰一性个性质形容词,就意味着用程度副词对这个性质形容词进行量化操作。从这个侧面看,性质形容词所指涉的属性也就是一种可以被量化的属性。(8)-(10)中的形容词均是性质形容词,因此它们均可被程度副词量化。这里以(10)的性质形容词"多"为例进行进一步说明。当我们使用"不太"、"有点"、"很"、"太"等程度副词去量化性质形容词"多"的时候，就会得到一个如图5所示的认知模式。

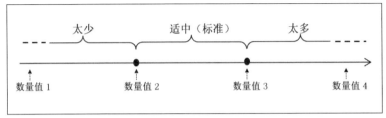

图5 表示数量程度的性质形容词"多"的一种认知模式

如图 5 所示，性质形容词"多"被量化的结果，就是一条包含着各种数值的程度"线"。当性质形容词"多"和"了2"共现的时候，在"了2"的"累加扫描"模式的作用下，性质形容词"多"所指涉的数量值就会从"数量值 1"往"数量值 4"的方向"累加"下去或发展下去。从"超标·达标"这个二元对立的语义视角来看，性质形容词"多"所指涉的数量值只能分成三种语义范畴："太少"的范畴、"适中"的范畴、"太多"的范畴。这就意味着，即使性质形容词"多"所指涉的数量值无限制地"累加"下去，其结果也只能去到"太多"这样一个表示"最大值"的语义范畴。一般来说，如果没有外来语境的限制，（10）的性质形容词"多"所指涉的数量值在"了2"的"累加扫描"模式的作用下就会无限制地"累加"下去，而无限制地"累加"下去的结果也就是到达"太多"这个语义范畴。因此，在没有外来语境干涉的情况下，（10）的"多+了2"这种语言形式的使用目的就很容易被认知为说话者意在传达"太多"、"偏多"这样的偏离标准的信息。

基于此，本文认为，"了2"的偏离标准的语用效果所对应的认知模式就是"转换"图式中的"'累加扫描'段"的认知模式。这也意味着，在（8）-（10）中，被"了2"所标记的"咸+了2"、"淡+了2"、"多+了2"这些语言形式主要凸显的正是某种"旧状态的'最大值'"这样的内涵义。

3.4.3 提示前提和导出结论的语用效果

有先行研究认为"了2"具有提示前提和导出结论的语用效果⑩。通过对下面的（11）-（13）及其对比例进行对比，我们可以发现，单划线的"了2"可以被对比例所示的"因为"、"的话"、"只要"、"要是"、"如果"等具有[+前提]之语义特征的术语替换，双划线的"了2"可以被对比例所示的"那么"、"就"等具有[+结论]之语义特征的术语替换。这表明，(11) 的"了2"以及 (13) 的排比句中的前半句的"了2"凸显的是一种提示前提的语用效果，而 (12) 的"了2"以及 (13) 的排比句的后半句的"了2"凸显的则是一种导出结论的语用效果。

(11)（预设：该孩子成绩一贯不好，母亲承诺如果得到 100 分就奖赏他。）

孩子：妈妈，我得了 100 分了。（彭小川、周芍 2005：139）

（对比例：妈妈，请兑现你的诺言，因为我得了 100 分。）

(12) 如果你是织女，我就是牛郎了。（肖治野、沈家煊 2009：524）

（对比例：如果你是织女，那么我就是牛郎。）

(13) 思想端正了，自我修养就能完善了；自我修养完善了，家庭问题就能处理好了；家庭问题处理好了，国家就能安定繁荣了；国家安定繁荣了，天下就能太平了。（谭春健 2004：31）

（对比例：思想端正的话，自我修养就能完善；只要修养完善，家庭问题就能处理好；要是家庭问题处理好，那么国家就能安定繁荣；如果国家安定繁荣，那么天下就能太平。）

其实，提示前提和导出结论的语用效果的成因同样与"了2"的"转换"图式有着密切的关系。我们知道，一种结论并不是根据任意的前提都可以推导出来的，而是根据一定的前提才能推导出来的。这意味着，因果复句或条件复句本身就具有一种[+只有达到一定的前提，才能推导出某种结论]的语义特征。另外，根据"了2"的"转换"动态的形成条件可知，当某种事物或状态达到某种"最大值"时，这种事物或状态就很容易发生质变或"转换"，当某种事物或状态处于其他任何非"最大值"的"数值"时，这种事物或状态都不会轻易发生质变或"转换"。由此，我们可以知道，"了2"的"转换"义本身也具有一种[+只有达到一定的最大值，才能转换出某种新状态]的语义特征。"转换"义所内含的这种语义特征与因果复句或条件复句所内含的语义特征具有相当高的契合性。基于此，我们可以在某种程度上说：正是因为"了2"具有"转换"的认知模式，所以人们才会经常在因果复句或条件复句中使用"了2"，甚至使用"了2"来直接取代那些本身就具有[+前提]或[+结论]之语义特征的专门术语，如"因为"、"如果"、"那么"等。

下面以 (11) 和 (12) 为例，对"了2"的提示前提和导出结论之语用效果的认知模式进行分析。在因果复句或条件复句中，某种结论是由一定的前提推导出来的，而在

"了₂"的"转换"图式中，"运动方向段"是由"'累加扫描'段""转换"而来的，因此，"了₂"的提示前提之语用效果的认知模式应该是"'累加扫描'段"的认知模式，"了₂"的导出结论之语用效果的认知模式应该是"运动方向段"的认知模式。首先，在（11）中，被"了₂"标记的语言形式"得了100分+了₂"是作为一种前提而存在的，所以，它所对应的认知模式应该是"'累加扫描'段"的认知模式。于是，"得了100分+了₂"这个语言形式所传达的内涵义正是"'累加扫描'段"所示的某种"旧状态的'最大值'"。其次，在（12）中，被"了₂"所标记的语言形式"我就是牛郎+了₂"是作为一种结论而存在的，因此它对应的认知模式应该是"运动方向段"的认知模式。于是，"我就是牛郎+了₂"这个语言形式所传达的内涵义正是"运动方向段"所示的某种"新状态"。这个的结论恰好符合戴浩一（1991：25-33）的观点：在因果复句或条件复句中，前提部分反映的是一种在逻辑上或在现实中较早出现的事物，因此，前提部分凸显的主要是一种旧信息，而结论部分凸显的主要是一种新信息。

3.4.4 状态延续的语用效果

卢英顺（1993：22）对关于"了₂"具有状态延续之语用效果的先行研究做过如下总结："吕叔湘先生曾经说过：曾经有人提出一个问题：'这本书我看了三天'，意思是我看完了，'这本书我看了三天了'，意思是我还没看完。为什么用一个'了'字倒是完了，再加一个'了'字倒反而不完了呢？任学良先生也提出过类似的问题，并且说：'如果彻底解决这个问题，可以说是现代汉语语法学史的一件大事，值得大书特书。'（中略）自吕先生提出这种延续性问题以后，有些论著对这种延续性原因作了不同的解释。比如赵淑华同志解释说'带词尾'了'的动词后面有数量宾语或补语时，句尾再用上语气助词'了'，则表示到此为止动作进行的情况。但是从语势上来看，这个动作往往还要继续进行，除非有下文表示相反的情况。在这种句子里，词尾'了'，有时可以省略。'吕文华同志也曾指出过：（'他写了三封信了'这种句式）'表示动作对有关事物所完成的数量，但并不表示动作的完成。即从动作开始到目前为止已完成的数量，这个动作在没有说明将有相反情况发生时，往往将继续下去。'"

这表明，"了₂"内含的某种状态延续的语感只是一种"语势"或语用效果，并不是说"了₂"具有这样一种语法意义。从认知上说，状态延续下去的"语势"所对应的认知特征应该是某种方向性。本文认为，这种方向性的"语势"的来源正是"了₂"的"转换"图式中的"运动方向段"的认知模式。也就是说，在"转换"图式的"运动方向段"这种认知模式的作用下，带有"了₂"的句子就表现出了一种状态延续下去的"语势"。这里以卢英顺（1993：22）所提到"这本书我看了三天了"这个句子为例进行简单说明。根据"了₂"的"转换"图式可知，在"运动方向段"的认知模式的作用下，被"了₂"标记的"三天+了₂"这个语言形式的内涵义就必须是一种"新状态"。本文的3.3节提到："'了₂'的'转换'图式是指暗示了过程性与方向性的'关节点'，它可以明示一种旧状态的'最大值'的出现或者一种新状态的出现，也可以暗示一种'累加扫描'的过程性或者方向性"。根据"了₂"的"转换"图式可知，"新状态"这一内涵义所明示的是一种起点，暗示的是一种方向，而"旧状态的'最大值'"这一内涵义所明示的是一种终点，暗示的是一种过程。既然"三天"这个语言形式被认知为一种"新状态"，那么"三天"这个语言形式也就被赋予了一种起点性的认知模式，这种起点性的认知模式只能带来某种延续下去的"语势"，而不会是结束的"语势"。需要注意的是，这种延续下去的"语势"终究只是一种"语势"，而不是实实在在的外延义。

四、结论

通过以上的分析，本文归纳出了以下三个结论。

第一，对先行研究中提到的"过程转换"、"易态"、"界限达成"、"界变"等语义，包括那些放在高度抽象的语法功能平面或认知平面去论述的"变化"、"出现"、"实现"、"发生"等语义，我们并不能简单地站在外延义的语义立场去看待它们，而应该站在内涵义的语义立场去分析它们。因此，术语的重新规范对理清"了₂"的语法语义的问题具有不可忽视的重要作用。

第二，"了₂"的"转换"这一内涵义所对应的意象图式不是一种孤立的"点"，而是一种暗示了"累加扫描"的过程性与方向性的"关节点"，也就是量变和质变的发生场。

第三，"了₂"的足够、偏离标准、提示前提、导出结论、状态延续等语用效果的形成原因均与"了₂"的内涵义所对应的意象图式有着密不可分的关系。

附注

1）认知语义学认为，细化（elaboration）是指对一种具有图式特点的概念或较抽象的概念进行具象化（instantiation）处理的认知过程（松本2003：167；Langacker 2008：21、215）。

2）王维贤（1997：178）认为"'了₁''了₂'表示的意义基本相同，（中略）也就是实现。"

3）肖治野、沈家煊（2009：519）认为"了₂"的语义可以描述为"新行态的出现"、"新知态的出现"、"新言态的出现"三种。

4）张立昌（2014：24）认为"句中'了'和句尾'了'都有表示'发生'的意义。（中略）'了'的语法意义表示情状的'发生'"。

5）主要是指起动相的瞬间义和完了相的瞬间义。

6）先行研究经常提到"了₂"具有传达新信息的语用效果，但是也有少数资料认为"了₂"具有传达旧信息的语用效果，详见郭颖侠（2003：215-232）、劉綺紋（2006：180-183）、刘娅琼（2016：665-677）。

7）具体可以参照劉綺紋（2006：129-171）、胡建刚（2007：72-81）、张立昌（2014：83-108）等。

8）具体可以参照萧国政（2000：568-576）、刘月华等（2001：386）、劉綺紋（2006：129-171）、何文彬（2013：10-18）等。

9）关于提示前提的语用效果，可以参照武果、吕文华（1998：13-21）、刘月华等（2001：383-384）、徐晶凝（2014：29-38）等。关于导出结论的语用效果，可以参照Chao（1968：354-356）、武果、吕文华（1998：13-21）、刘月华等（2001：383-384）、谭春健（2004：26-31）、劉綺紋（2006：215-239）、徐晶凝（2014：29-38）等。

参考文献

Chao, Yuen Ren 1968. *A Grammar of Spoken Chinese*. Berkely：University of California Press.[吕叔湘（译）1979.《汉语口语语法》，北京：商务印书馆。]

陈小红 2007. "了₁"、"了₂"语法意义辨疑，《语言教学与研究》第5期：54-60。

戴浩一 1991. 以认知为基础的汉语功能语法当议（下），《国外语言学》第1期：25-33。

Deng, Yuyang 2019. Re-exploring the Sentence-final Particle "LE" in the Propositional Domain, Epistemic Domain and Dialogic Domain. *Journal of Literature and Art Studies*. No.1. 63-68.

鄧宇陽 2019. "了₂"の意味の種類と意味間の関係，『現代社会文化研究』第69号：117-133。

邓宇阳 2019. "了₂<知>"的语义及其相关的语用功能，『日本中国語学会第69回全国大会予稿集』：297-301。

Engels, Friedrich 1878. *Anti-Dühring*. Leipzig：Vorwärts.[Burns, Emile（译）1987. *Anti-Dühring*. Moscow：Progress Publishers.]

郭 锐 2008. 语义结构和汉语虚词语义分析，《世界汉语教学》第4期：5-15。

郭穎侠 2003. "是…的"構文の焦点と時制の問題,『現代社会文化研究』第 27 号：215-232。

何文彬 2013. 论语气助词 "了" 的主观性,《语言研究》第 1 期：10-18。

胡建刚 2007. 主观量度和 "才" "都" "了 2" 的句法匹配模式分析,《世界汉语教学》第 1 期：72-81。

見坊豪紀、金田一春彦、柴田武、山田忠雄、金田一京助（編）1981.『新明解（第三版）』、東京：三省堂。

竟　成 1993. 关于动态助词 "了" 的语法意义问题,《语文研究》第 1 期：52-57。

Langacker, Ronald 1987. *Foundations of Cognitive Grammar*. California： Stanford University Press.

Langacker, Ronald 2008. *Cognitive Grammar: A Basic Introduction*. Oxford： Oxford University Press.[山梨正明（译）2012.『認知文法論序説』、東京：研究社。]

劉綺紋 2006.『中国語のアスペクトとモダリティ』、大阪：大阪大学出版会。

刘勋宁 1998.《现代汉语语言研究》,北京：北京语言文化大学出版社。

刘婭琼 2016. 现场讲解中用于交互的句尾 "了",《中国语文》第 6 期：665-677。

刘月华、潘文娱、故　韡 2001.《实用现代汉语语法（增订本）》,北京：商务印书馆。

陆方喆 2014. 基于语料库的助词 "了" 研究,《宁波大学学报》第 4 期：43-47。

卢福波 2002. 重新解读汉语助词 "了",《南开语言学刊》第 1 期：109-118。

卢英顺 1993. 试论 "这本书我看了三天了" 的延续性问题,《汉语学习》第 4 期：22-24。

吕叔湘 1999.《现代汉语八百词（增订本）》,北京：商务印书馆。

吕为光 2007. "了" 的 "有界" 功能,《湖北经济学院学报》第 3 期：147-149。

吕文华 2010. "了" 的教学三题,《世界汉语教学》第 4 期：548-556。

彭小川、周　匀 2005. 也谈 "了 2" 的语法意义,《学术交流》第 1 期：136-141。

森下盈 1987.「外延」と「内包」の定義に関連して,『带広畜産大学学術研究報告』第 2 号：256-292。

杉村博文 2009. 事件脚本和 "了 2" 的用法表述,《对外汉语研究》第 1 期：1-12。

沈彤彤 2018. "不" 与程度副词在形容词前共现情况的分析,《汉语言文字研究》第 8 期：73-77。

束定芳 2008.《认知语义学》,上海：上海外语教育出版社。

松本曜 2003.『認知意味論』、東京：大修館書店。

Sweetser, Eve 1990. *From Etymology to Pragmatics: Metaphorical and Cultural Aspects of Semantics Structure*. Cambridge： Cambridge University Press.

谭春健 2004. 句尾 "了" 构成的句式、语义及语用功能,《汉语学习》第 2 期：26-31。

Vandenberg, Marinus and Wu, Guo 2006. *The Chinese Particle Le: Discourse Construction and Pragmatic Marking in Chinese*. London： Routledge.

王洪君、李 榕、乐 耀 2009. "了 2"与话主显身的主观近距交互式语体，北京大学汉语语言学研究中心（编），《语言学论丛》：312-333，北京：商务印书馆。

王 力 1980. 《汉语史稿》，北京：中华书局。

王维贤 1997. 《现代汉语语法理论研究》，北京：语文出版社。

武 果、吕文华 1998. "了 2"句句型场试析，《世界汉语教学》第 2 期：13-21。

吴凌非 2002. 论"了 1"和"了 2"，《语言研究》第 1 期：23-27。

夏炎青 2017. 《现代汉语句末助词"了"的句法语义属性及其对语序的影响》，上海外国语大学博士学位论文。

萧国政 2000. 现代汉语句末"了"意义的析离，陆俭明（编），《面临新世纪挑战的现代汉语语法研究》：568-576，山东：山东教育出版社。

肖治野、沈家煊 2009. "了 2"的行、知、言三域，《中国语文》第 6 期：518-527。

新村出（编）1998. 『広辞苑（第五版）』，東京：岩波書店。

邢福义 1984. 说"了"句式，《语文研究》第 3 期：21-26。

徐晶凝 2014. 叙事语句中"了"的语篇功能初探，《汉语学习》第 1 期：29-38。

澤田淳、小野寺典子、東泉裕子 2017. 周辺部研究の基礎知識，小野寺典子（編），『発話のはじめと終わり——語用論的調節のなされる場所』：3-51，東京：ひつじ書房。

张 黎 2010. 现代汉语"了"的语法意义的认知类型学解释，《汉语学习》第 6 期：12-21。

张立昌 2014. 《汉语完整体"了"结构的时体合成模型》，复旦大学博士学位论文。

朱德熙 1982. 《语法讲义》，北京：商务印书馆。

朱继征 2000. 『中国語の動相』，東京：白帝社。

状语标记"地"的一种语用倾向

张闻

（神户市外国语大学）

摘要： 本文通过对政府工作报告和体育比赛现场播报两类区别极大的典型语境中的状中结构的考察，分析带"地"及不带"地"状中结构在表述功能上的差异，并着重论证不带状语标记"地"的状中结构具有"非情境化表达"功能、带状语标记"地"的状中结构具有"情境化表达"功能这一设想。一般来说，"非情境化表达"更多见于书面语体，"情境化表达"则更常出现在口头语体中。

关键词： 非情境化表达 情境化表达 现场描写性 "地"的隐现

一、引言

关于状语标记"地"的研究早在上个世纪五十年代就已开始，并取得了比较丰富的研究成果，但有关"地"的隐现的研究大都停留在对表层现象的罗列和描述上，对其深层理据和动因还缺少系统的分析。

张闻（2018）曾对"地"的使用情况加以考察，指出"地"前成分的基本特征与共有倾向。同时，语言事实也说明，在有些句子中，"地"的使用与否是相对自由的，这使我们感到对"地"的作用，除了可从句法及语义角度进行解释之外，还应从语用的角度进行分析。

语言是认知的映现，语言结构及话语表述方式反映的是说话人对客观事物的认知方式。一种形式一种功能，则是功能主义和认知语言学的基本主张。按此原则，带"地"与不带"地"的状中结构既然在形式上存在着区别，也就意味着说话人对表述对象存在不同方式的识解（construal），意味着二者在功能上存在区别。而二者的功能区别究竟何在？更进一步说，"地"隐现的理据和动因是什么？从认知的角度应当如何看待"地"的表述功能？就成了非常值得我们我们进一步讨论的问题。

董秀芳（2009）曾提出"的1"（也就是本文所说的状语标记"地"）的使用跟语体有一定的关系，但是该文并没有对此展开详细的论述。我们在对语料进行分析时，也初步感到"地"的使用的确与语体有关，也就是说，"地"的隐现与语体特征是有着一定的关联关系的。为此，本文拟以不同语体中的"地"的使用情况为切入点，分析带"地"与不带"地"的状中结构在功能上的区别，进而认识"地"隐现的深层理据和动因。

二、语体特征与"地"隐现的相关性

首先我们应当简单明确一下"语体"这一概念。所谓语体，"应从其语言的交际性上来定义，它是人们说话交际时标识'说者与听者'之间相互关系的产物，是实现人类直接交际中最原始、最本质属性（亦即确定彼此之间关系和距离）的语言手段和机制。"（冯胜利，2010；2011）

依照学界的一般说法，我们首先可以把语体分为"书面语体"与"口头语体"两大类。书面语体包括文艺语体、公文语体、科技语体和政论语体，这类语体具有严密性、系统性和规范性的特点。其中，文艺语体能有助于形象地再现社会生活画面，通常被认为是最接近口头语体的书面语体。口头语体又称为谈话语体或会话语体，此类语体由于交际双方都参与交谈，言语表达具有强烈的针对性、灵活性和粗略性（齐沪扬，2005：375-377）。

根据冯胜利（2010；2011），书面语与口语的对立主要应为"正式"与"非正式"的对立。因此，从语体的角度来说，纸面上书写的文字未必都属于书面语体，例如为求真实，为还原生活，小说中人物的对话场景一般采用非正式的表述方式，应当属于口头语体；而口头说出的"话"也并不都属于口头语体，如正式场合发表的报告、演讲、声明等等，这些口头表达的内容是有准备的，有较多思考与推敲的时间，措辞正式规范，应被视为书面语体。

如上所述，从表述效果上看，书面语体和口语语体分别体现出不同的特点。而就其生成方式和实际用途而言，二者则更是在"即时性"及"情景化"方面有着不同的特征。简单地说，属于书面语体的篇章一般以单向发布的形式呈现，对包括现场信息及参与者的知识背景在内的语境因素依赖性弱，并很少有与听话人互动的要求。口头谈话则较依赖听话人的现场反应，交际双方需要不断通过互动也即信息和观点的互换使谈话进行下去。从总体上说，口头语体应有"即时性"和"情景化"特点，而这种"即时性"和"情景化"可被归结为"现场性"。在此意义上说，相对而言，口头语体具有较强的"现场性"，而书面语体则通常不具备这样的"现场性"。

我们知道，语体特征既是对一类语言表述特点的概括，同时也决定着一类语言表述方式的使用，正如方梅（2013）所指出："语体特征在宏观上规定了句子的语气类型和功能类型"。而在我们看来，语体特征"不仅在宏观上规定了句子的语气类型和功能类型"，而且在"微观"上决定着遣词造句的方式，决定着话语的"局部"特点。据我们初步考察，口语语体与书面语体在"现场性"上所呈现的区别甚至可以说对立就决定着两类状中结构在功能上的区别，这也就是直接影响"地"在两种语境中使用的一个重要因素。

下面我们就将考察分属两类语体的语篇中的状中结构的使用情况。

三、非情境化表达

1. 非情境化表达——典型书面语体中的状中结构

如前所述，"政府工作报告"虽是以口头发表形式呈现的，但无论是从表述效果，还是从生成方式和实际用途的角度加以衡量，还是应将其视为比较典型的书面语体文献。请先看用例：

各位代表！

进入新时代，政府工作在新的一年要有新气象新作为。要**牢固树立**"四个意识"，坚定"四个自信"，**坚决维护**习近平总书记核心地位，**坚决维护**党中央权威和集中统一领导，落实全面从严治党要求，加强政府自身建设，**深入推进**政府职能转变，**全面提升**履职水平，为人民提供优质高效服务。

全面推进依宪施政、依法行政。**严格遵守**宪法法律，加快建设法治政府，把政府活动全面纳入法治轨道。坚持严格规范公正文明执法，有权不可任性，用权必受监督。各级政府要依法接受同级人大及其常委会的监督，**自觉接受**人民政协的民主监督，**主动接受**社会和舆论监督，**认真听取**人大代表、政协委员意见，听取民主党派、工商联、无党派人士和各人民团体意见。政府要信守承诺，决不能"新官不理旧账"。**全面推进**政务公开。推行政府法律顾问制度。坚持科学、民主、依法决策，凡涉及公众利益的重大事项，都要**深入听取**各方意见包括批评意见。人民政府的所有工作都要体现人民意愿，干得好不好要看实际效果、最终由人民来评判。

全面加强党风廉政建设。推进"两学一做"学习教育常态化制度化，**认真开展**"不忘初心、牢记使命"主题教育。**坚决贯彻**落实党中央八项规定及实施细则精神，**驰而不息整治**"四风"，特别是力戒形式主义、官僚主义。加强审计监督。巩固发展反腐败斗争压倒性态势，把权力关进制度的笼子，**坚决惩治**各类腐败行为。政府工作人员要廉洁修身，勤勉尽责，**自觉接受**法律监督、监察监督和人民的监督，**干干净净为人民做事**，决不辜负人民公仆的称号。（摘自《政府工作报告——2018 年 3 月 5 日在第十三届全国人民代表大会第一次会议上》）

上文是《政府工作报告——2018 年 3 月 5 日在第十三届全国人民代表大会第一次会议上》的节选文字，划线部分"坚决维护""深入推进""自觉接受""认真开展""驰而不息整治"等是不带"地"的状中结构，所表述的均为对未然事态的要求和愿望。Langacker（2008：298）中曾提到："Conceived reality is what a conceptualizer currently accepts as established knowledge（概念化者当前接受的既定知识是构想中的现实）。"也就是说，说话人在上述语篇中所述及的一系列行为，并没有在一个具体的时间和空间领域中实现为现实事件，上述语句可被看作为非现实句。

那么，是否不含"地"的状中结构只适用于表述未然事态的语境呢？显然不是这样，因为我们发现在下列表述已然事态的语句即现实句中，也都没有使用带"地"的状中结构。例如：

各位代表！

过去五年，民族、宗教、侨务等工作创新推进。支持民族地区加快发展，民族团结进步事业取得长足进展。**积极引导**宗教与社会主义社会相适应。海外侨胞和归侨侨眷在国家现代化建设中作出了独特贡献。

过去五年，在党中央、中央军委领导下，强军兴军开创新局面。制定新形势下军事战略方针，召开古田全军政治工作会议，**深入推进**政治建军、改革强军、科技兴军、依法治军，人民军队实现政治生态重塑、组织形态重塑、力量体系重塑、作风形象重塑。有效遂行海上维权、反恐维稳、抢险救灾、国际维和、亚丁湾护航、人道主义救援等重大任务。各方配合基本完成裁减军队员额 30 万任务。军事装备现代化水平**显著提升**，军民融合**深度发展**。军政军民**紧密团结**。人民军队面貌焕然一新，在中国特色强军之路上迈出坚实步伐。

过去五年，港澳台工作取得新进展。"一国两制"实践**不断丰富和发展**，宪法和基本法权威在港澳**进一步彰显**，内地与港澳交流合作**深入推进**，港珠澳大桥全线贯通，香港、澳门保持繁荣稳定。坚持一个中国原则和"九二共识"，加强两岸经济文化交流合作，实现两岸领导人历史性会晤。**坚决反对**和遏制"台独"分裂势力，**有力维护**了台海和平稳定。（出处同上）

上述语篇是对以往情况的陈述，而且文中出现了"了1"，其所述及行为已经完成，应为现实事件，即与现实世界发生联系。不过，我们依然可把上述状中结构识解为"非情境化表达"。我们所说的"非情境化表达"是与书面语体的"非现场性"相关的表达形式，是指不依靠现场信息与听话人的即时反馈，而将所指事件以一种脱离现场的方式来进行表述的一种表达形式。

我们将上面两个语段中的状中结构均识解为"非情境化表达"，主要是基于以下认识或理由：

首先，未然事态表述的是一种"构想中的现实"，状中结构所表述的事态本身没有在一个具体的时间和空间领域中实在地发生，也就无关现场性。可以说在此情况下，状语成分的描摹性难以得到凸显，整个状中结构的现场描写性[1]是比较低的。由于这类状中结构跟当前现实世界没有直接联系，因此可以将表述非现实事件中的状中结构识解为"非情境化表达"。

其次，我们发现表述上述语篇中出现了"了1"。我们知道，学界将"了1"的句法功能的大致归纳为"完成"（吕叔湘主编，1999：351 等）或"实现"（刘勋宁，1988 等）等，我们暂且不讨论哪种观点更贴近汉语事实，但有一点应当是研究者所基本认同的，即"了1"采取的是内部时间参照[2]，是对过去已完成事件的客观叙述，与现实世界的时间流逝无关，这是一种相对时间参照[3]（郭锐，2015）。

---

[1] 我们这里所说的"现场描写性"有两重含义：一是直接对正在发生的行为进行描写；二是对刚刚完成的行为及时进行描写。

[2] 指以外部世界的自然时间过程中的某一时刻为参照。外部参照使句子表示的状况在现实世界中定位，而内部参照只显示句子内部多个状况之间的时间关系，与现实世界的时间无关。

[3] Comrie（1985）认为时间参照可分为绝对时间参照（absolute time reference)和相对时间参照（relative

特别值得注意的是，上述语篇通篇没有出现一处"了2"。有关"了2"的功能，前辈时贤已经做出充分而细致的研究。其中，金立鑫（2003）、郭锐（2015）等都提到了"了2"所表示的事态跟参照时间（一般为说话时间）相关；王光全、柳英绿（2006）认为"'了2'主要用于报事范畴，信息具有现场性"；王洪君等（2009）更是直接指明："了2"主要用于"主观近距交互式语体（非正式语体）"，可以营造"话主显身，客观或主观上与受话同处一个话语时空，主观上与受话近距互动"的表达效果。上述几乎没有出现状语标记"地"的语篇也没有使用"了2"，说明上述语篇仅仅是对过去事件的客观陈述，并没有将其放入当前时空进行播报，也没有与听话人互动的意图、不存在对现实世界产生"影响性"的预期。不用"地"的状中结构倾向于用在这样的语篇中，也就是说这样的状中结构适合用于"非情景化"表达。

从认知机制的角度来说，对已然的现实事件采用"非情景化"的方式表述，主要是人的"概念化"能力在起作用。王寅（2006：298）指出："概念化强调了人的因素，它既包括了概念形成的'体验和认知的方法和过程'，也包括了'这一过程的结果'"。简单地说，在上述语篇中，说话人并不是将状中结构所表述的事态作为一个具体的现实事件直接进行表述的，而是在对其进行概念化处理的基础上做出的表述。就是说，这些"现实"已经作为成型的知识储存在人的语言认知中，是一种浓缩化与定型化的存在，是一个"概念化"过程，我们将这样的以"概念化"为基础的表达称为"非情境化表达"。

那么，书面语体为何能够呈现"非情境化表达"特征呢？冯胜利（2010）为我们提供了一个合理的思路。该文认为"表达正式的语体语法的根本原则是：用语法⁴手段把正式表达和与之相关的口语表达之间的距离拉开。'语法加工'后的结果是变形；而'拉距变形'的基本特征是'泛时空化'"，"泛时空化"意味着"减弱或去掉具体事物、事件或动作中时间和空间的语法标记"。该文虽然没有提及我们所讨论的"地"的问题，但我们所引述的语篇几乎不用状语标记"地"的事实，似可说明"地"的表述功能是与书面语体的"泛时空化"特征相冲突的，而这里所说的"泛时空化"与我们所说的"非情景化"是有着相通的涵义的。由此我们可以做出推断，书面语体中的状中结构倾向于

---

time reference）两种。绝对时间参照以说话时间为指示中心（deictic centre），区分出过去、现在、将来三种时态；相对时间参照以语境给出的某个时间为参照显示事件时间与这个参照时间的相对关系。
⁴ 这里的"语法"指广义的语音、形态、词法和句法。（"语法"的解释出自原文）

不用"地"，是以削弱状语成分的"现场描写性"或者说是以呈现其"非情景化表达"特征为目的的。而这也从反面证明，"地"的功能就是增强状语的"现场描写性"，对此后文将做出分析，这里暂不赘述。

为验证正式的书面语体具有排斥状语标记"地"的倾向。我们还对上述用例的全文进行了统计。全文共含状中结构241例，其中，不带"地"的状中结构有240例，带"地"的状中结构只有1例。具体统计情况如下表所示：

状中结构	构成方式	数量	合计
不带"地"	频率副词+动词（如：不断增强）	45	240
	形容词+动词（如：认真贯彻）	175	
	名词+动词(如：阶段性降低)	2	
	程度副词+形容词+动词（如：更好服务）	8	
	主谓短语+动词（如：旗帜鲜明撑腰鼓劲）	1	
	数量词重叠+动词（如：一件一件解决）	1	
	成语/惯用语+动词（如：坚定不移推进）	6	
	形容词+名词+动词（如：重拳整治）	1	
	程度副词+形容词+名词+动词（如：最大程度降低）	1	
带"地"	程度副词+形容词+地（如：更加紧密地团结）	1	1

表1.《政府工作报告——2018年3月5日在第十三届全国人民代表大会第一次会议上。》状中结构的带"地"情况

此外，我们还进一步扩大了考察范围，即除像政府工作报告这样的公务语体，还考察了某些科技与政论语篇中的状中结构，从中也同样发现了大量不带"地"状中结构。例如：

（1）由于上颌窦内息肉、霉菌、干酪性坏死物发病原因不单纯是炎性的刺激，它并不会随鼻窦引流通畅而**自动消失**，因此我们用柯－陆手术进路能在明视下**良好暴露**上颌窦内的病变，**彻底清除病**变组织，并**尽可能保留**窦腔内正常或轻度水肿肥厚粘膜，如果近年来随着对鼻腔、鼻窦粘膜生理病理研究深入，证明慢性上颌窦病变大多由于窦口鼻道复合体狭窄或阻塞引起，使窦口阻力增高…… （BCC科技文献）

（2）回顾近代以来世界发展历程，可以**清楚看到**，一个国家和民族的创新能力，

从根本上影响甚至决定国家和民族前途命运。

(3) 在此带动下,世界经济发生多次产业革命,如机械化、电气化、自动化、信息化。每一次科技和产业革命都**深刻改变**了世界发展面貌和格局。一些国家抓住了机遇,经济社会发展驶入快车道,经济实力、科技实力、军事实力**迅速增强**,甚至一跃成为世界强国。

(4) 中华民族是勇于创新、善于创新的民族。前面说到我国历史上的发展和辉煌,同当时我国科技发明和创新**密切相关**。我国古代在天文历法、数学、农学、医学、地理学等众多科技领域取得举世瞩目的成就。这些发明创造同生产**紧密结合**,为农业和手工业发展提供了有力支撑。

(以上3例均出自习近平《深入理解新发展理念》)

可以说,在缺少真实的现场体验特征的非现实句中,状语成分是难以呈现现场描写性的;而在部分现实句中,由于人脑具有将具体的事件或场景抽象化、概念化的能力,出于语言效率性(efficiency)的考虑,有时也往往不需要充分激活状语成分的现场描写性。总之,书面语体中所用状中结构,不管表述的是未然事态还是已然的现实事件,就其本质而言,都是排除现场体验的"非情景化表达",这正是书面语体倾向于使用不含"地"状中结构的动因所在。

不过,这里需要说明的是,虽然无论是现实句,还是非现实句,典型的书面语体中的状中结构都倾向于不用"地",但总的来看,不用"地"的状中结构本身应更适合用于"非现实"语境中。"非现实"也就意味着"未发生",自然就不涉及"现场性"问题,这是非常契合"非情境化表达"特征的。在我们看来,这也就是不带"地"的状中结构常用于假设句、祈使句等表示"非现实句"中的原因。例如:

(5) 不研究中国建筑则已,如果**认真研究**,则非对清代则例相当熟识不可。(林徽因《清式营造则例》绪论)

(6) "党组织送老人家的人没见回来,显然,湖里很乱,八九成见不上。""根据这情况,你要**谨慎行事**。"(刘白羽《第二个太阳》)

当然,现实事态本身包含开始、进行、结束这样的动态过程,在状中结构不带"地"的情况下,我们依旧有可能从现实句中读出一定的"现场性"。但现实句并非典型的"非情境化表达"的适用语境,在上述引自"政府工作报告"的语段中,现实句所使用的"非情境化表达"主要还是受语体的"泛时空化"特征制约的结果,是语体动因对句法塑造的结果。

2. 非情境化表达——作定语的状中结构

前文着重分析了公务文书等典型的书面语体中的状中结构,认为这样的状中结构通常可以被看作是"非情境化表达"。同时,我们还注意到在句子中做定语的状中结构往往也具有同样的特点,也可被视为"非情境化表达"。

请看实例:

（7）　在小学里,荀磊成了乱哄哄的教室中少数能**认真听讲**的学生。（刘心武《钟鼓楼》）

（8）　她的一颦一笑成了我最**孜孜不倦求解**的工程式。（王朔《动物凶猛》）

（9）　总之他那一种**沉默忍受**的态度,使人家见了便能生出无限的感慨来。(郁达夫《薄奠》)

在以上几个实例中,"认真听讲"作"学生"的定语,"孜孜不倦求解"作"工程式"的定语,"沉默忍受"作"态度"的定语。不难看出,上述几个状中结构所表示的已经不是一个特定时空中的具体的现场性行为,而是一种"泛时空化"的恒常性事态。

李杰（2008：32）曾提出"静态状语"这一概念,认为"'静态状语'是存在于句子与短语两个层面的状语,它所在的状中结构既能单独成句,又是造句的必备材料,能不同程度地充当主语、宾语、定语、述语等。"我们知道,在一个句法结构中,定语是修饰、限制性成分,所表述的一般是背景信息,而谓语（或称"述语"）所表述的一般是前景信息。状中结构最常见、最重要的句法功能是直接充当谓语成分,但上述例句中的状中结构却是充当定语成分,这也就意味着作为背景信息和修饰性成分,其述谓性有所减弱,静态的状性义得到凸显,整个状中结构有了"非情境化表达"的特征。拿例（7）来说,其中的状中结构"认真听讲"所表述的并不是一个动态的现实的行为过程,而是已经被概念化为一类学生的特征,因而是不需要用"地"增强其现场描述性的。同时,"认真听讲"既然已经被处理成"背景信息",并有一定的一体化特征,也是不宜用"地"凸显行为样态的,否则就会有喧宾夺主之感。

总之,同直接做谓语的状中结构相比,做定语的状中结构也倾向于采用"非情景化表达",这主要与定语的背景化和静态化特点有关。

四、情境化表达——典型口头语体中的状中结构

如果说我们前面所分析的"政府工作报告"应为典型的书面语体或者说正式语体，那么我们接下来所要述及的体育比赛直播中的解说则应为比较典型的口头语体或者说非正式语体，下面就看一下其中的状中结构的使用情况。

下文是根据 2014 年澳大利亚网球公开赛女单决赛视频所整理的部分文字（括号部分为笔者所添加的说明）：

（第一盘，第 1 局）

女：比赛开始。

（齐布尔科娃击球出界，李娜 9：0）

男：中路的相持，齐布尔科娃**小心翼翼地完成**反拍的击球，但还是出了对方的底线。

（齐布尔科娃击球出底线，李娜 30：0）

男：哇。

女：其实呢主要是李娜在这场比赛中保持足够的专注就可以了。齐布尔科娃来到这个大舞台上，说是心态的调整，但是这种紧张实际上是很难用语言来表达的。

男：而且我们看相持球呢，李娜现在并没有发力。

女：对。

男：这是**稳稳地做**了控制。

女：对。这两分丢球原来全部都是齐布尔科娃的主动失误。

（李娜击球出界，30：9）

女：哇，这个站术想法非常好，但手感执行上面稍微差了一点。

男：嗯。今天李娜的这场比赛跟我从前看到她的比赛全都不一样，一上来她是收着自己的力量。

女：嗯。

男：**有意识地让**自己的击球力量很小，但是**更多地去完成**控制。她给对手放的空间非常大。这样呢也许对手的紧张情绪会得到发酵。

163

（李娜击球出界，齐布尔科娃 40:40）

男：哦，差了一点点。

女：也是一次非受迫失误。这两个人在非受迫失误上面都是 3：3。

男：齐布尔科娃**大口地喘气**，这样呢来去消化自己紧张的情绪。

在体育比赛解说中，解说员要运用专业知识，以"入情入境"的方式对运动员正在做出或刚刚完成的动作，为观众或听众进行解释、说明。在上述语段中，解说员采用"小心翼翼地完成""稳稳地做""有意识地让""更多地去完成""大口地喘气"来解说选手的具体动作，尽可能将观众带入现实场景。与前面一节所提到的"非情境化表达"有所不同，这段解说可以说具有强烈的现场描写意图，应为"情境化表达"。而从形式上看，二者最大的区别就是状语标记词"地"的有无。

在我们所考察的这场网球比赛解说语篇中，共有状中结构 69 例，其中带"地"状中结构 42 例，不带"地"状中结构 27 例，带"地"状中结构约为不带"地"状中结构的 1.56 倍，这个比例远远高于政府工作报告语篇中带"地"状中结构与不带"地"状中结构的比例。

我们知道，现场直播节目的特点是时效性和现场感强，能使受众如同身临其境，是现场解说所追求的效果。而在这样的追求现场感的话语中，解说员倾向于使用带"地"的状中结构，说明带"地"状语更有现场描绘作用，更容易使听话人在认知中将话语与实际场景衔接起来。因此，我们认为，此类语境中的状中结构应被识解为"情境化表达"。

另外，我们还注意到，体育比赛现场解说中含"副词+地"的状中结构的使用频率较高。例如：

（10）　解说员：9 分钟之后呢现在李娜取得了 2：0 的领先。从这个场上两个人第一局来看呢，这就是　两个人在大满贯舞台上的一个适应的差距啊。齐布尔科娃的两个双误啊很能说明问题。在比赛的过程中呢，还是**相当地紧张**。

（11）　解说员：艾莱克斯和卡洛斯啊，都在**不断地击掌**，给李娜加油。从我们这个角度正好看见李娜的球员包厢，在我们的正对面。

（12）　（齐布尔科娃似乎有些暴躁）解说员：**稍微地有**一点失去控制了啊。

（以上 3 例均出自 2014 年澳大利亚网球公开赛女单决赛）

据杨德峰（2002）可知，有一部分表示情态、频率、程度、语气等的双音或多音节副词做状语可以用"地",但以不用为常见。我们知道,副词的常规功能是作状语,通常是不需要再添加状语标记"地"的。不过,"副词+地"类状中结构在现场直播类节目中使用频率明显增加,这进一步证明了在有意识把观众带入当前场景时,说话人会倾向于用"地"。

其实,"副词+地"用例不仅会出现在体育比赛现场解说中,在访谈类节目等其他典型的口头语体中也会频繁出现。例如:

（13） 李东：（谈从发射失利到成功发射期间的压力）我就想起来大概最难的时候,是 2019 年的四月份,工作上是遇到了非常大的困难,当时正好赶巧,我那会儿又做了个手术,所以身体上的病痛和这工作上的挫折叠加在一起,那时候**非常地困难**,天空都是灰暗的。

（14） 李东：（谈长征五号遥三运载火箭发射完以后的心情）但事实上这样,毕竟遥二失利到遥三 900 多天,国家的很多的重大的航天工程任务是因为长五受了影响,所以对于火箭人来讲是**特别地自责**和内疚的。

（以上 2 例均出自 2020 年 1 月 12 日央视节目《对话》）

例（13）和例（14）是主持人采访"长征五号"运载火箭发射经过的文字记录,我们从中可以获知"长征五号"运载火箭已经发射完毕,这一事件应为已经完成的现实事件。但是,说话人在表述已完成的现实事件时,有意识地置身于当时的情景中,并以有助于增强现场描写性的语言再现当时的情景,说话人与听话人仿佛同处于"长征五号"发射的特定话语时空中。可以说,在此,说话人是用一种"现场体验"的方式描述已完成的事件,这里"地"的作用就在于增强现场描写性。

另外,我们在整理上述《对话》栏目的文字材料时,还发现了一个有趣的现象——我们实际听的语音材料与字幕之间存在着些许差异,其中一个值得注意的差异就是语音材料中出现多次带"地"的表述,但字幕上却不见"地"字[5]。例如:

（15） a.点火那一瞬间,我们大概有 600 多个动作,都是毫秒级的精度,必须准确完成,这发火箭才能飞出去,所以到了后面是**非常地紧张**,现场的气氛也是**非常地严谨,非常地严肃**。（语音）

---

[5] 这些差异除了状语标记"地"外,还包括"呢""嘛""这个"等语气词及话语标记的使用与否。

b.点火那一瞬间，我们大概有 600 多个动作，都是毫秒级的精度，必须准确完成，这发火箭才能飞出去，所以到了后面是**非常紧张**，现场的气氛也是**非常严谨，非常严肃**。（字幕）

（16）　a.所以当时打成之后呢，心里已经在想着怎么样保证后边几发能够**圆满地成功**。（语音）

　　　　b.所以当时打成之后，心里已经在想着怎么样保证后边几发能够**圆满成功**。（字幕）

那么，为什么会出现上述两种情况呢？现代小说理论提到两种叙事方式的对立，即讲述（telling）与展示（showing）的对立，二者最显著的区别在于前者"有一个叙述者面对读者，作为信息传达的中介存在于文本中"，而后者"不介入或很少介入叙事，尽可能不留下讲述的痕迹"（罗钢，1994：190-191）。受此叙事理论启发，我们再回过头分析一下上述两组实例。实际上，在节目播出时，交际场景中存在着两层对话关系：第一层是"叙述者（字幕）—屏幕前观众（读者）"的对话关系，第二层为参与访谈双方即"主持人—嘉宾"的对话关系。第一层关系可被视为讲述。字幕虽是基于访谈双方的谈话内容而进行的一种"再加工"，但从观众的角度出发，字幕应是存在于现场交际场景之外的"信息传达中介"。由于访谈录制与节目播出之间存在一定的时间差，我们可以认为后期添加的字幕与访谈本身其实并非是在同一时空呈现；第二层关系应被视为展示。节目中主持人与受访嘉宾处于同一话语时空中二者直接互动，力求"展示"真实的场景。

更进一步说，两种不同的叙事方式与语体是有相关性的。制作字幕是一种"再创作"行为，是一种有准备的表述，一则可对即时性话语做出必要的修正，二则作为以文字为载体的表述形式，势必会在考虑受众（也可被视为读者）特点的基础上，选择一种更为正规、更有利于传播的语体，也就是说，字幕虽然记录的是口头访谈，但语言形式是口头访谈的再加工、再处理，要比口头访谈更接近书面语。而口头访谈基本应算是一种无准备的的语言表述，交谈双方着重交换信息、表达观点，多采用口语表达形式。从上述两组用例可以看出，表述同一个场景、叙述同一个事件，可以采用不同的表述方式，而"地"更适合用于凸显现场性的口语表达中。

从总体上说，口头语体中的状中结构之所以能够呈现"情境化表达"特征，就在于

166

此类语体所言及的事态大都存在于当前时空,或是说话人有意地将自身重置于某个特定的话语时空中。其中"地"的使用,都是以凸显事态的现场感也即增强状语成分的现场描写性为目的的。可以说,口头语体所具有的"具时空化"特征与"情景化表达"在本质上是相通的。因此,访谈类节目等典型的口语语境中大量出现状语标记"地"这一事实表明,在与当下场景相关或者力求呈现真实现场体验的语境中,更容易出现凸显状语成分的现场描写性的状语标记"地"。

五、结语及余论

根据上文的讨论,我们可以认为"地"的隐现与语体密切相关。两类状中结构的语体倾向主要体现为:当语言表述需要呈现"非情境化表达"特征时,状中结构往往不带"地",不带"地"的状中结构通常用于公文语体、政论语体、科技语体等典型的书面语体(正式语体)中;当语言表述需要呈现出"情境化表达"特征时,"地"往往是必要的,这是由于带"地"状语具有较强的现场描写性,容易使话语与当前时空建立联系,更适合用于典型的口头语体(非正式语体),例如,在现场解说类节目、访谈类节目、真人秀节目等中,我们就常可以听到含"地"状中结构。另外,由于文艺语体(特别是文艺作品中的对话)十分接近日常口语,所以,影视、戏剧、小说等的交际场景中也常常出现含"地"状中结构。

不过,陶红印(1999)指出:"言谈交际涉及的方面很广,因此语体的分类不可能从任何一个单一的角度穷尽分类。"书面语体与口头语体仅仅是汉语上位层次的语体分类,在实际语言交际中,语言表述形式应是各种功能需求交互作用的产物,是多个层面的因素共同作用的结果。因此,除了语体因素在宏观上的制约之外,"地"的使用与否也可能会受韵律[6]、话者个人风格[7]等各种因素的影响。

总之,概括地说,我们认为不带状语标记"地"的状中结构具有"非情境化表达"

---

[6] 周韧(2012)认为汉语状中结构韵律模式的基本格局为"2+2"式和"1+1"式,而"2+1"式和"1+2"式是状中结构中比较受限的格式。不过,文章并没有考察带状语标记"地"的情况。有关这部分内容,还有待进一步的考察。

[7] 如毛泽东在政论语体中也会使用大量的带"地"状中结构,具体可参看《别了,司徒雷登》、《论持久战》等文章。

功能，带状语标记"地"的状中结构具有"情境化表达"功能。而这两类状中结构能够相互转换的深层理据和动因究竟何在，则是我们今后将要着重探讨的问题。

完权（2012）在讨论结构助词"的"的问题时提出：区分粘合式和组合式偏正结构的意义，就是区分是否"入场[8]（grounding）"，该文认为粘合式的"大树"是未入场的型概念（type），而组合式的"大的树"是已入场的概念实例（token/instance）。"的"前成分不管有无描写性，带"的"以后就可以对中心语特征做出描写，明确指称对象，以达到型概念在认知场景中实例化（instantiation）亦即认知入场的目的。我们知道，"地"是从"的"分化出来的，"的"与"地"确有一定的相关性，定中结构与状中结构在生成理据及认知机制上则会有一定的相通之处。因此，在我们看来，有关"的"的认知入场学说对"地"的研究应有一定的借鉴意义。关于"地"的入场功能问题，将另文讨论。

参考文献

董秀芳 2009 从状语标记"的1"的使用规律看词汇特征与句法标记的关联，《语言学论丛》第四十辑：299-311 页

方梅 2013 谈语体特征的句法表现，《当代修辞学》2013 年第 2 期（总 176 期）：9-16 页

冯胜利 2010 论语体的机制及其语法属性，《中国语文》2010 年第 5 期（总第 338 期）：400-412 页

冯胜利 2011 语体语法及其文学功能，《当代修辞学》2011 年第 4 期（总第 166 期）：1-13 页

金立鑫 2003 "S 了"的时体意义及其句法条件，《语言教学与研究》2003 年第 2 期：38-48 页

李杰 2008 《现代汉语状语多角度研究》，上海：上海三联书店

刘勋宁 1988 现代汉语词尾"了"的语法意义，《中国语文》1988 年第 5 期（总第 206 期）：1-10 页

罗钢 1994 《叙事学导论》，昆明：云南人民出版社

吕叔湘主编 1999 《现代汉语八百词（增订本）》，北京：商务印书馆

齐沪扬主编 2005 《汉语通论（第二版）》，北京：中央广播电视大学出版社

陶红印 1999 试论语体分类的语法学意义，《当代语言学》第 1 卷 1999 年第 3 期：15-24 页

完权 2012 超越区别与描写之争："的"的认知入场作用，《世界汉语教学》第 26 卷 2012 年第 2 期：175-187 页

---

[8] 所谓"入场"，指的是符号（语言）与现实的认知场景，即言谈情景（situation of speech）相联系的过程。也有学者将其称为"接地"或"实现"。有关"认知入场"的介绍，可参看 Langacker（2008：259-309）、完权（2009）等。

王光全、柳英绿 2006 同命题"了"字句，《汉语学习》2006 年 6 月第 3 期：25-30 页

王洪君、李榕、乐耀 2009 "了 2"与话主显身的主观近距交互式语体，《语言学论丛》第四十五辑，北京：商务印书馆：312-333 页

王寅 2006 《认知语言学》，上海：上海外语教育出版社

杨德峰 2002 试论副词作状语带"地"的问题——兼论重叠式副词作状语多带"地"的动因，《暨南大学华文学院学报》2002 年第 3 期：42-49 页

张闻 2018 状语标记"地"的表述功能，《神户市外国语大学研究科论集》第 21 号：21-32 页

Langacker. Ronald W. 2008 *Cognitive Grammar: A Basic Introduction*. New York: Oxford University Press.

参考网址（以下网址的最终确认日期均为 2020 年 3 月 20 日）

http://www.gov.cn/zhuanti/2018lh/2018zfgzbg/zfgzbg.htm （2018 年政府工作报告）

http://www.qstheory.cn/dukan/qs/2019-05/16/c_1124491225.htm（习近平《深入理解新发展理念》）

https://www.youtube.com/watch?v=dmQ53el21p8&t=6939s （2014 年澳网女单决赛）

http://tv.cctv.com/2020/01/12/VIDEZCbfxCk2bUvAGXcZRrGU200112.shtml?spm=C22284.P8701925738
2.EMqe9pBD7J5t.11 （《对话》 20200112 中国航天"硬核"前行）

伴随起点与终点共现的移动表现

——关于方向补语"V 上"与"V 下"的语义不对称性

陈 莹

（新潟大学大学院）

摘要： 动词"上"表示人和事物随动作从低处到高处(吕叔湘 2019:473)；而"下"表示人和事物随动作离开高处，到达低处(吕叔湘 2019:566)。从基本义上来看两者描述方向相反的移动，但在其相应的动补结构中，"写上名——写下名字"和"种上树——种下树"这样的常用例却表达相似的意思。本文结合此类用例，从概念整合的视角出发，通过考察不同语境下宾语 N 的性质与类型，着重探讨了"V 上"和"V 下"的语义不对称现象。在此基础上，进一步对比分析了"上"、"下"在各类移动事象中呈现出的语义共性与差异。

关键字： 方向补语 移动表现 语义角色 不对称性

一、引言

在现代汉语中，"上"的基本义是表示人和事物随动作从低处到达高处(吕叔湘 2019:473)，"下"则表示人和事物随动作离开高处，到达低处(吕叔湘 2019:566)。虽然从基本义来看，"上"和"下"表示相反方向的移动,但是动补结构的"V 上"和"V 下"却不一定表示对立的意思。如：

(1)   a.   <u>种上</u>两亩花生。[①]《动》

        b.   <u>种下</u>不少果树。《动》

(2)   a.   这个皮包不大，只<u>装上</u>几件衣服就满了。[②]

        b.   这个皮包不大，刚能<u>装下</u>这几件衣服。《白》

我们再来看空间概念的名词作宾语的例子：

(3)   a.   <u>跳上</u>车

        b.   <u>跳下</u>车

(4)   a.   <u>跳上</u>岸

        b.   <u>跳下</u>河

处所宾语"车"在(3)中表示该移动的终点，而在(3)中则表示移动的起点。另一方面，(4)的"岸"与(4)的"河"本是一对处于垂直方向上相反两端的空间概念，但在例 (4)的两句中都被认知为相应移动的终点。本文结合不同语境下宾语 N 的性质与类型，着眼动补结构"V 上"和"V 下"在语义上的不对称现象，从动作整合的视角，对比两者在相应语义环境下呈现出的语义共性与差异，进一步阐明各自的语义特征。

二、"V 上/下"的基本语义与共现的宾语类型

根据吕叔湘(2019)的观点，能作为宾语与"V 上/V 下"共现的成分有受事体和空间概念两种。受事作为宾语时(以下①、②)，"V 上/V 下"表示动作的结果。当空间概念作宾语时(以下③)，"V 上/V 下"则表示移动的趋势、方向。

2.1 "V 上"

① 与表示受事的 N 共现，表现动作有结果(兼有合拢、存在或添加于某处以及达到一定的目的或标准的意思)，或是动作开始并继续下去。

(5) 在这儿写上年月日。(吕叔湘 2019:474)

(6) 外边飘上雪花了。(吕叔湘 2019:475)

② 与表示数量的 N 共现，表现达到了一定的数量。

(7) 最近失眠，每天只能睡上三、四个小时。(吕叔湘 2019:475)

(8) 装上几斤糖果。③《动》

③ 与表示空间概念的 N 共现。表现人或事物随动作从低处到高处。

(9) 雄鹰飞上了蓝天。(吕叔湘 2019:475)

(10) 中国登山队把五星红旗插上了珠穆朗玛峰顶峰。(吕叔湘 2019:475)

2.2 "V 下"

① 与表示受事的 N 共现，表现人或事物随动作从高处向低处，及动作的完成(兼有脱离的意思)。另外，也有使结果固定下来的意思。

(11) 攻下了最后一道难关。(吕叔湘 2019:567)

(12) 拿不下这个大油田，我们誓不罢休。(吕叔湘 2019:567)

② 与表示数量的 N 共现，表现能(不能)容纳一定的数量。

(13) 这间大厅<u>坐得下</u>百十来个人。（吕叔湘 2019：567）

③ 与表示空间概念的 N 共现。表现人或事物随动作离开高处，到达低处。名词指高处时，动词 V 和"下"之间可以插入"得/不"。

(14) a. <u>走下</u>楼

　　 b. <u>走得下</u>楼

　　 c. <u>走不下</u>楼

(15) 这些木材月底前<u>运得下</u>山<u>运不下</u>山？（吕叔湘 2019：568）

而当名词指向低处时，不能加"得/不"。

(16) a. <u>跳下</u>水

　　 b. *<u>跳得下</u>水

　　 c. *<u>跳不下</u>水

根据上述研结论，我们可以看到，虽然"V 上"和"V 下"的基本义描述方向相反的移动，但二者的语义功能并不是绝对对立的，甚至存在相似的部分。在这些"非对立"，甚至可以互换的义项中，"V 上"和"V 下"的不对称性又是如何体现的呢？本文将以方向补语的趋向义和结果义为中心，根据 N 的两类性质，对"V 上"和"V 下"的意义特征进行比较、分析。旨在通过考察"V 上/V 下"系列的移动表现中不同的凸显成分，阐明方向补语"上/下"与 N 之间的语义关系并结合实例识解其认知图式。

三、"V 上/下"系列事象整合

通过观察 2019 年《现代汉语八百词》中列举的义项，我们可以尝试归纳"V 上"和"V 下"与名词宾语共起的情况。当名词宾语 N 为空间概念时，前项动词 V 为移动动词。此时"V 上"和"V 下"均表示各自的基本意义，即空间上的移动。两者呈现出相反的移动方向，故而不能互换使用。而当 N 为动作受事时，情况则复杂得多。这是由于"V 上"和"V 下"通过隐喻和转喻等操作派生出边缘范畴的语义时，二者的语法化程度是不相同的。如，我们通常说"请你留下姓名"，却不说"请你留上姓名"，也是由于"留下姓名"表达的是虽然是抽象的"脱离"，但依然是一种实实在在发生的"转移"。只有在(17)这样的语法化程度较高的用例中，"留+上"的组合才变得合理。

(17) 樟村人男孩子还养着饿得精瘦的，女孩子最多<u>留上</u>一个，其余养下来不是溺死就是送堂里去。要是哪家养着女儿，便休想开口向人家借米；因为人家一定会不

答应，你自己有力量养女儿，哪个该倒霉的来救济你？（CCL:现代\散文2）

自此，我们可以认为，"V 上"和"V 下"的语义不对称性首要体现在二者的语法化程度处在不同的阶段上。下面的小节里，本文将以此为基础，按照 N 的性质分别进行分析。

3.1 N 为空间概念

陳瑩(2017)提出，方向补语结构"V 上"后面的处所宾语总是作为移动的终点出现。另一方面，若"V 下"呈现<脱离+落下>的意义特征，对应日语中的"～から落ちる/下りる"，N 表示移动的起点。而如果呈现<落下+到达>的语义特征，则对应"～に落ちる/下りる"或"～を落ちる/下げる"，此时 N 表示移动的终点。

(18) 请把担架抬上车吧。《白》

(19) 他匆匆忙忙把钢琴抬下楼。

在例(18)与(19)中，"抬上"和"抬下"的宾语都是处所名词，但各自担当的语义角色则不尽相同。(18)的"车"指示移动的终点，而(19)中的"楼"则指示移动的起点。再举前述的例(3)、(4)：

(20) 跳上车 —— 跳下车(=(3))

(21) 跳上岸 —— 跳下河(=(4))

例(20)中，"车"表示"跳上"的终点，同时又是"跳下"的起点。在认知领域中我们认为"跳上车"是由"离开地面(低处)"和"与车(高处)接触"两个持续性的事件整合而成的。同样地，"跳下车"也内含了"立足于车内(高处)"以及"离开车(高处)"两个事件。而在句法形式相同的例(21)中，"岸"和"河"虽表示垂直方向上相反的两端，但都应视为相应移动的终点。"跳上岸"内含了"离开水平面以下的区域(低处)"与"到达岸上(高处)"。"跳下河"中的"河"被识解为该移动事象的终点，但在认知这一运动过程时我们能够补足，甚至凸显其初始位置，即"水平面以上的某处"。因此"跳下河"也应被识解为由"立足于河面以上的某高处"和"趋向河面脱离高处"统合而成的移动事象。

可见，"V 上"表示从"脱离低处"到"附着于高处"的系列动作，并最终产生"下→上"的移动结果。在"V 下"中，"上→下"的移动则是经由"立足于高处"和"脱离高处"的两组动作实现的。

于是，我们对"V上"和"V下"所表示的移动事象，可以进行如下的整合。

表 1 "V上"和"V下"所表示的移动事象整合

"V上"	脱离低处 → 附着高处
"V下"	附着高处 → 脱离高处

3.2 N 为动作受事时

3.2.1 空间转移

"V上"和"V下"都可以与表示受事的 N 共起，表示动作有了结果。尽管两者在句法表现上极为相似，但根据前述结论，我们可以发现两者动作的构成在时间轴上是呈现倒序关系的。具体而言，"V上"的事象整合中，"脱离"和"附着"是一前一后的两个继发事件，在〈+接触〉的语义特征下，动作的终端被凸显。"V下"则表示"附着"到"脱离"的先后关系，〈+脱落〉的语义特征使动作的始端被凸显。

(22) a. 在饭团上<u>撒上</u>海盐。

　　　b. 往地里<u>撒下</u>种子。

(22)描写的是"海盐"随着"撒"的动作离开本来的地方(例如饭桌)，附着在"饭团"的移动事象，包含着一个「脱离→附着」的抽象转移过程。而在(22)中的"撒下"表示的则是一个至上而下的物理性位置移动：虽然没有明示"种子"的始发位置，但我们依然可以从"撒下"的认知图式中补足动作的起始状态，即"手里拿着"。于是"手里拿着(附着)→离开手(脱离)"的空间转移事象也就成立了，并且在这个转移里被凸显的是动作的始端，也就是此次位置移动中的相对高处。请看下面的例子：

(23) a. 只要一演好电影，我就画假票。在北大画假票，在科学院，我们连假票都不用画，用大字报纸了。…我们就在墙上拎一小条儿，<u>撕上</u>一个跟那个票的形状差不多的，一叠给那个人就进去了。(CCL：当代\1982 年北京话调查资料)

　　　b. …我们就在墙上拎一小条儿，<u>撕下</u>一个跟那个票的形状差不多的，一叠给那个人就进去了。

(23)、(23)两者都表示"把报纸撕成入场券的形状"。但从事件在时间轴上的关系来看，(23)被解识为"纸从本来的位置脱离"及"纸片被握在手中"的先后发生；(23)

174

则表现的是"手与纸接触"和"将纸从主体分离"的过程。(23)强调"纸被手撕下"的动作末端状态，(23)则聚焦于"从报纸撕下"的初始状态。

3.2.2 痕迹形成

"写、刻、插、记、画、划"等本不表示空间转移的动词，与方向补语"上/下"共现，表现"痕迹形成"。此文将这类记录、具象化脑中所想内容的事象归类为一种抽象的转移。

(24) 写上名字 —— 写下名字

　　刻上花纹 —— 刻下花纹

　　插上标杆 —— 插下标杆

　　记上日期 —— 记下日期

　　画上记号 —— 画下记号

在例(24)中出现的 V 皆表示留下痕迹的动作，并与"上/下"都能共现。但在这样的痕迹形成的过程中，"V 上"和"V 下"的语法化程度不同，强调的侧面也不尽相同。由于<+接触>的语义特征，"V 上"聚焦在"伴随动作附着于记录载体"的结果上。另一方面，"V 下"的<+脱离>语义特征决定了"是否具备动作发出的前提"被前景化，动作的起始端被凸显。例如：

(25) a. 纸太光滑了，不吃墨，<u>写不上字</u>。（吕叔湘 2019:474）

　　　b. *纸太光滑了，不吃墨，<u>写不下字</u>。

例(25)中，强调由于记录载体"纸"的材质问题，导致笔迹无法附着。在这里，痕迹的形成否定与"动作是否发出"不存在明显的关联性，故而"写不下字"无法与"纸太滑"共现。而在下面的例句中：

(26) a. 这一版上还有一块空白，但已经再<u>画不下</u>一幅插图了。

　　　b. *这一版上还有一块空白，但已经再<u>画不上</u>一幅插图了。

此句中，"画"作为动作对象无法从动作的源侧(画者)脱离的事件被前景化，指明"画一幅插图"这个动作本身不具备实现的条件。此时"动作实施与否"直接关系痕迹的形成，意义也是比较"实"的，此例中焦点并不关注"与记录载体接触"的终端状态，所以与"上"共现时会出现违和感。我们再看一个例子：

(27) a. <u>抄下</u>这首诗，然后永远记在心里吧。

b. *抄上这首诗，然后永远记在心里吧。

　　由于"记在心里"的语境影响，抽象化的移动主体"诗"是否作与记录载体接触，或是记在怎样的载体这些问题并未成为关注的焦点。同时"诗"离开信息源，被记录下来的移动事件被凸显化，所以这里只能使用"抄下"。

　　如上所述，我们可以认为当 N 为动作受事时，"V 上"意味着"动作发出并到达动作终点"，动作的终端状态被前景化；同时"V 下"则把视点聚焦在"脱离动作的发出端"，强调行为动作成立的前提条件，即移动主体从原本的集合中脱离。另一方面，"V 上"的否定式"V 不上"表示动作虽然已从动作主发出，但是由于外在的原因，无法到达终点；"V 不下"表示动作无法从起点出发，其原因往往在于动作的源侧。

　　接下来尝试用"获得行为"的例子验证以上认识的合理性。

3.2.3 获得行为

　　我们知道，方向补语"上/下"还能够与表示"获得"的动词共现。例如和表示咽下行为的"吃/喝"共起时，可以把"饮食"行为的重点放在"获得"上，将其识解成获得行为事象。在这种情况下，"V 上"语义表达指向<+接触>，"V 下"则是隐喻食物的轨迹的方向，派生出<+脱离>的语义特征。

　　(28)　a. 今天早上因为没时间没能吃上早饭。(同)

　　　　　b. *今天早上因为没时间没能吃下早饭。

　　(29)　a. 他们肚子很饱吃不下蛋糕了。《白》

　　　　　b. *他们肚子很饱吃不上蛋糕了。

　　从事件从结果上看，(29)与(28)是相似的。但通过前后的文脉我们不难产生这样的认识：虽 V 同为"吃"，但(28)中，由于"没有时间"的客观外部原因，以至于触及食物的机会都没有，"吃"的动作无法达成，此处"V 上"反映的是语法化较高的结果义；而(29)所描述的获得行为无法进行的原因并不是无法触及食物，而是因为"肚子很饱"所以不能"再吃"了，此处"吃下"仍处在"V 下"的基本义项(吕叔湘 2019：566①)中，表示"事物随动作离开高处，到达低处"。只与动作的源侧直接相关。在(28)、(29)这类例子中，"上"和"下"不可互换。同表示"获得行为"，"V 上"强调"达到动作的终点"，另一方面"V 下"凸显动作的发出端。

　　再来看看"获得"范畴的典型"买取行为"，"V 上"和"V 下"在此类事象中也呈现出与上述观点相符的语义特征。

(30) a. <u>人那么多</u>，东西才那么一点，咱<u>买不上</u>(它)了。《白》

　　 b.*人那么多，东西才那么一点，咱<u>买不下</u>(它)了。

(31) a. 你喜欢就<u>买下</u>它，不喜欢就别买。《白》

　　 b.？你喜欢就<u>买上</u>它，不喜欢就别买。

(30)中"买不上(它)"表达的是，物品在原处不动，而动作主的动作不能到达的情形，语法化程度较高。另一方面(31)中"买下它"则被识解为动作对象脱离本来的所有关系(位置)，归属动作主，"位置移动"的意味较强。故此，"V 上"会产生积极行动的印象，派生出"达到目的、愿望"的意思。

(32) a. 我会努力地成为<u>配得上</u>你的女朋友。《白》

　　 b. *我会努力地成为<u>配得下</u>你的女朋友。

(33) a. 我四十岁才<u>娶上</u>老婆。《白》

　　 b. 这牛郎就承担责任，<u>娶下</u>织女，在家里看孩子。(CCL:当代\韩寒《就这么飘来飘去》)

(32)与(33)中的"配得上"、"娶上老婆"都是长时间活动后终于达成的目标，带有动作主强烈的意志并强调了客观条件的具备，暗含的信息是动作主"我"至下而上的抽象移动。任鹰、于康(2007)在分析时指出，"'娶上'都含有一种目标达成的意味，而'娶下'则含有类似财产的获取、占有的意味"。在此基础之上，本文认为(32)无法成立是由于"V 下"对下行路径(Path)的凸显，N 至上而下的位置变化形成焦点，与句意和语境形成冲突造成的。同时在(33)中，描述的侧重点是"织女"离开原来的所属关系，成为"牛郎"家的一员，这也就削弱了"达到目标"的意思成分。

四、结语

本文从概念整合的视角出发，通过考察共现宾语 N 的性质与类型，着重探讨了"V 上"和"V 下"的语义不对称现象。在此基础上，进一步对比分析了"上"、"下"在各移动事象中呈现出的语义共性与差异。

现将考察结果整理如下：

第一，考察了"V+上/下"与表示空间概念的名词 N 共现时的情况。"V 上"通过从"脱离低处"到"附着于高处"的动作整合事件，产生"下→上"的移动结果，此时

N 作为移动的终点出现。"V 下"的宾语 N 既可以作为动作的起点，也可以作为动作的终点，表<脱离+落下>，所示移动事象通过"立足于高处"和"脱离高处"这两个连续性的动作完成"上→下"的移动。通过移动事象整合我们发现，"V+上/下"都内包"脱离"和"附着"的运动过程。

第二，从"空间转移"、"痕迹形成"以及"获得行为"三类事象考察了"V 上"和"V 下"表示受事的名词 N 共现时的情况。

在表达空间转移事象时，"上"和"下"有时可以互换，并表示相近的意思。但二者语法化程度处于不同阶段，凸显的侧面也不相同："V 上"强调"动作到达终点"，"V 下"则聚焦在动作的起点。另外，二者动作的构成在时间轴上的发生顺序呈现倒序。

在表达痕迹形成事象时，作为方向补语的"上"和"下"均能够与表示留印记、刻痕类似的动词共现。"V 上"表示"动作发出并到达动作终点"，动作的终端状态被前景化，语法化程度较高；同时"V 下"则把视点聚焦在"脱离动作的发出端"，强调移动主体从原本的集合中脱离，语法化程度较低。

最后在表示"获得行为"时，"V 上"往往强调外部客观条件，带有动作发出者较为强烈的主观意愿，以"达到目的、愿望与否"为焦点。"V 下"是根据身体的落下移动而进行隐喻，展开为"对象物离开本来的位置(或所属关系)"。

附注

① 例句中划线部分为方向补语部分。

② 本文中没有标明出处的例句为笔者自省语料。

③ 吕叔湘(2019:475)原文为：动+上+数量。表示达到一定的数量。省去"上"，不影响全句意思。少数形容词也可以有这种用法。

这里我要在北京多住～几个月|最近失眠，每天只能睡～三、四个小时|比现在的规模应该再大～两倍|没说～几句话车就开了|走不～半里路就走不动了

参考文献

陈莹 2017 「「跳下床」と「跳下水」－ "V+下+L"構文について －」，『言語研究』(第 2 号)，新潟大学大学院现代社会文化研究科，58-66 頁。

胡晓慧 2012 "V 上/下"中"上"、"下"的语法化，《汉语趋向动词语法化问题研究》，桂林：广西师范大学出版社，32-89 页。

刘月华 2008 《趋向补语通释》，北京：北京语言大学出版社。

吕叔湘 2019 《现代汉语八百词(增订本)》，北京：商务印书馆。

任鹰、于康 2007 从"V上"和"V下"的对立与非对立看语义扩展中的原型效应,《汉语学习》第
4 期:13-20 页。

丸尾誠 2005 『現代中国語の空間移動表現に関する研究』,東京:白帝社。

丸尾誠 2014 『現代中国語方向補語の研究』,東京:白帝社。

杉村博文 2002 「中国語における部分の前景化と主体化」,『日本中国語学会 第 52 回全国大会
予稿集』レジュメ,39-42 頁。

杉村博文 2012 「中国語における姿勢形成と空間移動―終端プロファイリングによる系列動作統
合の視点より―」,影山太郎、沈力(編)『日中理論言語学の新展望 2 意味と構文』,東京:
くろしお出版社,125-143 頁。

于康 2006 「"V上"中"上"的义项分类与语义扩展机制」,『言語と文化』(9),関西学院大学言
語教育センター,19-35 頁。

于康 2007 "~下"的语义扩展机制与结果义,《日本现代汉语语法研究论文选》,北京:北京语言
大学出版社,250-268 页。

例句出典

《动》:侯精一、徐枢、蔡文蘭著(田中信一、武永尚子、西槙光正編訳) 2015 『動詞・形容詞から
引く中国語補語用例2000』,東京:東方書店。

《白》:伊地智善継編著 2002 『白水社中国語辞典』,東京:白水社。

CCL:北京大学中国语言学研究中心资料库(Center for Chinese Linguistics)

http://ccl.pku.edu.cn:8080/ccl_corpus/index.jsp?dir=xiandai(最终浏览:2020 年 5 月 5 日)

再看对外汉语教学中"着"的习得顺序

吴 桐

（东北师范大学国际汉学院）

摘要： 国际学生习得"着"时，有一个现象特别应该引起研究者和教学者的关注：初学者往往能把"着"领会、运用的很好；而到了中级阶段，反而出现了混淆、错用甚至回避的情况。针对此，已有学者进行了专门的研究。笔者在周小兵（2003,2007）、李蕊、周小兵（2005）的基础上，通过对 D 大学留学生的跟踪调查，进一步提出了再习得顺序、国别化调整等学习策略。

关键词： 着 再习得 复习顺序 国别化

一、引言

在对外汉语教学中，"了"，"着"，"过"的教学一直是难点所在。这几个词既无法用其它语言进行翻译，又不能用演示的方法让留学生理解。这是三者语法意义的抽象性所拥有的多重含义造成的。这一特性使得教师在教学过程中，需要将三者的多重含义一一析解出来，并根据一定的逻辑顺序安排教学。其中，关于"着"教学，《国际汉语教学通用大纲》是这样安排的：动态助词"着"是二级语法点，"顺（着）、沿（着）"是五级语法点，"本着+名词（短语）"则是六级语法点的内容，现有教材大都遵循了这一教学顺序，在不同阶梯中体现了这些内容。但我们看到，在这部大纲中，并未对静态助词"着"以及表现形式进行分级排列。而我们通过对 D 大学预科使用的《发展汉语》进行调查后发现，该部教材对"着"的教学开始于《初级综合2》，是依照"V 着"、"着的存现句"、"V_1+着+V_2"的顺序进行安排的，《中级综合 1》讲解了"V 着 V 着"。经过对教师的访谈后得知，他们对"着"的教学顺序与教材保持一致，这一安排有静态"着"的内容，突破了《大纲》的设计。

二、"着"的习得顺序

关于"着"的习得顺序，李蕊、周小兵（2005）整理出本族人常用的"着"的十一种句式，并对部分句式中"着"表静态助词和动态助词的不同形式举了例句。李、周文通过考察初级、中级、高级水平的留学生的作文中使用"着"的正确率以及不同水平的留学生对"着"不同句式的使用偏好情况，进而总结出"着"的各句式使用比率分布表。该文提出，留学生们关于"着"句式的动态含义习得偏误普遍要比静态含义多，而"着"的否定句式不论是本族人还是留学生都较少使用，因而教学中可以忽略。该文为了进一步确定习得顺序，又通过调查问卷的形式对初级阶段到高级阶段的留学生进行"着"的习得调查，并通过问卷正确率和作文语料为"着"的教学顺序给出了建议。该文提出的教学顺序是，在初级的第一阶段教"着"静态下的"状+V_1着+宾+状+V_2+宾、状+V着+宾、状+V着、存现句和主语+处所状语+V着"，初级的第二阶段应教"着"动态下的上述用法；至于"主语$_1$+V着+宾+主语$_2$+V_2（+宾）""V_1着V_1着，V_2"这两种形式，该文建议放置在中级学习阶段的课文中略讲即可。应该说，这是一个很精细的教学顺序指南，结论自调研起，有很大的可信度。美中不足的是，该文是通过对不同的学习汉语时间，不同的汉语水平的班级进行同一张问卷的调查，从而从结果中推断出的"着"的习得顺序；而留学生在学习汉语的不同时期，对于"着"的了解程度会有差异，特别是，在不同学习时期如果对"着"进行复习和练习，对"着"的不同句式的偏误和掌握情况也会有差异。事实上，在李蕊，周小兵（2005）对留学生作文语料中统计的使用"着"的正确比率表中，也出现了学习时间越长，正确率反倒下降的现象。文中所提及的中级高级水平，即学习了1.5年的留学生对于问卷中"着"的正确率反倒不如文中所提的中级初级水平即学习了1年的留学生了，而通过使用调查问卷调查不同水平的"着"的正确比率表来看，"着"的部分句式在中级水平时的正确率会有一些下降，中级初等和中级高等对于不同的句式正确率下降的趋势也有不同的显现。这种特别的现象引起了我们的兴趣：为什么学的多了，正确率反而下降了？是教学方法、教材编排的问题，还是"着"自身的特点造成的？

三、外国留学生非自然语料中"着"的习得情况

3.1 班级情况

李、周文谈的"着"的习得顺序是综合了作文和问卷语料的测试结果而推导出的，但在中级阶段对"着"的复习顺序和复习重点是否与习得顺序相同，文章并未涉及。而恰恰由于中级水平的学生对"着"句式掌握呈下降趋势，探求中级水平的学生对于"着"的掌握情况更有意义，更有利于减慢留学生们对不同句式的遗忘程度，并能增强其使用"着"句式的熟练程度。因此，笔者通过对 D 大学中级二班的 26 位留学生进行"着"的句式掌握情况的问卷调查，发现当学生学习汉语的时间在一年半到两年时，学习"着"的效果与李文中的中级高等水平的学生相似。而在问卷设计中，所设置的选择题和填空题与李、周文中的问卷所考察的知识点保持一致。我们的问卷（见附录）设置了两种问题，第一部分是填空题，即把一句话的每一个词都单独放置，让留学生在词与词中间的空隙处选择最恰当的加"着"的位置；第二部分是选择题，外国留学生需要选择最恰当的一项填在句子的空白处。这两道题都只对"着"进行出题，这是考虑到外国留学生已经学习了一年半到两年的时间，对"着"在不同句式中的含义的认识都已经在课堂教学中有所了解和掌握，同时为了避免"了"和"过"对此次测试产生其他方面的影响，因此要求只要填写"着"就可以，并且要求在规定的时间内完成。

3.2 中级 2 班的习得情况统计

通过对测试结果的统计，将选择题部分和填空题部分，按题号和所考察的语法点进行错误人数统计并以表格的方式进行整理：

表1：中级二班留学生问卷中选择题错误人数统计：

	类型	例句	错误人数
1	V 着 V 着	我睡着睡着就哭醒了。	8
2	存现句（静）	桌子上放着一本书。	1
3	存现句（静）	教室里坐着两个人。	9
4	V1 着 V2（动）	这个菜炒着吃。	10

5	V1 着 V2（动）	他听着音乐洗衣服。	9
6	V 着+宾语（静）	小万戴着金项链。	11
7	干扰题		/
8	主语 1+V 着+（宾），主语 2+V2+（宾）	我们正吃着饭，他进来了。	18
9	存现句（静）	教室墙上挂着一幅画。	7
10	祈使句	亲爱的，最近没钱了，你省着点。	23

表 2：中级二班留学生问卷中填空题错误人数统计：

	类型	例句	错误人数
1	存现句（静）	门口站着一群人。	2
2	V 着+宾语（静）	马克手上拿着一本汉语词典。	0
3	V 着（静）	草正绿着。	14
4	V 着+V2（静）	他拿着水进教室。	6
5	V 着 V 着	小朋友哭着哭着就醒了。	7
6	V 着（动）	"so beautiful girl"他唱着。	4
7	V 着+宾语（动）	他计划着明天去哪玩。	13
8	祈使句	老师正在讲考试的内容，你听着点儿!	18
9	存现句（动）	广场上跑着一群孩子。	2
10	V1 着 V2（动）	老师看着黑板讲课。	6
11	V 着 V 着	小红说着说着就哭了。	9
12	祈使句	前面有车，你看着点儿!	11

由表格 1、2 可以看出，含"着"的祈使句和"V 着+宾语"的动态形式错误率较高。而中级 2 班与李、周文中七班、八班对于"着"的句式正确运用的比率，以及计算七班、八班对"着"的句式的平均正确率对比的表格如下图（1 为"V 着"句式，2 为"V 着+宾语"句式，3 为"V1 着 V2"句式，4 为含"着"的存现句式，5 为"V 着 V 着"句式，6 为含"着"的祈使句式，7 为"主语 1+V 着+（宾），主语 2+V2+（宾）"：

表3：李、周文中7班、8班和中级2班对"着"不同句式的正确率对比：

句子类型	7班正确率	8班正确率	7,8班平均正确率	中2正确率
V着（静）	78.9	72.7	75.8	46.2
V着（动）	63.2	68	65.6	84.6
V着+宾语（静）	94.7	100	97.35	78.85
V着+宾语（动）	84.2	72.7	78.45	50
V1着V2（静）	100	100	100	76.9
V1着V2（动）	84.2	90.9	87.55	67.95
存现句（静）	89.5	81.8	85.65	81.73
存现句（动）	89.5	90.9	90.2	92.31
V着V着	78.9	63.6	71.25	69.23
祈使句	/	/	/	33.3
主语1+V1着，主语2+V2	84.2	90.9	87.55	30.77

由上表可知，中级2班的句式正确率相比于李、周文中的7班和8班，在"V着"表静态含义，"V着+宾语"句式，"V1着V2"句式，"主语1+V着+宾语，主语2+V2+宾语"等句式测试中，正确率相差很大。正确率低可能与问卷作答时间较短有关。也有可能与作答留学生中韩国学生较多有关，为了确定原因，我们进一步将韩国学生的正确率单独拿出来进行一次计算。

表4：中级2班韩国留学生对"着"句式的正确率：

1静	1动	2静	2动	3静	3动	4静	4动	5	6	7
42.86	85.71	82.14	35.71	85.71	71.43	64.29	100	59.52	38.1	7.14

表5：中级2班其它留学生对"着"句式的正确率：

1静	1动	2静	2动	3静	3动	4静	4动	5	6	7
50	83.33	75	66.67	66.67	63.89	83.33	83.33	80.56	27.78	58.33

由这次的统计结果，我们可以发现"着"的祈使句形式正确率非常低，这说明祈使句并非如李、周文所说的那样：只需安排在中级的教材中，不必专门讲解。恰恰相反，祈使句的形式和用法都需要教师认真进行讲解并进行练习的。

四、对中级二班的问卷结果分析

4.1 中级 2 班的测试结果与李、周文的习得顺序结论的对比

我们用中级二班关于"着"的各类句式（未统计祈使句）的平均正确率与李、周文中七班、八班的平均正确率进行对比，并通过使用 SPSS 进行非参数检验的两个独立样本的检验，用来验证正确率的对应程度，得到的渐进显著性值为 0.157。这说明两个学校对"着"的知识点的正确率并不显著对应，说明李、周文中对"着"的问卷调查结果只能够代表一所学校的留学生对"着"的掌握情况，并不具有普遍意义。李、周文中的正确率顺序为 3 静，2 静，4 动，3 动和 7 句式，4 静，2 动，1 静，1 动，5 句式。这也并非是"着"句式的静态义普遍正确率高过动态义，而是静态义，动态义正确率交替出现，只能说静态义大体正确率高于动态义。而我们对中级 2 班进行测试的正确率顺序是 4 动，1 动，4 静，2 静，3 静，5 句式，3 动，2 动，1 静，7。我们的学生的情况是：部分动态义的"着"字句（如 4 动，1 动）掌握情况还要略好于静态义。这说明尽管"着"不论在哪一本教材都是最开始详细讲解的知识点，但学生的基础差异，教师的讲授重点的不同，课后练习与测试中，语法点"着"的练习量是否足够，都会对问卷测试结果产生影响。李、周文中的习得顺序是先为"着"字句的静态义，之后再学动态义。其他句型在中级进行讲解，或是略讲，这显然有失偏颇。外国留学生的母语不同，他们对不同含义的"着"的习得和认知也会有一些差异，即使分成静态和动态"着"，也会存在即使教师不对"着"进行静态、动态的特别区分，他们也会理解"着"的细微差异，从而正确使用"着"的部分含义，而并非是刻意区分动态和静态造成的。但即使如此，"着"含义的多样性以及用法的复杂性也使得外国留学生在习得"着"时，困惑于什么时候需要用"着"，什么时候不需要用"着"以及"着"在句子中不同的位置表示什么含义；即使教师在初级阶段讲解的很清楚，也会随着学习时间的推移，其他相似语法点，如"了"和"过"的介入，使得外国留学生在中级学习阶段时，还会有不同类型，不同程度的偏误。从问卷的数据上看，这既与外国留学生自身的母语有关，如韩国学生的在"绿"的

词性上偏误较多，也与教师讲授主次点有关。我们通过对中级二班之前讲授"着"知识点的老师进行访谈后发现，"着4"即存现句"着"在外国留学生学习的初级阶段时教师着重进行了讲解和说明，因而在调查问卷的结果中可以看到学生整体掌握情况较好；也可能与学生自身的学习习惯，接受程度有关，虽然没有对学生进行访谈，但从同一个班级在问卷中反应出来的不同的掌握情况也可推测出来。"着"以及一些汉语特有的含义多样、用法多变的虚词一直以来是外国留学生不明白什么时候才要用，不明白不同的句子里使用相同的虚词是表示什么意思的难题，这就需要在进行汉语教学的时候，对于"着"以及其他含义多样的词时，除了细致讲解每一个不同的用法以外，在学习了一段之后，还要进行有针对性的复习，以起到强化知识点的作用。

4.2 针对"着"的特点，强化复习顺序

无论是李、周文中学了一年半的留学生，还是 D 大学中级 2 班的留学生，对"着"的掌握情况，都与我们对"着"的习得顺序所推测的情况不符。通过统计的方式来看，学习了一年半左右的留学生对"着"的理解和应用的正确率都不是很高。因此在对留学生进行"着"字句的教学时，除了要有习得顺序之外，还要对学到一年半左右的留学生习得"着"字句有一个强化复习的过程。这样要求的原因在于留学生在学习初期通过一定顺序习得了"着"的不同句式，但之后随着时间的推移和与"了"、"过"掺杂进来产生了混淆，使得中级水平的留学生对"着"句型的正确率甚至不如初级学生。通过对部分学习了一年半左右的外国留学生的作文调查后发现，"了"和"着"发生混淆的偏误问题较多。比如有的外国留学生在作文中会写"我计划出门旅行着"，或者是"我打算着出门旅行"这样的句子。通过访谈方式得知，第一个偏误产生的原因在于他想说他正在计划出门旅行，但是他忘了"着"应该在句子的哪里，只记得"着"是表示正在做的事情。而第二个偏误则是因为"着"有前面状态一直持续的意思，他一直在打算出门旅行，他认为这个"打算"的状态一直存在，所以要用这个"着"。而在纠正他，这个"打算"没有存在状态，只是一个想法，瞬间出现的想法的时候，他又会问是不是"我打算了出门旅行"，因为打算这个动作已经实现了。不仅是"着"和"了"两个语法点掌握的不牢固，留学生们也经常忘记了"着"应该出现在什么样的动词后面表示状态持续的限制条件。这就需要在中级阶段，对一些初级阶段学习过的，但易与其他语法点相混淆的，不容易理解和应用的语法点进行再学习，而这个顺序则不一定与习得顺序一样，应

该根据学生中级阶段对"着"的掌握程度而进行教学编排。可以在批改学生的作业时，对"着"的偏误进行着重指出，并简单在批文解释这里为什么用"着"或不用"着"，用"着"以后，句子是什么意思或不用"着"句子的意思是什么。而课堂授课的时候，教师在讲解新的语法点或生词时，如果可以用"着"的某一个含义进行造句，教师可以先造一个句子，在让学生理解新知识的意思的同时，对之前学过的"着"的一个语法含义进行强化复习。需要注意的是，不论是批改作文还是课堂再讲解，都不能只单纯告诉学生，这个句子这里要用"着"或者是某一个词后面要用"着"。而是告诉学生，这里用"着"的原因，句子要表达什么样的含义，而"着"就可以表示这样的意思，新学的生词有这样的含义，而"着"可以和这个词用在一起因为"着"的某一个含义和它搭配，就是要表述如此含义。此外，还可以在外国留学生学习汉语一年半左右的时候，对一些汉语特有的有多个含义的虚词整理成一个专题类型的词汇强化复习课，例如"了""着"和"过"也可以在讲解后进行一些练习。但不能完全将每个含义直接按照语法书或者教材顺序进行讲解，要根据不同学校的学生对这些多含义虚词的掌握情况和偏误问题重新拟定一个与习得顺序不同的强化顺序。以"着"为例，如果我们综合李、周文的七班、八班和中级 2 班对"着"的不同句式的正确率情况，所给出的"着"的复习顺序如下：1 静，5 句式，7 句式，2 动，3 动，1 动，4 静，3 静，2 静，4 动。其中 6 句式，即"着"的祈使句形式需要进行详细讲解，让学生们能够理解应用范围和使用方法。这个复习顺序可以做到"动""静"交融，很好地整合了学生们已学过的"着"的用法。

4.3 韩国留学生对"着"的复习顺序

在中级 2 班的 26 位留学生中，韩国学生所占人数较多，有 14 位。他们的正确率是否能够代表留学生群体的正确率呢？我们统计的结果显示：韩国学生对"着"句型的正确率排名为 4 动，3 静和 1 动，2 静，3 动，4 静，5 句式，1 静，2 动和 7 句式。与中 2 班整体正确率排行对比后发现，对于 2 动，即"V 着+宾语"句式的动态义，以及"V 着 V 着"的句式，韩国学生的正确率相比于其它留学生都偏低。通过对韩国留学生的访谈后我们得知，这与韩语中形容词后不加"着"有关，汉语中既有动词含义，也有形容词含义的词语很多。问卷中如填空题"草正绿着"这道题的绿就是动词含义，很多韩国学生把"着"加到"草"或者"正"之后就是因为母语负迁移的原因。而"V 着 V 着"在韩语里没有相似的结构，所以很多韩国学生即使在中级阶段才学习这个句式，仍不能理解什么时候需要使用它，依然会选择"我睡着就哭醒了"这样的答案。而通过和韩国留学生的交流中也能够发现，他们想要表达自己再好好找找的意思时，会用"找着找着"这样的说法。这是由于找着找着的含义也有表示行为进行的意思，他们想要说将来继续进行找的动作状态的时候，会使用这个用法。这就告诉我们，当班级中韩国学生比例较高的时候，对一些既可以做动词也可以做形容词的生词要着重讲解和区分，尤其是"红"和"绿"这种用作形容词比动词更常见的词。至于"V着V着"，要在强化复习的时候再讲一讲它的含义和使用句型。在课堂练习和作业的阶段，多关注一下韩国学生的掌握情况。对于韩国学生的复习顺序，"V着+宾语"表示动态义和"V着V着"这两个句型应该最先进行复习。

五、结语：建立科学的复习课

中级水平的学生对"着"的掌握程度较差并非是个例。周小兵（2007）在对中级班的"着"习得情况考察后也发现，除了留学生造句时有意回避使用"着"以外，由于母语负迁移而出现"着"的偏误是一个原因。周文认为并非学习时间越长，"着"的习得程度就会越高。因为学习时间长短和遗忘率存在有一定关系，时间间隔越长，偏误率就越高。这也与"着"的句式多样、理解难度较高、留学生缺少再次学习的过程有关。因此，在中级阶段，需要对"着"以及其它一些初级阶段学习过但理解难度较高、含义多变的语法点进行复习。复习不应该是简单的重温，而是要根据此内容与新学内容的交融、混淆的情况，科学地设计复习课。对于"着"来说，要根据学生的掌握情况，对句型难度进行重新编排强化复习顺序，使留学生能够回忆起一些语法点的含义和应用范围，并进一步掌握"着"与"了""过"的不同；通过再次学习和记忆，巩固之前的知识。而不同国别的外国留学生，由于母语的差异，它们会对不同的语法点产生偏误，这就需要观察班级的国籍结构，班级内某一国家学生较多的时候，可以进行访谈，了解他们出现偏误的原因，从而进行语法点偏误整理，找到属于你的班级的强化复习顺序，进而进行再次讲解与强化复习。至于强化复习的效果以及是否对语法点回避问题能有一定的效果，则需要进一步的探讨。

附录 D 大学中级 2 班 "着" 习得情况调查问卷

一、个人情况

    1. 您来自哪个国家?

    2. 您的母语是?

    3. 您通过了几级 HSK 考试? (HSK1/2/3/4/5/6)

二、请在您认为需要的地方加 "着"。

    1. 门口站一群人。

    2. 马克手上拿一本汉语词典。

    3. 草正绿。

    4. 他拿水进教室。

    5. 小朋友哭哭就醒了。

    6. "so beautiful girl" 他唱。

    7. 他计划明天去哪玩。

    8. 老师正在讲考试的内容,你听点儿!

    9. 广场上跑一群孩子。

    10. 老师看黑板讲课。

    11. 小红说说就哭了。

    12. 前面有车,你看点儿!

三、选择题

    1. 我_____就哭醒了。

    A 睡   B 睡着   C 睡着睡着   D 睡着睡

    2. 桌子上_____一本书。

    A 放   B 放着   C 放着放着   D 不填

    3. 教室里_____两个人。

    A 坐着   B 坐着坐着 C 坐   D 不填

    4. 这个菜_____。

    A 炒着   B 炒   C 炒着吃   D 吃

    5. 他听_____音乐洗衣服。

    A 着   B 着着   C 着   D 不填

    6. 小万_____金项链。

A 戴着戴　　B 戴着　　　C 戴　　　　D 不填

7. 这节课的汉语老师是? (干扰项)

8. 我们正____饭，他进来了。

A 吃着　　B 吃　　　C 不填　　　D 吃着吃着

9. 教室墙上____一幅画。

A 挂着　　B 挂　　　C 挂着挂着　　D 不填

10. 亲爱的，最近没钱了，你____。

A 省着点儿　　B 省点儿　　C 省　　　D 省着

参考文献

卞知美 2012.韩国留学生动态助词"着"的习得情况考察，复旦大学硕士论文。

李蕊，周小兵 2005.对外汉语教学助词"着"的选项与排序，《世界汉语教学》第1期：64-70+115。

刘丽华 2007.动态助词"着"的对外汉语教学研究，中南大学硕士论文。

刘舒婷 2016.韩国学生汉语动态助词"了"、"着"、"过"的习得顺序研究及教学建议，渤海大学硕士论文。

王海峰 2011.《国别化：对韩汉语教学法（上）——语言要素教学篇》，北京：北京大学出版社。

薛晶晶 2003.现代汉语动态助词"了""着""过"的对韩教学研究，广西大学硕士论文。

杨寄洲 2000.对外汉语教学初级阶段语法项目的排序问题，《语言教学与研究》第3期：9-14。

张婷 2013.留学生习得汉语助词"着、了、过"过程顺序研究——兼论《发展汉语》教材问题，西北大学硕士论文。

张斌 2005.《现代汉语虚词词典》，北京：商务印书馆。

周国光 2004.汉语时间系统习得状况的考察，《语言文字应用》第4期：33-40。

周小兵 2003."着"的教学与对外汉语教学语法，《对外汉语教学与研究》，南京：南京大学出版社。

周小兵 2007."着"的习得情况考察，陆俭明 2007.《第八届汉语国际汉语教学讨论会文选》北京：高等教育出版社。

表现结果的汉日语的句法考察

——对《新实用汉语课本》结果补语结构的思考

河原畑希久

（立命馆亚洲太平洋大学）

摘要： 在对外汉语教学当中，汉语学习者是在初中级阶段开始接触结果补语的，初级水平的学习者在学习过程中会出现很多偏误，有些偏误甚至在高级水平的学习者身上也会出现。以往日本在结果补语的教学上，只重视"动词＋结果补语"的结构，忽略了句子本身的结构。此次笔者用汉语和日语对比的方法，考察结果补语周围的词组、句子的结构及功能，以提高结果补语的教学效果。

关键词： 句法 VR 结构 NP1+VR+N2 结构 NP1+NP2+VR 结构 NP1+VR 结构

〇、引言

　　学习者在初中级阶段开始接触结果补语，对以日语为母语的学习者来说，这个语法点是很难学会的，甚至高级水平的学习者在汉语交际中也会出现各种问题。现在本大学使用的课本《新实用汉语课本》是由北京语言大学出版社出版的，每课是由两篇课文和 5 到 6 个练习题构成。这本书很重视语言结构，课文里的固定搭配、语法和词汇也是按照语言结构的难易程度进行编排的。编写汉语教材时重视汉语的结构可以培养学习者的汉语结构分析能力。比如说，学习目标在设置情态补语"得"的时候，教材的编者先把很多有关使用情态补语的例句拿出来，然后看这些例句来决定课文内容。前半部分的练习题主要是"得"的词组排列问题和句型替换问题。剩下的练习题是根据话题和功能来做的交际会话，这部分的练习题只占上课时间的四分之一。比如说，情态补语可以根据补语的功能来设置一些"评价动作或行为"的练习题，学习者可以使用这些练习题来练习会话。本文的研究对象主要是结果补语，所谓结果补语，从语言结构的角度来看，也就是动词后边加上的成分。汉语学习者在不同的学习阶段会接触到不同类型的补语。具体的分类，详见下表。

初级	初中级	中级	中高级	高级

结果补语接触阶段				第1阶段	第2阶段	第3阶段	第4阶段
课文里出现的所有补语	动词谓语	表示情态的VR①	表示趋向的VR	表示程度的VR	表示结果的VR①	表示情态的VR②	表示结果的VR②	表示结果的VR③	表示结果（可能）的VR④
					第18课 听懂 包好	第25课 找到 停在 喝完	第34课 睡着 站住	第36课 放不下 走不了

图1 《新实用汉语课本》中不同教学阶段的补语类别

初级阶段的学习者首先接触到的补语就是情态补语，然后是趋向补语和结果补语，而可能补语作为补语当中难度较高的语法点，教材编辑者决定将可能补语拆分为几个部分，依难易程度进行教学。《新实用汉语课本》，把结果补语分为4种类型，但是，我们很难精准地按照难易程度区分这4种类型。参考其他几本同样是以结构为主的课本，里面也没有明确的分类。以结构为主的课本在说明结果补语时，详细讲解的重点部分是动词后边的补语成分。比如说，"看完"的"完"是"动词的动作完成"。"没看完"是对"结果补语"的否定。但是，把结果补语放在句子里，以句子整体结构来进行研究的课本还是很少的，这有可能是造成学习者在学习结果补语时产生偏误的原因之一。学习者很难区分像"这本书我还没看完"、"我还没把这本书看完"和"我还没看完这本书"这类句子的异同，而且在使用的时候也会出现偏误。

以往有很多结果补语的研究成果，比如：陆剑明（1990）、沈家煊（2004）、石村広（2011）他们不仅研究"动词＋结果补语"的结构（以下VR结构），而且也从VR结构所在句子中的词组、短语、句子特征的角度进行了研究。但现在在结果补语的教学上，还是使用以往重视的"V＋R"的结构，很难说以上这些研究成果在实际教学上得到了有效的应用。这次考察从VR结构所在句子中的词组、短语、句子的句法性方面定焦点，通过中日语言对比，探讨如何从教学上快速高效地提高学者对结果补语的理解和运用。

一、VR 结构的基本类型

汉语表现结果的句法类型可概括为以下三种：

（1）NP1+VR+NP2 句式　我看完了这本书。（私は、この本を読み終えた。）

（2）NP1+NP2+VR 句式　这本书我看完了。（この本は/を、私（は）読み終えた。）

（3）NP1+VR 句式　这本书看完了。　　（この本は/を読み終わった。）

（NP: 名词短语　　VR: 动补短语）

（1）NP1+VR+NP2 结构的句式类型，是中文里表现结构的基本句式。也可替换成以下句式：NP1+把+NP2+VR 结构 我把这本书看完了。（私は、この本を読み終えた。）

NP1+VR+NP2 结构的句式类型中，补语 R 不仅可以用"把"字替换，也可以用"给"、"在"、"到"替换。基本句式和替换后的句式，既有相似之处，又有不同之处。关于这一点本文不拟展开讨论。

（2）NP1+NP2+VR 结构的句式类型，一般 NP1 是主题，NP2 是主语。我们认为一般动词后边加上 R 的时候会存在时态的变化，看①～③的例句，NP1+VR+NP2 句式的NP2，NP1+NP2+VR 句式的 NP1 中时态变化可用语序的变化来表示。详细论述参见本文第二章。

①　NP1+V+NP2 式　　我买机票。　　　（私はチケットを買う。）

②　NP1+VR+NP2 式　　我买好了机票。　（私はチケットを買い終えた。）

③　NP1+NP2+VR 式　　机票我买好了。　（チケットは/を私（は）買い終えた。）

（3）NP1+VR 结构是 NP1+NP2+VR 中省略了 NP2 的句式。比如，NP1+VR 式的"机票买好了"是把 NP1+NP2+VR 式的"机票我买好了"中的 NP2"我"省略了。NP1+NP2+VR 式中的 NP2 什么时候可以省略，省略的时候和 VR 结构有什么关系，可以通过 NP1+VR 句式和被动句，NP1+VR 句式和汉日的及物、不及物动词来进行研究。具体的研究内容，详见本文第三章。

二、NP1+NP2+VR 句式的成立条件

2.1 NP1+NP2+VR 句式的考察对象

NP1+NP2+VR 成立的句式，有以下①→③个时间变化的过程。

① NP1+V+NP2 句式 　　我买机票 　　（私はチケットを買う。）

② NP1+VR+NP2 句式 　　我买好了机票。 　　（私はチケットを買い終えた。）

③ NP1+NP2+VR 句式 　　机票我买好了。 　　（チケットは私(は)買い終えた。）

①是动作还没开始的句子，②和③是动作完成的 VR 式句子。②里的 NP2 是有时态变化的，把它放到③里的 NP1。②NP2 变为③NP1 时，V 和 R 有什么样的关系? 这里，我们以《新实用汉语课本》1～4 里的主要 V 动词和主要 R 补语为例，把它们同日语的持续性的 V/R 和瞬间性的 V/R 进行对照加以考察。

持续性 V： 　（单纯动作）　买（買う）　做（する）　包（包む）

　　　　　　　　　　　　穿（着る）　找（探す）

　　　　　　（感觉）　听（聞く（+聞こえる））　说（話す）

　　　　　　　　　　　看（見る（+見える））　记（覚える）

持续性 R： 坏（ボロボロにする）　　好（きちんと～する）

　　　　　完（～し終える）　　　　上（～完成させる、しあげる）

　　　　　住（しっかりと固定定着した状態にする）

瞬间性 V： 住（住む）　拿（持つ）　记（覚える）　坐（座る）　穿（着る）

　　　　　睡（寝る）　收（受ける）　见（会う 見かける）

瞬间性（状态）R： 懂（～してわかる）　错（～し間違える）

　　　　　　　　好（きちんと～なる）　到（目的に達する）

　　　　　　　　完（～し終わる）　　見（聴覚、嗅覚等捉える）

　　　　　　　　坏（ボロボロになる）　住（しっかりと固定定着した状態になる）

此外，NP1+VR+NP2 式的 NP2（NP1+NP2+VR 式的 NP1）是 "人" 或 "物体" 时对这个成立条件的影响。

NP1+VR+NP2 句式 　　　　　　　　　　NP1+NP2+VR 句式

持续性 V、持续、瞬间性 R 　N2：物体

（4）你包好这个包裹。 　　　　　　　这个包裹你包好。

（あなたはこの小包を包んでください。）　（この小包、あなたはきちんと包ん

　　　　　　　　　　　　　　　　　　　　　　　　　　でください。）

持续性 V、持续、瞬间性 R　N2：物体+完成时态"了"

（5）我包好了这个包裹　　　　　　　　　这个包裹我已经包好了。

（私は、この小包を包み終えた。）　　（この小包は（私は）包み終えたよ。）

持续性 V、瞬间性 R　N2：人

（6）在人群中，我看见你。　　　　　　　*你我看见。

（人混みの中で、あなたを見つける。）

持续性 V、瞬间性 R　N2：物

（7）我看见学生的试卷，（我看到他答得不好）。　*学生的试卷我看见，

　　　　　　　　　　　　　　　　　　　　（我看到他答得不好。）

（学生のテスト用紙が見えたが、回答は良くなかった。）

持续性 V、瞬间性 R　N2：人+完成时态"了"

（8）我已看见你了。　　　　　　　　　　*你我已经看见了。

（私はあなたを見かけたよ。）

持续性 V、瞬间性 R　N2：物+完成时态"了"

（9）我看见学生的试卷了。　　　　　　　学生的试卷我看见（到）了。

（学生のテスト用紙を見た。）　　　　（学生のテスト用紙を見たよ。）

瞬间性 V、瞬间性 R　N2：物

（10）我要记住这件事情。　　　　　　　*这件事情我要记住。

（私は、この件を覚える。/覚えている。）　这件事（让）我记住。

瞬间性 V、瞬间性 R　N2：人

（11）我要记住他。　　　　　　　　　　*他我要记住。

（彼のことを忘れずに覚えている。）　　他（让/说）我要记住。

瞬间性 V、瞬间性 R　N2：人+完成时态"了"

（12）我已经记住你了。　　　　　　　　*你我已经记住了。

（私はもうあなたのことを覚えたよ。）

瞬间性 V、瞬间性 R　N2：物+完成时态"了"

（13）我已经记住这些规则了　　　　　　这些规则我已经记住了。

（この規則をすでに覚えた。）　　　　（この規則はすでに覚えた。）

2.2 NP1+NP2+VR 句式和时态变化

持续性动词和补语是从动作开始到动作结束时不断保持的动作。这里用"买"举例说明，1."开始买" 2."正在买" 3."买的动作结束"，同一时间内，买的动作一直持续。瞬间性动词和补语是这个动作瞬间结束，但状态持续。这里用"坐"举例说明，"坐"的动作瞬间就结束，但动作结束后的状态是一直保持不变的。以往补语 R 是为了进一步说明补助动词的功能而放在动词 V 的后边。但有很多补语本身就具有动词的性质。结果补语是表现动作行为的结果，因而结果补语大多数有瞬间的性质，也就是状态的持续。从句式来看，它是，施事者向受事者（人物和物体）做的某些行为，受事者以施事者的行为来改变状态（结果）的句子。

从（4）和（5）的例句来看，它们同时拥有持续性的 V 和持续、瞬间性的 R 的性质。在这种情况下，有没有时态"了"都可以造出 NP1+NP2+VR 的句式。拥有持续性的 V 和 R 的句子更容易构成 NP1+NP2+VR 式句子。在（4）和（5）的例子里使用的 R "好"（きちんと-する/なる）拥有持续、瞬间两个性质，持续性 R "好"本身有表现时态的功能。（4）和（5）的条件下，NP1+VR+NP2 句式和 NP1+NP2+VR 句式在语义上存在差异。NP1+VR+NP2 的 NP2 变成 NP1+NP2+VR 的 NP1 后，NP1+NP2+VR 句式里有了"同意、嘱咐、提示)"等功能。从（7）和（9）的例句来看，它们拥有持续性的 V 和瞬间性的 R 的性质。（7）是一个病句，补语 R "见"（听觉、嗅觉等捉える）本身表示结果、时态的功能较弱，所以必须需要"了"来进一步补充。因此没有"了"的辅助，（7）NP1+VR+NP2 就不能完成前半部分句子功能，这个时候的 NP2 会影响到NP1+NP2+VR 句式的主题 N1。一个表示结果的句子里 R 如果没有时态功能，就会使NP1+VR+NP2 句式难以成立。NP1+VR+NP2 句式的 NP2 变成 NP1+NP2+VR 句式的 NP1的同时，会使 NP1+NP2+VR 句式在语义上的出现差异，也就是说 NP1+NP2+VR 句式在NP1+VR+NP2 句式的语义加上了"同意、嘱咐、提示"等主观性的成分。不能把NP1+NP2+VR 替换成 NP1+VR+NP2 句式，因为 NP1+VR+NP2 句式的 R 已具有时态性功能。（10）和（13）的 V 和 R 都有瞬间的性质，（10）是病句。（13）的 NP1+VR+NP2句式和 NP1+NP2+VR 句式相比，如果 NP1+VR+NP2 句式不受条件限制，那么 V 没有动作性，R 也没有时态功能，所以 NP1+VR+NP2 句式是不成立的。（7）和（9）有同样的现象，NP1+VR+NP2 句式的 NP2 变成 NP1+NP2+VR 句式的 NP1 的同时，这个变化带来 NP1+NP2+VR 句式的语义上的差异，这次是 NP1+NP2+VR 句式在 NP1+VR+NP2句式的语义加上了"使令"等主观性的成分。

196

2.3 NP1+VR+NP2 句式的 N2 的施事者

（6）（8）（11）（12）的例句，可以知道在 NP1+VR+NP2 句式中，如果 N2 的施事者不是"物体"，而是"人"时，那么 NP1+NP2+VR 句式不能成立。在 2.2 节中，提到 NP1+VR+NP2 句式变成 NP1+NP2+VR 句式时，NP1+NP2+VR 句式也有了主观性的功能，也就是说它们拥有"让""叫""使""令""请"字句的功能。

NP1+VR+NP2 句式	NP1+NP2+VR 句式	"让、叫、使、令、请"字句
（6）在人群中，我看见你。	*你我看见。	你让我看见。
（8）我已经看见你了。	*你我已经看见了。	你已经叫我看见你的样子了。
（11）我要记住他。	*他我要我记住。	他要让我记住他的事情。
（12）我已经记住你了。	*你我已经记住了。	你已经让我记住你的事情了。

NP1+NP2+VR 和"让""叫""使""令""请"字句的运用比较将在下一课题中研究。

三、NP1+VR 句式的成立条件

3.1 NP1+VR 句式的考察对象

①-③的例句是在论述第二章的时候提到的，省略 NP1+NP2+VR 句式的 NP2 的结构。在 NP1+VR 句式里受事者在主题和主语的位置的时候，和日语对比，功能上可分三大类。

① 我的自行车骑走了。　（私の自転車は乗っていかれた。）

② 门关上了。　（ドアは/が閉まった。）

③ 照片收到了。　（写真は/を受け取った。）

仅从句法上看①的句式是没有明确标识的被字句。受事者在主语的位置的时候，日语学习者常想到的句式是表示被动的"被"字句。但是使用"被"字句是有限制的。只有在受事者有"损失"时，才会经常使用"被"字句。以往的汉语课本和语法书上经常提到，没有明确标识的被字句是从该句子前后的句子的连贯性判断出来的。表示被动的且标出"被""叫""给"等表示被动词语的例句，可以替换成 NP1+VR 的句子来，通过这些可以考察未标被动的 NP1+NP2+VR 句式里是否存在语法规则。

②是一个有几个歧义的句式，单独看这句话，会有两个意思：一是因为有风，所以门自动关上了。二是有人把门关上了。NP1+VR 句式和日语的自动词、他动词进行比较。

③的例句是虽然受事者在主语的位置，但属于NP1+NP2+VR句式中省略NP2主动的他动性句式。

	①	②	③	④
NP1+VR句式　　"被"字句	原型	他动词	自动词	被动形式
	（V补语	（V补语	（V补语	（V补语
	原型）	他动词）	自动词）	被动形式）

3.2.1 R的损失程度高、①④类型

（14）蔬菜咬坏了。 蔬菜被（　　）咬坏了。

　　　　　　　　　　　　　　　　　噛む　　　　　　　　噛まれる

　　　　　　　　　　　　　　　（V壊す）（V壊れる）

（15）我的脚踩坏了。我的脚被（　　）踩坏了。

　　　　　　　　　　　　　　　　踏む　　　　　　　　踏まれる

　　　　　　　　　　　　　　（V壊す）（V壊れる）

3.2.2 R的损失程度高、R"从中心离开，没有"类型

（16）我的自行车骑走了。我的自行车被（　　）骑走了。

　　　　　　　　　　　　　　　乗る　　　　　　　　　乗られる

　　　　　　　　　　　　　　（Vいく）　　　　　　　（Vいかれる）

（17）那本书拿走了。 那本书被（　　）拿走了

　　　　　　　　　　　　　　　持つ　　　　　　　　　持たれる

　　　　　　　　　　　　　　（Vいく）　　　　　　　（Vいかれる）

（18）只有一个剩下的蛋糕也吃光了。蛋糕被(　　)吃光了。

　　　　　　　　　　　　　　　食べる　　　　　　　　食べられる

　　　　　　　　　　　　　（Vなくなる）

3.3.1 R的损失程度高、②③④类型

（19）衣服弄脏了。衣服被(　　)弄脏了。　　　　汚す　　汚れる　　汚される

（20）窗户打碎了。窗户被（　　）打碎了。　　　　割る　　割れる　　割られる

（21）房子烧掉了。房子被（　　）烧（掉）了。燃やす　燃える　燃やされる

3.3.2 R 的动词性质比较强的类型

（22）树刮倒了。　　树被（　　）刮倒了。吹く　　　　　　（V 倒れる）吹かれる

（23）门吹开了。　　门被　（　　）吹开了。

　　　　　　　　　　　　　　　　　吹く　　　　　　　　　吹かれる

　　　　　　　　　　　　　　　（V 開ける）（V 開く）

（24）国会召开了。　国会被（　　）召开了。

　　　　　　　　　　　　　　　召集する　　　　　　　召集される

　　　　　　　　　　　　　　（V 始める）（V 始まる）

3.3.3 R 的话题性比较强的类型

（25）我的话都听见了。我的话叫（　　）听见了。

　　　　　　　　　　　　聞く　　　　　聞こえる 聞かれる

3.3.4 损失程度较低的 R 的情况

（26）这本书/看完了。　这本书被（　　）看完了。

　　　　　　　　　　　　　　　見る　　　　　　　　見られる

　　　　　　　　　　　　　（V 終える）（V 終わる）

（27）邮件收到了。*邮件被（　　）收到了。

　　　　　　　　　　　　　　受ける

　　　　　　　　　　　　　（V とる）　　　　　　　（V とられる）

（28）饭/吃好了。　*饭被（　　）　吃好了。

　　　　　　　　　　　　　食べる　　　　　　　食べられる

　　　　　　　　　　　　（きちんと V する）

（29）汉字写错了。*汉字被（　　）写错了。

　　　　　　　　　　　　書く　　　　　　　　書かれる

　　　　　　　　　　　（V 間違える）　　（V 間違えられる）

　　　　　　　　　　　（V 間違う）　　　　（V 間違われる）

3.2 NP1+VR 句式的被动功能的特点

3.2.1 R 的损失程度高、①④类型

（14）蔬菜咬坏了。

（野菜は（虫に）食われた。野菜は虫に食べられて悪くなった。）

（15）我的脚踩坏了。

（足を踏まれた。足を踏まれて痛めた。）

R"坏"是表示损失程度较高的词，"咬坏""踩坏"在用日语进行表达的时候，只能用被字句。被字句一定存在受事和施事关系。这样的条件下 NP1+VR 句式要用被字句表达。

3.2.2 R 的损失程度高、R"从中心离开，没有" ①④类型

（16）我的自行车骑走了。　　　　　（私の自転車は乗っていかれた。）

（17）那本书拿走了。　　　　　　　（その本は持っていかれた。）

　　　 那本书/拿走了。　　　　　　（その本は、持っていった（よ）。）

（18）只剩下一块蛋糕也吃光了。　　（残っていたケーキも食べられた。）

　　　 蛋糕/吃光了。　　　　　　　（ケーキは食べてしまった。）

R"走""光"、V 都是表示损失程度低较低的词、R 拥有"离开、没有"等消极方面的意思，但基本上没有能够判断 NP1+VR 句式是被动句式还是主动句式的因素。在日语里，这些 R 对应的动词和补助动词只能做能动性动词、被动性动词，在这种条件下，NP1+VR 是被动句式的可能性很大。而当 R 的损失功能较弱时，NP1+NP2+VR 被动句式的无标志功能就会移动到 NP1+NP2+VR 句子的 NP1 和省略的 NP2 上来。从（17）（18）来看，用停顿来辨别句式的被动功能是很好的办法，停顿在 NP1+VR 句式功能的判断上起到了很大的作用，也是区别 NP1+VR 句式的各个功能时的重要的无标标记之一。

3.3 NP 1+VR 句式的自他动词功能的特点

3.3.1 R 的损失程度高、②③④类型

（19）衣服弄脏了。　　　（服が汚れた。）

　　　 衣服/弄脏了。　　　（服を汚した。服を汚された。）

（20）窗户打碎了。　　　（窓ガラスが割れた。）

（21）房子烧掉了。　　　（家が燃えた。）

R "脏""碎""掉""倒"都是损失程度高的词语,只有在这种损失程度高的条件下
(19)(20)(21)的例句,才具有他动性的可能、自动性的可能和被动性的功能的可能。
例(19)有三层意思,一是"自己把衣服弄脏了。"二是"不是自己弄的,也不知道别
人什么时候弄的,但发现衣服已经脏了"。三是"衣服被别人弄脏了。"如何确定 NP1+VR
句式是自动性句式还是被动句式,我们可以通过看这个句子能否完全替换成被字句来判
断,如果能完全替换,那么该句子是自动性句式,反之,则是被动句式。除此之外,NP1+VR
句式是省略 NP2NP1+NP2+VR 句式,并且省略的一般是不太重要的成分。根据这样的
原则,可以判断出这些 NP1+VR 的自动性比较强。在 3.2.2 中,笔者曾论述过,停顿是
区别 NP1+VR 句式的各个功能时的重要的无标记之一。(19)是通过强调停顿的前半
部分来区别自动、他动、被动的句式。关于这方面的具体研究会在以后的课题中进行。

3.3.2 R 动词性功能比较强的 R

(22)树刮倒了。 　　(木が風で倒れた。木が風に吹かれて倒れた。)

(23)门吹开了。 　　(門が風で開いた。門は風に吹かれて開いた。)

(24)国会召开了。

　　　　　　　　　(国会が始まった。国会が開かれた。

　　　　　　　　　国会が召集されて開始した。)

"倒""开"是具有动词性功能的 R,而在日语中,汉语的 R "倒""开"是动词。
这些例句里的 V 是日语的动词①④类型,从 3.2.1 的规则来看,这些例句应该倾向于被
动句的范畴。但这次的 VR 的 R 的功能比 V 本身的功能强,这些 R 是日语动词的②③
④类型。在这样的条件下(22)(23)(24)句式可以成为自动性句式。

3.3.3 重视话题类型

(25)我的话都听见了。 　　(私の話は全て聞かれた。)

(25)例句中的 R "见"和 V "听"都是感官动词。日语有被动性的动词。要判断 NP1+V
句式是自动性句式还是被动性句式,看 VR 是否具有损失的性质,按照这一规则,
NP1+VR 句式是自动性句式。但(25)的例句是被动句式,所以,可以得出这样一个结
论:VR 在损失程度低的时候,区分被动句式和自动性句式的无标记会移动到主题 NP1
和主语 NP2 的部分上来的。

3.3.4 损失程度较低的 R 的情况

（26）这本书看完了。　　　　　（この本は読み終わった。）

　　　这本书我看完了。　　　　（この本は/を私は読み終えた。）

（27）邮件收到了。　　　　　　（メールは受け取った。/受け取っている。）

　　　邮件他收到了。　　　　　（メールは彼は/が受け取った。）

（28）饭吃好了。　　　　　　　（ご飯はきちんと食べた。）

　　　饭我吃好了。　　　　　　（ご飯は/をきちんと食べた。）

（29）汉字写错了。　　　　　　（漢字を書き間違えた。）

　　　你（的）汉字写错了。　　（あなたの書いた漢字は書き間違えているよ。）

　　在 NP1+VR 句式里受事者在主题和主语的位置的时候，VR 损失负面性较高，被动句和自动句成立。相反，如果 VR 的积极性强，更容易成立自动句。（26）VR 的损失比较低，但可以改写为被动句。日语中，如果句子里有自动性、他动性的动词时，主题部分往往是事情，所以 NP1＋VR 句式具有自动性功能。第二章提到的 NP1＋NP2＋VR 句式则具有他动性的功能。　（27）VR 的损失都比较低，不能改写为被动句，日语里也没有自动，他动性的动词。（28）（29）中的 R 是形容词，形容词本身具有状态性的特点。这种情况下，NP1+VR 句式强调不是自动他动性，用强调的主题部分来表示动作行为自然地进行。这个时候的 NP1＋NP2＋VR 句式，强调用 NP2 主语部分来表示动作行为有意识地进行。

四、结语

　　本文从汉日两种语言对结果补语中的 NP1+VR+NP2 句式、NP1+NP2+VR 句式和 NP1+VR 句式进行了对比分析研究。从这些分析中，我们发现了在结果补语的句式里出现的时态，被动，自动，他动性的无标标记的规则。同时，我们也了解到，教师在教"结果补语"时，除了需要讲解"动词＋结果补语"的形式，还需要对不同汉语级别的学生，分阶段进行"结果补语"不同方面的教授与应用。具体如何对"结果补语"进行阶段性教学，我们会在以后的课题中进行研究。

参考文献

陈玥 2019.<论受事主语句 "V 得" 句是一种性状描写句>,《第十届现代汉语语法国际讨论会》

衛榕群 汪晓京 共著 2012.『入門リアルタッチ中国』,朝日出版社

郭春貴 2001.『誤用から学ぶ中国語』,白帝社

郭春貴 2014.『誤用から学ぶ中国語』,続編 1 白帝社

郭春貴 2017.『誤用から学ぶ中国語』,続編 2 白帝社

勝川裕子 2015.「中国語における〈不可能〉とモダリティ」,『ことばの科学』第 29 号

刘丹青 2003.《语序类型学与介词理论》,商务印书馆

刘珣 主编 2010.《新实用汉语课本》1～4,北京语言大学出版社

陆俭明 沈阳 著 2016.《汉语和汉语研究十五讲》,北京大学出版社

宮川大輔 温琳 共著 2012.『話そう！実践中国語』,朝日出版社

西川和男 2007.「日本語と中国語の違いからみた日本人に対する補語の教授法について」,
　　『日中対照言語学研究論文集』,和泉書店

彭飞 2007.「V+テイル構文と【在+V】【V+着】構文との比較研究」,『日中対照言語学研究論文集』,
　　和泉書店

沈家煊 2011.《语法六讲》,商务印书馆

沈家煊 著下地早智子 王彩麗 訳 2004.「VR 構造"追-累（追う‐疲れる）"の文法と意味」,
　　《语言科学》第 3 卷第 6 期

沈家煊 著 下地早智子 星野真一 訳 2005,「可能補語を表す動補構造 "V 得 C" と "V 不 C" の
　　非対称性を再び論じる」,《语法化与语法研究》(二),商务印书馆

石村広 2011.『中国語結果構文の研究』,白帝社

王占华 2017.《基于比较的 汉语教学法》,朋友書店

杨寄洲 1999.《汉语教程》 第一册（上下）第二册（上下）,北京语言大学出版社

日语让步句式汉译关系词的系统考察*

——以「テモ」句式为中心

孙宇雷

（中山大学）

摘要： 本研究通过对汉日对比语料库的调查，完成「テモ」对应汉语关系词考察研究。在对汉语关系词系统化建构的基础上，系统考察「テモ」的汉译关系词，阐述其用法和特点。「テモ」对应关系词主要集中在"纵"系列，也偶有向"虽"系列过渡的情形，总体是以"夸张假言虚让"为中心，向"无条件"逐步递进，呈现"条件集合"无限扩张的趋势，也体现出说话人主观上更侧重于后句结果的成立。

关键词： 假言虚让 容认 纵予 无条件 条件集合

一、引言

汉语关系词体系庞杂，难以界定，综观汉语语法从《马氏文通》到黎锦熙（2007）、吕叔湘（1956）、邢福义（2001）等先行研究，我们可将汉语让步句式各关系词整理为以下三分体系，即分为"纵"系列、"虽"系列和"无"系列，据此系统考察汉语让步复句。本研究从「テモ」句式所对应的汉译关系词入手，依据对实际语料的调查结果，探讨「テモ」句汉译关系词的用法和特点。

参照图 1，依据先行研究，我们将汉语让步复句的关系词三分，三分系统下，各关系词按照纵列方式析出，同时，根据关系词分类的出处，将其分行陈列，得图 1。在图 1 的基础上，我们将综合「テモ」句的汉译关系词，从对应关系入手，进行系统考察，并阐明其与源语句式的对应关系。

*本研究为 2019 年广东省社会科学研究一般项目《基于平行语料库函数检定的汉日转折复句翻译共性研究》（项目编号：GD19CYY21）及博士后面上基金项目《日汉转折句目标语形与源语形共性研究》（项目编号：2019M653250）的阶段性成果。

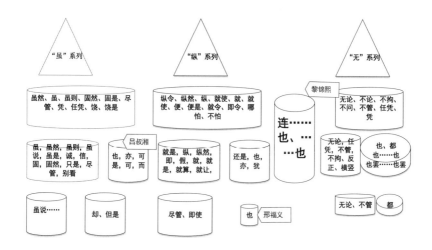

图 1 汉语让步复句关系词体系划分

在分析整理之前，首先根据图 2 的内容，将「テモ」对应的汉语关系词初步划分归类（根据出现频度高→低整理）。

① "即使"、"即使……也"、"即便"、"纵使……也"、"纵使"、"哪怕……也"；

② "无论……都"、"无论"、"不论……都"、"无论如何……只要……就"、"无论……还是……都"、"不论如何……都"；

③ "不管"、"不管怎样"、"不管……都"、"不管怎么说"、"不管怎么……都"、"不管……什么"；

④ "尽管……但是"、"尽管如此"、"尽管……也"、"尽管"、"虽说……也"

⑤ "就算"、"就是……也"、"就算……也"、"就是……还"。

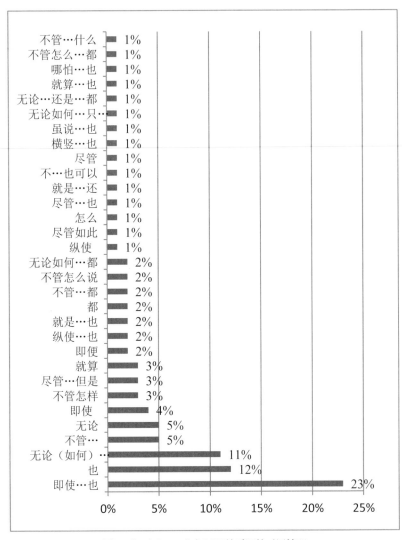

図2 「モ」「テモ」と漢語関係詞の対訳情況

観察以上帰類割分可知，与「テモ」実際対応漢訳関係詞，処于假言虚让＞无条件＞容
认＞实言虚让的顺位排列。按照图68，将各関係詞分类标记如下。

表1 「テモ」对应关系词整理

假言虚让
"即使"、"即使……也"、"即便"、"纵使……也"、 "纵使"、"哪怕……也"
无条件
"无论……都"、"无论"、"不论……都"、"无论如何……只要……就"、 "无论……还是……都"、"不论如何……都"
"不管"、"不管怎样"、"不管……都"、"不管怎么说"、 "不管怎么……都"、"不管……什么"
容认
"尽管……但是"、"尽管如此"、"尽管……也"、"尽管"、 "虽说……也"
实言虚让
"就算"、"就是……也"、"就算……也"、"就是……还"

在分析考察过程中我们发现，各关系词在实际使用时并非与分类严格对应，亦存在交叉、连续性的部分。以下结合例句展开说明。

二、"纵"系列关系词考察

在"纵"系列关系词中，与「テモ」形成对译的部分由"即使""即使……也""就算""就算……也""就是……也""就是……还"的形式组成。其中"即使""即使……也"在「テモ」的对译中出现数量最多，占比23%+4%。在翻译过程中，除"假言虚让"外，亦有"容认"与"实言虚让"的类型。

2.1 假言虚让

在假言虚让的情形下，邢福义进一步划分了"理性假言虚让"和"夸张假言虚让"的次类。"理性假言虚让"是可实现的，而"夸张假言虚让"则难以成为事实。按照这个标准二次分类，「モ」「テモ」对应"即使……也""即使"的例句中，"夸张假言虚让"占比最小，约 10%。

2.1.1 夸张假言虚让

在夸张假言虚让中，假设的内容都是夸张的、虚拟的，很难实际发生。

（1a）この様子じゃ痲頸をカカ<u>レテモ</u>、半ば無意識だって放免する積だろう。

（『坊ちゃん』）

（1b）照这样，<u>即使</u>睡梦中被砍了脑袋，<u>也</u>只能算是"半无意识"而加以豁免吗？

（《哥儿》）

（2a）イカ<u>ナル</u>難題を持チ込マ<u>レテモ</u>、断るということはないと思うんです。

（『あした来る人』）

（2b）<u>即使</u>天大的难题端到他面前，<u>也</u>不至于拒绝。（《情系明天》）

在（1a）、（1b）中，被"砍脑袋"虽夸张，但并不是完全不可能发生的事情；（2a）、（2b）当中，"天大的难题"这一译法是夸张的，但原文当中，「イカナル」和「テモ」共用，"不定指"均指向同一结果，相当于无条件用法。

2.1.2 理性假言虚让

理性假言虚让可以实际发生。假定这种情况发生，再谈论结果。在理性假言虚让中，"即使""即使……也"在「テモ」的对译中占比 47%。理性假言虚让相当于吕叔湘（1956）的"极端·衬托"。

（3a）牛乳配達を<u>シテモ</u>食ってられると覚悟をした。（『坊ちゃん』）

（3b）<u>即使</u>给人家送牛奶，<u>也</u>可以混碗饭吃。（《哥儿》）

（4a）月給袋そのまま二万三千円持って来<u>テモ</u>、それでやる八千代ではない。

（『あした来る人』）

（4b）八千代这人，即使把整个工资袋——两万三千元统统交给她，也还是不够花的。(《情系明天》)

在（3a）、（3b）中，"送牛奶"是一种很普通的职业，对于主人公"哥儿"来说，是不得已才会为之的工作。在（4a）、（4b）中，"把整个工资袋统统交给她"也是可行的，（3）、4）都并非夸张，但说话人（3）、（4）均代表着一定的限度，"送牛奶"对于"哥儿"来说，是个"下限"，而"整个工资袋"对于说话人来说，是个"上限"。因此理性假言虚让，亦体现出极端例示的特征。以上用法，除"即使""即使……也"之外，还有"就是……也""就是……还"的对译形式。

（5a）月給をみんな宿料に払ッテモ追っつかないかもしれぬ。(『坊ちゃん』)

（5b）就是把俺的薪水都付了房费，恐怕还无济于事哪。(《哥儿》)

（6a）金がアッテモ買わないんだと、その時は追っ払っちまった。(『坊ちゃん』)

（6b）"俺就是有钱，也不买！"那次，总算把他撵走了。(《哥儿》)

在（5）、（6）中，"薪水都付房费""有钱"，对于说话人来说都是一个"限度"或者"程度"。提高到一定的"限度""程度"上，结果仍然不变，用假设情况来证明结果不变。

2.1.3 实言虚让

邢福义（2001）认为实言虚让是"实话虚说"，是实际发生的事情，采用假定口吻使之虚拟化。本研究认为，"即使"＋"否定"依然可以构成"实言虚让"的形式。"实言虚让"占比15%。

（7a）島原デナクテモ、越前にもそれはある。(『越前竹人形』)

（7b）即使不说岛原，越前也有不少妓院。(《越前竹偶》)

（8a）名前まで確カメナクテモ、その人物は曾根に違いなかった。(『あした来る人』)

（8b）即使没问，此人也定是曾根无疑。(《情系明天》)

（9a）幹事に任命サレナクテモ、三沢は自然に幹事役を引き受けずにはいられぬ男らしかった。(『あした来る人』)

（9b）即使不被封为干事，三泽恐怕也要自动自觉地充当这一角色。(《情系明天》)

在（7）、（8）、（9）中，都是假定已有的事情没发生，但指向同一结果。"不说岛原""没问名字""不被封为干事"，都不影响后句结果。汉语构式为"即使＋"否定"，日语构式为「N デナクテモ」、「V ナクテモ」。

2.2 容认

吕叔湘（1956）认为，"容认"是"承认甲事为事实，接下去说乙事不因甲事而不成立"。在"即使"句中，"容认"占比26%。

（10a）炎の明りに照ラサレ<u>テモ</u>、何とまたうす暗い家だろう。（『越前竹人形』）

（10b）<u>即使</u>有明亮的火焰照耀，屋里<u>依然</u>是昏暗的。（《越前竹偶》）

（11a）タトエ小サク<u>テモ</u>、これだけの店を持つのは、少しばかりの金でないことを知っていた。（『あした来る人』）

（11b）<u>即使</u>规模小，但拥有这样一个店<u>也</u>不是轻易可以办到的。（《情系明天》）

（12a）少しぐらい欠点がアッ<u>テモ</u>、貴女のところなら我慢しますがね。（『あした来る人』）

（12b）如果是您那里，<u>即使</u>有点缺欠<u>也</u>可以将就。（《情系明天》）

在（10）、（11）、（12）当中，"有明亮的火焰照耀""模小"以及"有点欠缺"都是实际存在的情况，但上述情况不影响后句结果成立。与现行研究的结果不同，"即使"与"即使……也"出现在容认句中。因此从这一点看，可以说"纵"系列与"虽"系列存在连续性。

2.3 容认→纵予：就算、就是

"纵"系列中还存在一种情况，将原句的"容认"关系译成"纵予"关系。对应的汉译关系词为"就算"。

（13a）遭難シ<u>テモ</u>今ごろは助かっています。（『あした来る人』）

（13b）<u>就算</u>有意外，如今<u>也</u>是能得救的。（《情系明天》）

（14a）「貴方は構ワナク<u>テモ</u>一」（『あした来る人』）

（14b）"就算您无所谓……"（《情系明天》）

（15a）「困ッテモ、そうすべきでしょうな」（『あした来る人』）

（15b）"就算不好办，恐怕也应该那样。"（《情系明天》）

（16a）少しぐらい文句はアッテモ、それで押し通してしまう。（『あした来る人』）

（16b）就算多少有点牢骚，也会将就维持下去。（《情系明天》）

在（13）-（16）中，「遭難」、「構わない」、「困る」、「文句がある」均为"已发生"或"当下情况"，并非假定，但对译中文句式均按照假定的情形译出。

2.4 纵予→容认：尽管

「テモ」对应的汉译关系词中，"尽管"系列占比5%。具体对应形式有「V ラレナクテモ」「イクラ…テモ」「トイッテモ」「ソレニシテモ」几种形式。在先行研究中虽被归属于"纵"系列，其使用多见于容认的情况。

无论「V ラレナクテモ」形式，还是「イクラ…テモ」的形式，与"尽管"相对应的占比2%。

（17a）曾根は、しかし、上京してだれからも相手にサレナクテモ、たいしてへこたれなかった。（『あした来る人』）

（17b）尽管这次来京屡遭冷薄，但曾根二郎并不曾气馁。（《情系明天》）

（18a）イクラ気が合ワナクテモ、長年一緒に暮して来た夫である。（『あした来る人』）

（18b）尽管平日感情并不合睦，但他毕竟是与自己朝夕相伴的丈夫。（《情系明天》）

例（17）、（18）在源语中体现为"极端例示"的形式，但在目标语中被译作普通的容认关系。句意由"谁也不搭理自己"变成"屡遭冷薄""多么的不合"变成"并不和睦"。

当源语形呈现为「トイッテモ」「ソレニシテモ」时，大部分情况下会译作"尽管如此"，表示容认性让步。由于源语形中关系词位于句首，可视作前后关系比较稳定的搭配。

（19a） トイッテモ、梶大助の一人娘が東京へ嫁いでいるぐらいのことは知ってい

た。（『あした来る人』）

（19b）尽管如此，梶大助唯一的女儿嫁来东京这点，她还是晓得的。

（《情系明天》）

（20a） ソレニシテモ、名前をいわないのが変だと思えたが…（『越前竹人形』）

（20b）事情尽管如此，但她不肯通报姓名却叫人不得其解。（《越前竹偶》）

当「トイッテモ」前接名词、形容词时，多译作"虽说"。

（21a） 若いトイッテモ六十は過ぎていますが。（『あした来る人』）

（21b）虽说年轻，可也年过六十了。（《情系明天》）

如（21）例示，「トイッテモ」的后部是对前方名词、形容词的迂回解释。其转折
含义稍弱。

2.5 纵予/容认：纵使、哪怕

按照先行研究的分类，"纵使""哪怕"均属于"纵"系列。在「テモ」对应的汉译
关系词中占 1%的出现频度。

（22a） 八千代と別レテモ、克平は梶大助を父親として考えることを改めまいと思

った。（『あした来る人』）

（22b）纵使同八千代分手，克平也还是要将梶大助作为岳父。（《情系明天》）

（23a） ドンナことがアッテモ僕だけは帰って来るよ。（『あした来る人』）

（23b）哪怕天塌地陷，我也照回不误！（《情系明天》）

例（22）的前句可以是事实也可以是假设，处于容认与纵予的中间地带；而（23）
的日语原句是无条件用法。无条件在翻译时发生转变，成为极端例示，在此能够看到无
条件与极端例示的转化。

三、"无"系列关系词考察

"无"系列关系词代表无条件,「テモ」对应汉译关系词主要由"无论""无论……都""无论如何""无论……还是……"以及"不管"系列构成。由于逻辑上均属于无条件,因此按构式分类考察。"无"系列总占比 14%。

3.1 "无论" +V

"无论"与动词(V)结合,主要由"无论" + "怎么" V、"无论" +V "什么",以及"无论" + "如何" V 三种形式构成。"无论" +V 系列占"无"系列 43%。三种构式的占比分别为 29%、7%、7%。

(24a)　風采はドウ見テモ美術商とはみえず。(『越前竹人形』)

(24b)　无论怎么看也不像个美术行当里的商人。(《越前竹偶》)

(25a)　竹はイクラ伐ッテモ、季節がくれば新芽を出した。(『越前竹人形』)

(25b)　无论怎么砍伐,到时节便绽出新芽。(《越前竹偶》)

(26a)　拭イテモ拭イテモ、汗は顔からも、首すじからも吹き出していた。(『あした来る人』)

(26b)　无论怎么擦拭,汗水还是从脸上脖颈上连连涌出。(《情系明天》)

(27a)　イクラ好きにナッテモ相手が離婚せぬ限り結婚できないということは、一つの大きな欠点だ。『あした来る人』

(27b)　无论你如何喜欢,只要对方不离婚就无法同他结婚,这可太遗憾了。(《情系明天》)

"无论" + "怎么" V 对应日语句式「ドウ」+「Vテモ」的情形较多,但是也有对应「イクラ」+「Vテモ」和「Vテモ Vテモ」的形式。因此可知,在日语「テモ」句的程度提示和反复(并列逆条件)句中,往往会对应一概翻译成汉语的无条件句。同时,参照 27),「イクラ」+「Vテモ」亦常译成"无论" + "如何" V 的形式。

3.2 "无论" + "在" "去" + 方位词

"无论"与方位词构成的构式，在「テモ」对译的"无条件"句中占比 21%。这里的"方位词"是"不定指"。

(28a) 町さえはずれれば、ドコで追イ付イテモ構わないが…（『坊ちゃん』）

(28b) 只要离开街口，<u>无论</u>在哪儿追上他们<u>都</u>行。（《哥儿》）

(29a) 梶はドコへ行ッテモ、一日一回は鼻の治療を受けているようである。（『あした来る人』）

(29b) <u>无论</u>去哪里，他<u>都</u>好象每天必看一次鼻子。（《情系明天》）

"无论"+方位词对应的日语形式均为直译形式，属于"无条件"句中比较简单的类型。

3.3 "无论" +N 与 "无论" + "多 A"

"无论"+名词（N）构式主要为"无论"+"谁"的形式，在无条件句中占比 7%。"无论"+"多"+形容词（A）的形式也出现在无条件句的对译形式中，占比 7%。

(30a) 誰を捕マエテモ片仮名の唐人の名を並べたがる。（『坊ちゃん』）

(30b) <u>无论</u>捉谁，总爱用外国音来说那个人的名字。（《哥儿》）

(31a) イクラ忙シクテモよかった。（『あした来る人』）

(31b) <u>无论</u>多忙<u>都</u>好。（《情系明天》）

"无论"+名词（N）的形式与对应的源语形构式亦几乎为直译，在此不多加讨论。与「イクラ」+「Vテモ」不同，与形容词构成无条件形式时，可译为"无论"+"多"A 的形式。

3.4 "无论如何"、"不论……都"

除上述之外，无条件的其他形式还有"无论如何"、"不论……都"等等。前者在无条件中占比 21%，后者在总体中占比 1%。

(32a) ドウシテモそういう気がするんです。(『あした来る人』)

(32b) <u>无论如何都这样觉得。</u>(《情系明天》)

(33a) ドウシテモ、油と水のように、混じり合えない気持なんです。(『あした来る人』)

(33b) <u>无论如何我都觉得象油和水一样无法交融。</u>(《情系明天》)

(34a) イクラ誘いかけられ<u>テモ</u>、悪口の歩調を合せることがない。(『あした来る人』)

(34b) <u>不论别人如何套话，也</u>从不随声附和。(《情系明天》)

观察（32）、（33）、（34），"无论如何"对应的源语形固定为「ドウシテモ」，而「イクラ」＋「Ｖテモ」在34）中，翻译为"不论"＋"如何"Ｖ，与"无论"＋"如何"Ｖ区别不大。此处不再赘述。

3.5 "不管"

在「テモ」对应的汉译关系词中，"不管"系列占比 16%。对应源语形主要有「イクラ…テモ」、「イズレニシテモ」、「何」＋「言ウ」＋「テモ」、「誰ヲＶテモ」、「ドコ」＋「テモ」、「ドウ」＋「Ｖテモ」的形式。在对译的目标语形中，"不管怎么Ｖ"占比最多，达到"不管"系列的 25%。

3.5.1 "不管怎么"

与"无论"＋"怎么Ｖ"的对译情形不同，"不管怎么"的源语形有「イクラ…テモ」、「ドウ」＋「Ｖテモ」两种形式。

(35a) イクラか薄い地には相違ナ<u>クッテモ</u>暑いには極ってる。(『坊ちゃん』)

(35b) 料子<u>不管</u>怎么薄，肯定觉得热。(《哥儿》)

(36a) イクラ、どしんと倒レ<u>テモ</u>構わない。(『坊ちゃん』)

(36b) <u>不管</u>怎么摔都没有关系。(《哥儿》)

(37a) 野田の顔はドウ考エ<u>テモ</u>劣等だ。(『坊ちゃん』)

（37b）不管|怎么|看都觉得低贱无比。（《哥儿》）

　　如（35）、（36），「イクラ…テモ」的源语形除译作"不管怎么"外，还有译作"不管如何 V""不管多 A"的形式。

　　（38a）　イクラ力を出シテモ、ぶつかる先が蚊帳だから、ふわりと動くだけで少しも手答がない。（『坊ちゃん』）

　　（38b）　不管花费|多|大力气，由于掼到蚊帐上了，只是轻轻颤动一下，便毫无反应了。（《哥儿》）

　　（39a）　イクラ景色がヨクテモ野田などと一緒じゃつまらない。（『坊ちゃん』）

　　（39b）　不管景色|如何|优美，和小丑之类呆在一起总不会开心。（《哥儿》）

　　（40a）　イクラ言葉巧みに弁解が立ッテモ正義は許さんぞ。（『坊ちゃん』）

　　（40b）　不管你们|如何|花言巧语地诡辩，正义决不饶恕你们！（《哥儿》）

　　在"不管怎么"对译句式中，可见程度的加深过程。不管在哪一个"档位"上，都是指向同一个结果。作为"不管怎么"的延伸，"不管怎样"对应「イズレニシテモ」的形式在「テモ」译文中占总比 2%。

　　（41a）イズレニシテモ、結婚式は盛大にやらねばならんね。（『あした来る人』）

　　（41b）不管怎样，婚礼要隆重一些。（《情系明天》）

　　（42a）イズレニシテモ、なんと哀切を極めた大交響楽であることか！（『あした来る人』）

　　（42b）但不管怎样，这是何等哀婉至桴的宏伟交响乐啊！（《情系明天》）

　　"不管怎样"的"无条件"性格较为明显。

3.5.2 "不管" + "说"

　　"不管" + "说"的形式可能对应源语形的被动态，也可能对应源语形的自动态。如（43）-（45）所示。

　　（43a）曾根は何を言ワレテモ、それはそうでしょうと言うほかなかった。（『あした来る人』）

（43b）<u>不管</u>对方说什么，曾根都只能是这么一句"是的"。 （《情系明天》）

（44a）清は何と云ッテモ賞めてくれる。『坊ちゃん』

（44b）<u>不管</u>我说些什么，阿清总是称赞一番。《哥儿》

（45a）何を云イッテモ、えとかいえとかぎりで…『坊ちゃん』

（45b）<u>不管</u>我说什么，他总是一个劲儿"喂"或"不"地应和。《哥儿》

在"不管"＋"说"的构式中，"不管"自身的语义依然残留，并未达到完全的语义漂白化。

3.5.3 "不管"＋"哪儿""谁"

"不管"＋"哪儿"、"谁"主要体现为「誰をＶテモ」、「ドコ」＋「テモ」的形式。

（46a）ドコへ行ッテモ、こんなものを相手にするなら気の毒なものだ。『坊ちゃん』

（46b）<u>不管</u>到哪儿总是跟这帮小子打交道，那也太可悲了。《哥儿》

（47a）あれは馬鹿野郎だと云ったら、山嵐が君は誰を捕マエテモ馬鹿呼わりをする。『坊ちゃん』

（47b）豪猪说："你<u>不管</u>冲着谁都叫混蛋。"《哥儿》

与源语言构式的表意重点不同，"不管"＋"哪儿""谁"其语义残留也仍然可见。

四、源语形与目标语形的对应

图3是「テモ」与"纵"系列关系词的对译调查结果图。在"纵"系列的实际应用中，我们发现，除"纵予"的情形外，存在"容认"关系、以及"容认"关系和"纵予"关系在源语和目标语中互相转换的情形。在对应关系中，可见源语形高频为Ｖテモ，而目标语形高频为"即使……也"。以"即使……也"为原型，「テモ」的对译关系词存在与"容认"关系具有连续性的周边形式。

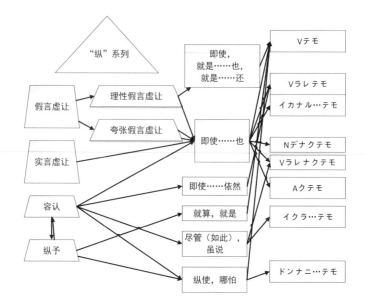

图3　「テモ」与纵系列对译调查

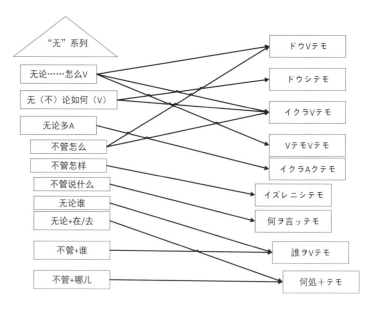

图4　「テモ」与无系列对译调查

图4是「テモ」与"无"系列对译调查结果图。如图所示，在诸多对应关系中，源语形以「ドウ V テモ」居多，而目标语形以"无论怎么 V"以及"不管怎么（N/V）"居多。在源语形中，还出现了反复用法，依然对应"无"系列，并未在目标语中出现"反复"的对应形式。另外，"无"系列中，「誰」「何処」等等不定指，其实际语义仍然有所保留，并未完全语法化。因此在汉语中对应的形式也比较固定。作为惯用表达的「イズレニシテモ」，则最为稳定，翻译为"不管怎样"。

五、结论

综上可知，「テモ」的对译关系词体现了「テモ」句式由"假定""极端提示"向"无条件"扩张的趋势；在「テモ」句式中，虽然有部分确定条件的存在，但确定条件关系是作为周边用法存在的。「テモ」的对译关系词主要分布在"纵"系列和"无"系列。今后将扩大考察范围，将「テモ」周边形式与汉译关系词的对应关系梳理开来。

语料库：汉日对比语料库（Ver1.0）日本学研究中心

参考文献

黎锦熙 2007 《新著国语文法》，湖南教育出版社

吕叔湘 1956 《中国文法要略》，商务印书馆

马建忠 2010 《马氏文通》，商务印书馆

孙宇雷 2015 《日语逆接句中接续机能辞的体系化研究》，新华出版社

孙宇雷 2019 从对译语料看汉语无标复句—以テモ句式的汉译为中心，《中国语文法研究》8：176-183

孫宇雷 2019 「連語『にもかかわらず』の使用と対訳資料との対照研究」『連語論研究』X：173-182

孫宇雷 2020 「『ノニ』文と中国語"关联词"訳との対照研究」『東アジア国際言語研究』1：51-60

邢福义 2001 《汉语复句研究》，商务印书馆

基于 logDICE 值的中日同形词意义和用法差异的计量研究

施建军

（上海外国语大学语言研究院）

摘要：中日同形词的意义和用法是中国日语学习者和日本汉语学习者的难题，受到学界长期普遍的关注。以往的研究通常用分类的办法来描写同形词中日之间意义和用法的差别，将中日同形词分为同形同义、同形异义、同形近义三大类别。但是这三类不能够描写同形近义词内部不同同形词中日间意义和用法差异的大小。基于中日对译语料库，利用 logDICE 值计算同形词互译可能性的研究表明，logDICE 值可以计量同形近义词内部意义和用法距离的大小。与分类法相比，这种办法对同形词中日间差距的描述更加精细。

关键词：logDICE 同形词 意义 用法 计量

一、引言

中日同形词是汉语和日语两种语言之间大量存在的语言现象，这些同形词在给中国人学习日语和日本人学习汉语带来便利的同时，也会造成困惑。同形词虽然在汉语和日语之间具有相似的词形，但是，很多情况下其意义和用法在汉语和日语之间存在着微妙的差异，容易引起误解。正因如此，中日同形词问题在中国日语教学和日本汉语教学领域长期受到学者们的关注。为了区分同形词中日之间的意义和用法差异，传统研究将同形词分成同形同义词、同形近义词、同形异义词等三大类别，试图以分类的办法对这些差异进行描述（早稲田大学日本語教育研究所，1978）。但是，从汉语和日语的语言实际看，中日之间意义和用法完全一样的同形词非常少，绝大多数同形词中日间的意义和用法总是似是而非，严格意义上讲这些词都应该属于同形近义词。而同样是同形近义词，有的中日之间意义和用法很接近，有的则有一半意义和用法重叠，还有的意义和用法重叠部分很少、不同是主要的，接近同形异义词。还有一些词，意义上可能相似，但是用法上却差异很大。比如：汉语的"话题"和日语的「話題」这一对同形词，无论汉语还是日语它都表示"说话的主题"的意思。但是，这个同形词在汉语和日语中的用法却有很大的差异，在日语中「話題」可以直接作名词的定语使用，如「話題の車、話題の人物」；而汉语的"话题"却很少这样使用，"话题的车、话题的人物"或者"话题车、话题人物"这样的表达方式在汉语中比较少见。由此可见，所谓的"同形近义词"这个概念说明不了中日同形近义词之间的这种差异。也就是说，传统研究将中日同形词分成同形同义词、同形近义词、同形异义词的三分类办法并不能充分说明同形词中日之间的差距。荒川清秀（1979）、大塚秀明（1990）、大河内康宪（1992）、施建军（2013,2014）等也指出了这一问题。

同形词中日之间意义和用法的差距不是均一的，根据同形词的不同这种差距有大有小。如果按照同形词中日间意义和用法差异的大小，把同形词安排在以同形同义词和同形异义为上下限的区间内，可以想象，同形词可以形成一个意义和用法差异的连续统。如果是这样，那么用传统的三分类的方法来描写同形词中日间差别就显得非常粗糙，如何更加精细地描写同形词中日间意义和用法的差别，特别是将不同的同形近义词中日之间差别的大小说清楚本身就是一个有价值的研究课题。

中日同形词中，不同同形词之间意义和用法差异的大小通常是在比较其特异性时显现出来的。比如"话题"与「話題」之间的差异与"深刻"和「深刻」之间的差异，哪个更大一点。这种语言现象的特异性可以使用统计学的方法来解决，如常见的假设检验等。近年来，随着信息科学的进步、自然语言处理学界提出了一些计算和测量语言现象之间紧密关系的新办法。比如相互信息 MI[①]、DICE、施建军（2016）提出的翻译系数等等。本研究将以中日对译语料库为数据资源，引入 DICE 模型，探讨同形词中日之间意义和用法的差异问题。

二、基于 logDICE 的同形词中日间意义和用法差异的度量

DICE 模型是 Pavel Rychlý（2008：6-9）在研究单词和单词之间的共起关系时引入的一个数学模型。Pavel Rychlý（2008：6-9）认为，如果利用语料库计算单词和单词之间的共起关系，则可以使用如下公式：

$$\text{DICE} = \frac{2f_{xy}}{f_x + f_y} \qquad （1）$$

x、y 为同一个语言单位中出现的两个单词，语言单位可以是句子。

f_x 为单词 x 在语料库中单独出现的频率。

f_y 为单词 y 在语料库中单独出现的频率。

f_{xy} 为单词 x 和单词 y 的共起频率。

由公式（1）可知单词 x 和单词 y 的共起频率越高 DICE 的值就越大，相反、如果 x 和 y 单独出现频率越高 DICE 值就越小。如果 x 和 y 单独出现的频率较低，而它们共起的频率高，则 DICE 值就大，这就意味着 x 和 y 经常一起使用，它们搭配的可能性很高。

通常在大规模语料库中如果 x 和 y 为常用词，那么 f_x、f_y 的值可能比较大，而相对而言 x 和 y 的共起频率 f_{xy} 通常比较小，这时 DICE 值非常小，这对观察不同 DICE 值时非常不方便。因此，在实际运用中，为了避免上述不便，通常使用下面 logDICE 的公式。

$$logDICE = 14 + log_2 \frac{2 \times f_{xy}}{f_x + f_y} \qquad (2)$$

实际上在 Pavel Rychlý(2008) 之前，学界就已提出了很多衡量单词共起关系的数学模型，如下面的这些公式都可以用来计算单词的搭配关系。

$$T\text{-Score:} \frac{f_{xy} - \dfrac{f_x f_y}{N}}{\sqrt{f_{xy}}} \qquad (3)$$

$$MI\text{-Score:} log_2 \frac{f_{xy} N}{f_x f_y} \qquad (4)$$

但是、Pavel Rychlý（2008）利用上面的几个数学公式对英语动词 break 和其前后的 5 个单词的共起关系进行了计算，并对这些计算的结果进行了比较，发现用 logDICE 得到的效果更好。

使用 logDICE 这样的数学模型时，一般不会考虑其统计的对象是不是具有语言学意义的语言单位，也不仅用来衡量上述具有搭配意义的两个语言单位之间的关系。在 logDICE 这些数学模型中，x 和 y 可以是任意的两个字符串，这些字符串不一定必须是单词，也不一定必须是单语种语料库中的语言现象。logDICE 只是利用字符串的发生频率来计算两个字符串在同一对象单位中共同出现的可能性。如果所统计的这个同一对象单位是单语种语料库的句子，且两个字符串是单词的话，那么 logDICE 所计算出来的就是两个单词在同一个句子中共现的可能性。如果所统计的同一对象单位是平行语料库的翻译句对，而且字符串 x 和字符串 y 分别是源语言句子的单词和目标语言句子中的单词，那么这时 logDICE 所计算出的就是这两个单词在同一翻译句对中共同出现的可能性。当然，如果 x 和 y 互为译词，那么他们在同一翻译句对中出现的可能性是很高的，也就是说互为译词的两个单词在对译语料库中其 logDICE 的值比非互为译词的两个单词的这个值要高，可以说这个参数可以描写两个单词之间的互译性。

同形词中日之间意义和用法的差异通常反映在多个方面，如单词的词汇意义、语法功能、语义色彩等等。但是，不管同形词中日之间的这些差异多么错中复杂，其最后都集中体现在它们是否能够互相成为译词上面。换言之，如果同形词中日之间的意义和用法完全相同，那么它们完全可以互译；如果有一部分不同，那么互译的可能性就小一点；如果意义和用法完全不同，那么就完全不可能成为互译词。由此可以看出，中日同形词多大程度上能够互译，可以成为描写同形词中日之间意义和用法差异的一个重要指标。从前文叙述可知，logDICE 模型可以描述单词互译的可能性，因此，本研究引入 logDICE 模型计量同形词中日间的意义和用法差异就有了理论依据。下面我们将使用公式（2）进行这方面的考察。

由公式（2）可知，导入 logDICE 模型计算 x 和 y 之间的相互关系，必须从语料库中统计 x 和 y 各自的使用频率，同时还需统计 x 和 y 同时出现的频率。这里的核心问题是以什么为单位来统计这些指标，特别是 x 和 y 的共起频率如何得到。通常词的频率是以词为单位统计，从这个角度讲单词 x 和单词 y 单独出现的频率是容易统计的，只要将平行语料库中的语料进行分词，并把日语单词复原成词典形态，就可以得到 x 和 y 单独出现的频率。但是 x 和 y 共现的频率却不能这样统计，因为 xy 的共现不是在单词内部实现的，也不是在单一句子中实现的，而是在原文和译文的对译句对中实现的。logDICE 中使用的频率，是统计对象在语料库中出现的频度除以所考察对象单位的总数。通常，单词 x 和单词 y 的使用频率可以用它们的使用次数除以语料库中单词总数得到。如果这样处理，单词 x 和单词 y 的频率统计并不困难，问题是单词 x 和单词 y 的共现频率如何统计？首先，单词 x 和单词 y 并不是一个连续的字符串，如何统计其共现的次数？其次，即便能够统计到 x 和 y 的共现次数，那么它们的共现频率如何计算？用其出现次数除以语料库中的单词总数，这显然是不对的，因为两个单词的共现不是以单词为单位的。

同形词中日间意义和用法的差异可以用同形词多大程度上能够互译这个指标来衡量，而同形词的互译性与同形词在原文和译文句子中共现特性有关，这种共现是以同形词的互译句对为单位的。因此，无论统计同形词在汉语和日语中单独出现的频率、或是统计同形词作为互译词的共现频率时都不能够以词为单位，而应该以语料库中的互译句对为单位。明确了统计的对象单位，logDICE 中的 f_x、f_y 以及 f_{xy} 就可以用以下的方法很方便地统计出来了。

平行语料库中同形词汉语词形 x 的使用频率 f_x＝x 出现的对译句对数/平行语料库中对译句对的总数。

平行语料库中同形词日语词形 y 的使用频率 f_y＝y 出现的对译句对数/平行语料库中对译句对的总数。

平行语料库中 x 和 y 作为对译词的共现频率 f_{xy}＝平语料库中 x 和 y 共现的对译句对数/平行语料库中对译句对的总数。

这样，统计 logDICE 所需要的三种频率时所碰到的计量单位不统一的问题就得到了解决。由于，研究中所使用的是同一种平行语料库，同一平行语料库中对译句对的总数是一致的，因此，实际计算 logDICE 时不需要计算这三种情况的频率，只需要统计 x、y、xy 出现的对译句对数的绝对值就可以了。不过，由于同形词中日间意义和用法在不同的同形词之间是有差异的，我们的目的就是研究一种衡量这种差异的办法。可以想象，中日同形词的汉语词形 x、同形词的日语词形 y 一定存在不能互译的情况，一定存在 x 和 y 不同时出现的翻译句对，即 f_{xy} 为 0。如 x 和 y 为同形异义词，x 和 y 不可能成为对译词、它们不可能在同一个翻译句对中出现，这时 f_{xy} 就是 0。从数学上讲，这种情况下公式（2）是没有意义的，用计算机统计时也会出错。但是，这种情况下，因为 x、y 的共现频率为 0，可以认为 x 和 y 不是互译词，即就是 x 和 y 中日之间的意义和用法差异很大、接近同形异义词，因此，遇到这种情况可以直接把 logDICE 值设为 0，以说明同形词 x 和 y 中日之间的意义和用法没有任何相似的地方。如上所述，logDICE 的值可以描述同形词能否成为互译词的可能性，而对译可能性又可以描述同形词中日之间的意义和用法差异，这间接说明 logDICE 的值也可以描述同形词中日之间的意义和用法差别的大小。同形词的 logDICE 值越大，同形词中日之间意义和用法相似性越大，反过来讲，logDICE 的值越大、同形词中日之间的意义和用法差异就越小。如果同形词 x 和 y 不能在同一翻译句对中共现，即 x、y 共现的频率为 0，则不可能成为互译词，那么这样的同形词其中日之间意义和用法的相似性为 0，也就是说这种意义和用法差别很大。

基于 logDICE 值的中日同形词意义和用法差异的计量研究

基于以上思路，本研究利用北京日本学研究中心开发的《中日对译语料库》，选取了该语料库中使用频率最高的 1000 个同形词，计算了这些同形词的 logDICE 值，对同形词中日之间的意义和用法的差异进行了测定。上述平行语料库包含中日翻译句对共 29.80 万对。限于篇幅，这里分别选取 logDICE 值最高的词 10 条、logDICE 的值位于中间位置的词 10 条、logDICE 值最低的词 10 条以及 logDICE 值为 0 的词 10 条，分别列表如下。

表1　logDICE 值最高的 10 词

汉语词形 X	日语词形 Y	X 的频度	Y 的频度	XY 的频度	logDICE 值
政策	政策	1909	1943	1852	13.96082082
方针	方針	1072	1085	1037	13.96076074
公害	公害	102	95	94	13.95323823
客观	客観	269	260	252	13.95158784
矛盾	矛盾	714	677	662	13.95063454
经济	経済	2482	2405	2321	13.94856669
国民	国民	2846	2867	2711	13.94772047
全国	全国	1455	1430	1368	13.9469721
原则	原則	895	905	852	13.94519176
政治	政治	2689	2840	2609	13.94210722

表2　logDICE 值处于中间位置的 10 词

汉语词形 X	日语词形 Y	X 的频度	Y 的频度	XY 的频度	logDICE 值
引用	引用	52	68	26	13.16375198
指令	指令	22	38	13	13.16375198
希望	希望	1422	618	441	13.16148697
共同	共同	556	310	187	13.16037089
极端	極端	173	130	65	13.15380164

方式	方式	601	215	175	13. 1535188
可能	可能	2392	993	719	13. 14389935
完全	完全	1795	785	548	13. 14387779
生存	生存	193	62	54	13. 14086768
人种	人種	15	37	11	13. 13979873

表3　longDICE 值最小的 10 词

汉语词形 X	日语词形 Y	X 的频度	Y 的频度	XY 的频度	logDICE 值
心地	心地	442	215	2	8. 898610343
用意	用意	23	323	1	8. 846708406
卒业	卒業	1	365	1	8. 790513847
大丈夫	大丈夫	12	367	1	8. 755610975
明白	明白	1095	47	3	8. 751223079
无论	無論	879	113	2	8. 486571254
本当	本当	16	1061	2	8. 404359684
工场	工場	1	576	1	8. 335304914
勉强	勉強	200	539	1	8. 08784926
自分	自分	67	7215	2	6. 493133532

表4　logDICE 值为 0 的 10 词

汉语词形 X	日语词形 Y	X 的频度	Y 的频度	XY 的频度	logDICE 值
手纸	手紙	5	1157	0	0
马鹿	馬鹿	0	464	0	0
次第	次第	3	511	0	0
田舍	田舍	0	344	0	0
迷惑	迷惑	64	153	0	0
远虑	遠慮	4	233	0	0

结构	結構	253	184	0	0
上手	上手	36	196	0	0
授业	授業	0	271	0	0
细工	細工	0	139	0	0

由上面表中数据可以得知，logDICE 值最大的表 1 中的同形词其在汉语和日语中的意义和用法基本相似，可以看成是同形同义的；表 2 中的同形词其在汉语和日语中的意义和用法既有重叠部分也有不同的地方，是同形近义的；表 3 中的同形词中日间的意义和用法基本不一样，表 4 中的同形词其中日间的意义和用法则完全不同，是同形异义词。可以说，logDICE 的值越接近 0，则同形词中日间的意义和用法相似性越小、差异越大；当 logDICE 值等于 0 时，同形词中日间意义和用法差异最大。表 1 和表 4 的结果是比较容易理解的。关键是表 2 和表 3 中 logDICE 值的大小代表什么含义，能不能说明虽同属同形近义词但其中日间意义和用法差异不一样呢? 这需要进一步验证。

三、logDICE 值衡量同形词中日间意义和用法差异有效性的验证

本研究使用公式（2）计算 logDICE 的值，这样得到的用于衡量同形词中日间意义和用法差异的 logDICE 值的区间应该是 [0，14]。据公式（2）可知，logDICE 的值越接近 14 则同形词中日之间的意义和用法相似度越高、差异越小，越接近同形同义。比如表 1 中的"政策、方针、客观"和「政策、方針、客観」等同形词中日之间的意义和用法基本相似。而当 logDICE 的值等于 0 或者接近 0 时，同形词中日之间的意义和用法相似度很小、差异很大。比如表 3 和表 4 中的"大丈夫、勉强、结构、手纸"和「大丈夫、勉强、結構、手紙」等同形词其中日之间的意义和用法几乎没有相似性。由此可见，logDICE 的值是可以有效说明同形同义词和同形异义词的，当 logDICE 接近 14 时，则可以认为是同形同义的，而越接近 0 则可以认为是同形异义的。但是，中日同形词中近义词占绝大多数，而且这些同形近义词，有的中日间意义和用法差距大一些，有的则小一些，logDICE 的值能否将不同同形近义词中日之间意义和用法的这些不同差距描述出来，是对 logDICE 值的有效性的考验。

为了验证 logDICE 的值能否用来计量不同同形词中日之间意义和用法差距的大小，这里以「簡単」和"简单"、「深刻」和"深刻"、「貴重」和"贵重"等三对中日同形词为例进行验证分析。进行这种验证需要解决两个问题，第一是要确定「簡単」和"简单"、「深刻」和"深刻"、「貴重」和"贵重"这三对同形词中日之间的意义和用法的差异是否存在程度的不同，即三对同形词中日间意义和用法的差距是否有大有小。第二，如果不同的同形词其中日之间的意义和用法差距存在大小，那么用 logDICE 的值是否能够将这个差距大小描述出来。如果同形词中日间意义和用法差距的大小和 logDICE 的值成比例，那么，就可以认为 logDICE 在测量这个差距的大小时是有效的。

首先考察上述三对同形词中日之间的意义和用法差距是否存在大小的问题。同一语言内部近义词的意义和用法差距可以通过比较对象词的共起词群来进行分析，如果近义词的共起词群的成员基本相同，则说明这对近义词的意义和用法比较接近，反之则说明这对近义词的意义和用法差别较大，这是语料库语言学研究所证明的一条重要原则，这里将引入这条原则对不同同形词中日间意义和用法差距的大小进行定性说明。由于同形词中日之间的意义和用法的远近不是在同一种语言内部进行衡量的，同形词的共起词群分属于中日两种不同的语言，因此中日同形词共起词群的比较不能采取与比较同一种语言近义词共起词群相同的方法。这里的替代方法是，观察同形词分属中日两种语言的共起词群成员的语义之间是否存在近义关系，分析具有近义关系的成员在共起词群中有多少，并以此说明同形词中日间意义和用法差距的大小。具有近义关系的成员越多，说明同形词中日间的意义和用法越接近，否则相反。同形词共起词群近义成员的判断可以依据日汉或者汉日词典。下面利用该方法分析上述三对中日同形词。

「深刻」和"深刻"中日间意义和用法虽然有相似的地方，但是差异较大。日语的「深刻」和汉语的"深刻"这一对同形词，其在日语和汉语中的共起词群中有哪些成员，这些成员中具有近义关系的成员数量如何？根据以上原则，只要搞清楚这个问题，就可以说明「深刻」和"深刻"中日间意义和用法差距的大小。这里以《人民日报》(2000年约40M) 和『朝日新聞』(1998-2000 年约40M)为语料展开调查。从这些语料中共收集"深刻"作为定语使用的汉语用例 624 例，「深刻」作为定语使用的日语用例 314 例。得到汉语"深刻"不同的共起词为 153 词，得到日语「深刻」不同的共起词为 88 词。其中，和汉语"深刻"共起最频繁的词为"印象"，共有 88 例，占"深刻"用例总数的 14%。和日语「深刻」共起最频繁的日语词是「不況」，共 37 例，占「深刻」用例总数的 12%。由于汉语"印象"和日语「不況」之间不存在语义相似性，因此，我们可以判断日语「深刻」和汉语"深刻"的意义和用法差距较大，这一点我们还可以从这对同形词在汉语和日语中的共起词群的其他成员看得出来。下表 5 列出了这对同形词在中日两国语言共起词群中使用频率最高的 10 个成员。

表 5　"深刻"「深刻」使用频率最高的 10 个共起词

汉语		日语	
词条	用例数	词条	用例数
印象	80	不況	37
变化	57	問題	35
变革	34	影響	33
内涵	27	事態	22
影响	25	危機	17
认识	19	状況	17
启示	18	…難	14
意义	18	被害	10
教训	16	打撃	9
理解	15	不足	7

从表 5 可以知道，"深刻"和「深刻」在汉语和日语的共起词群中意义相近的共起词成员很少，使用频率最高的前 10 词中只有"影响"和「影響」一对成员相似。如果将日语的「深刻」的共起词群翻译成汉语，这些成员的汉语译词大多可以和汉语的"严重"共起。也就是说，将日语「深刻」的共起词翻译成汉语时，不能使用汉语"深刻"的共起词作为这些词的译的。通过对"深刻"「深刻」这对同形词在汉语和日语中的共起词群考察可知，汉语"深刻"和日语「深刻」其中日之间的意义和用法有很大的差别。虽然同形词的共起词群的成员中有个别的成员意义相近，但是绝大多数都不相同，可以说汉语"深刻"和日语「深刻」虽是同形近义词，但是意义和用法重叠的情况很少，主要表现为意义和用法的不同，是同形词近义词中意义和用法差异比较大的。

在中日同形词中存在一些近义词，其中日之间的意义和用法虽然有些差异，但是相似的意义和用法占主流。这里以汉语的"简单"和日语的「簡単」为例说明这种情况。

这里仍然使用《人民日报》和『朝日新聞』的上述数据为资源调查汉语"简单"和日语「簡単」的共现词群情况。统计结果是，人民日报的上述数据中汉语"简单"的使用例为178例，其中得到"简单"的不同的共起词为114词。『朝日新聞』上述数据中，日语「簡単」的使用例为68例，其中「簡単」的不同的共起词为47词。通过比较能够和「簡单」"简单"共起的汉语词和日语词可以发现，"简单"的汉语共起词群成员和「簡単」的日语共起词群成员大多数可以从对方找到对译词。也就是说两组共起词群中意义相近的词的数量比较多。根据语料库语言学的上述规则可以说明，汉语"简单"和日语「簡单」中日之间的意义和用法比较接近。为了说明问题，这里列出了这对同形词汉语和日语共起词群中使用最频繁的10个词，如表6。

表6 "简单"和「簡单」使用频率最高的10个共起词

汉语		日语	
词条	用例数	词条	用例数
方法	12	こと	7
事	10	もの	4
问题	9	操作	4
事情	7	手続き	4
案件	3	方法	3
手续	3	話	3
变化	3	会話	2
道理	3	言葉	2
工作	3	質問	1
模仿	3	シミュレーション	1

通过以上比较可以知道，同为中日同形近义词，"简单"和「簡单」中日之间的差距比"深刻"和「深刻」中日之间的差距要小很多。实际上"简单"和「簡单」可以认为是接近同义的中日同形近义词。

上面以"深刻"和「深刻」、"简单"和「簡单」为例，从观察共起词群的差异入手，说明了虽同为同形近义词但存在意义和用法差别很大的情况和意义和用法差别很小的情况。实际上同形近义词里面还存在中日差距处于这两者之间的情况。这里以"贵重"「貴重」为例说明这种情况的存在。和考察上述两种情况的方法一样，这里同样利用语料库考察"贵重"「貴重」在汉语和日语中的共起词群。从上述语料库中，共抽取"贵重"的汉语使用例 47 例，其中有不同的共起词 20 词；共抽取「貴重」的日语用例 202 例，其中有不同的共起词 102 词。通过考察这两组共起词群可以发现，这两组共起词群中可以形成互译关系的成员虽然没有"简单"和「簡単」的那么多，但是比"深刻"和「深刻」的多很多。这里有一个值得注意的现象是，「貴重」的日语共起词群成员翻译成汉语时有很多不是"贵重"的汉语共起词群成员，但是，汉语的共起词群成员在日语的共起词群中可以找到其对译词。比如"贵重"使用频率最高的前 10 个共起词中"物品、东西"等都可以和日语的"もの"对应。日语「貴重」的共起词翻译成汉语时多数情况下可以用汉语的"宝贝"修饰。而汉语"贵重"的共起词翻译成日语时大多可以接受日语「貴重」的修饰。从这一点可以看出，日语「貴重」和汉语"贵重"中日之间的意义和用法有很多重叠的地方，但是也有差异，日语「貴重」比汉语"贵重"使用范围要广得多。这里也将"贵重"和「貴重」在汉语和日语中使用最频繁的 10 个共起词列表如下。

表 7 "贵重"和「貴重」使用频率最高的 10 个共起词

汉语		日语	
词条	用例数	词条	用例数
物品	24	資料	25
礼品	3	…点	15
东西	2	発見	8
金属	2	経験	8
礼物	2	時間	6
家产	1	体験	6
家具	1	もの	5
器具	1	干潟	5
珊瑚	1	教訓	5
商品	1	湿地	5

以上，利用"深刻"「深刻」、"简单"「簡単」、"贵重"「貴重」等三对同形词在汉语和日语中共起词群的情况，分析了这些同形词中日之间意义和用法的差异。由此可知同样是同形近义词其中日间的意义和用法有的差异很小，接近同形同义，如"简单"和「簡単」；有的有相当一部分重叠但也有相当一部分不同，如"贵重"和「貴重」；还有的基本上没有重叠的部分，差异很大，接近同形异义，如"深刻"和「深刻」。如果按照这些同形词中日间意义和用法差异的大小进行排序，可得到如下公式：

"深刻"和「深刻」的差异 ＞ "贵重"和「貴重」的差异 ＞ "简单"和「簡単」的差异　　（5）

由此本节前述的第一个问题可得以说明，即不同的同形词其中日间意义和用法的差距存在大小。那么第二个问题，即 logDICE 的值能否描述这种差异的大小？也就是"深刻"「深刻」、"简单"「簡単」、"贵重"「貴重」等三对同形词的 logDICE 值是不是也存在这样的大小差呢？如果这三对同形词的 logDICE 值之间也存在这样的大小差异，那么就意味着可以使用 logDICE 的值衡量同形词中日之间意义和用法差异的大小。根据对中日对译语料库的统计，可以计算得到这三对中日同形词的 logDICE 的值如下：

「深刻」和"深刻"为12.15；「貴重」和"贵重"为12.47；「簡単」为"简单"：13.22

由这些 logDICE 值可以知道，logDICE 值的大小完全可以反映公式（5）中三对同形词中日间意义和用法差距之间的大小关系。

本研究以前述中日对译语料库为数据资源，算出了 1000 对常用中日同形词的 logDICE 值。按照上述方法可以逐一验证 logDICE 值在计量同形词中日之间意义和用法差异大小方面的有效性，由于篇幅限制，这里仅选用三对同形词进行了这方面的分析和说明。

四、结束语

关于同形词中日之间意义和用法的差距，传统方法是将这些同形词按照语义的远近程度人为地划分为同形同义、同形近义、同形异义三个类别，试图用这三个类别对这种差异进行说明。暂且不说人为划分类别时存在很多主观性，就中日形词本身来讲，真正的同形同义词很少，同形异义词也不多，而大量的是意义和用法似是而非的同形近义词。而传统的三分类无法对同形近义词中日间意义和用法差距的大小进行进一步描述。

基于 logDICE 值的中日同形词意义和用法差异的计量研究

大量同形词中日之间的意义用法差距实际上形成了一个连续统，用分类这种定性的方法很难有效描述其意义和用法的微妙差别，为此这里导入了 logDICE 模型，利用语料库的大量数据，统计每一对同形词的 logDICE 值，尝试用这个值来衡量中日同形词的以上差别。通过对"深刻"「深刻」、"简单"「簡単」、"贵重"「貴重」等三对同形词在日语和汉语中的共起词群的分析发现，logDICE 可以用来描述同形词中日之间意义和用法差距的大小。

由于语料库是大量客观的语言数据，这样做不但克服了传统分类方法因人为操作的主观性所带来的偏颇，同时由于 logDICE 的值是[0，14]区间上的实数，实数值很容易区分大小，因此这也就克服了传统分类不能描述意义和用法差距大小的弊端。

正如前文所述，实际上，可以用来衡量同形词中日间意义和用法差异大小的计量方法并非只有 logDICE 一种。这些计量方法中，哪些更加有效？如何对这些量化方法进行评价？这些将作为今后的课题，有待进一步研究。

附注

1)相互信息（mutual information）：概率论和信息论中用来描述两个概率事件之间相互关联程度的尺度之一。如语言中单词和单词之间的共起强度就可以用相互信息进行衡量。

语言资料和语料库

北京日本学研究センター(2002) 日中対訳コーパス

《人民日报》2000 年 1 月 1 日～2000 年 12 月 22 日

『朝日新聞』1998 年 4 月 2 日～2000 年 4 月 30 日

参考文献

Rychlý, P. 2008.. A lexicographer-friendly association score[J]. *Proceedings of Recent Advances in Slavonic Natural Language Processing*, (4):6–9.

荒川清秀 1979. 中国語と漢語——文化庁『中国語と対応する漢語』の評を兼ねて[J],『愛知大学文学論叢』(62)

大河内康憲 1992. 日本語と中国語の同形語[C],『日本語と中国語の対照研究論文集』（下）,東京：くろしお出版

大塚秀明 1990. 日中同形語について[C],『外国語教育論集』筑波大学外国語センター外国語教育研究会

早稲田大学語学教育研究所 1978.『中国語と対応する漢語』[M],,東京：日本文化庁

施建军 洪洁 2013. 关于中日同形词意义用法对比方法的研究[J],《外语教学与研究》第 4 期

施建军 许雪华 2014. 再论中日两国语言中的同形词问题[J],《解放军外国语学院学报》第 6 期

施建军 2016.中日两国语言同形词意义用法距离的计量研究——以对译比构建的 F-measure 为尺度
   [J],《解放军外国语学院学报》第 4 期

中国語文法研究 2020 年巻
Journal of Chinese Grammar June 2020

発行日 2020 年 6 月 15 日

編　集 中国語文法研究会

〒574-0013 大阪府大東市中垣内 3-1-1
大阪産業大学国際学部 張黎研究室
Tel：072-875-3008 内線 4528
E-Mail：zhangli@las.osaka-sandai.ac.jp

発行所 株式会社 朋友書店

〒606-8311 京都市左京区吉田神楽岡町 8 番地
Tel：075-761-1285／Fax：075-761-8150
フリーダイヤル：0120-761285
E-Mail：hoyu@hoyubook.co.jp

ISSN 2186-4160

语义蕴涵与句法结构及话语理解
YUYI YUNHAN YU JUFA JIEGOU JI HUAYU LIJIE

王占华著

A5 判上製・219 頁　5,940 円（税込）

本書は意味論・談話分析・認知言語学の理論に基づき、中国語の「道具動詞」「形式動詞」「移動表現」「"在"構文」「了」「"把"構文」「目的語」「方向補語」「結果補語」「足量表現」などを語の意味的特徴、会話含意、出来事構造(event structure)、話者の主観性の視点より、それぞれの文構造との関係を分析した上、従来の研究にない結論を出し、或いは先行研究と異なる観点を提出する。

基于比较的汉语教学法
（中日比較による中国語教授法）

王占华著

A5 判上製・164 頁　4,320 円（税込）

ISBN978-4-89281-159-3 C3087

学習者の母語と対象語との比較を基礎とする外国語教育法である比較法に依る中国語教授法。中国語と日本語を積極的に「意識的比較」することで有意義かつ効率的な中国語教学を目指す。全書は、第 1 章 二語教学法的両大体系和比較法、第 2 章 汉语概説、第 3 章 语音教学、第 4 章 语法教学からなり、また、附録 表現教学参考大纲では中国語の表現方法をまとめる。

中日両言語における形式動詞の対照研究

楊華著

A5 判並製・173 頁　4,320 円（税込）

「実質的な意味をもたないか、あるいはそれが希薄化して、他の語とひとまとまりになって述語を構成する文法的な機能をはたす動詞」である形式動詞。本書は、中国語と日本語の対照研究の立場から、中日両言語の形式動詞と形式動詞結合のあらわれかたとさまざまな特徴およびその用法を整理・分析し、形式動詞とその周辺を比較・対照することを目的とする。

日中対照表現論 Ⅱ
―事例研究を中心として―

藤田昌志著

A5 判上製・164 頁　3,240 円（税込）

主として現代日本文学作品とその中国語訳の分析を通じて、日本語から中国語への方向で、日本文学の中国語訳を資料として用い、加訳(日→中)、減訳(日→中)、転換(日→中)、意訳(日→中)などの概念を援用して、事例(典型事例や頻度数を調べる場合の事例)として、日本語表現とそれに対応する中国語表現の、主として「形」の面の、ある種の傾向や特徴を分析、考察する。

朋友書店

〒606-8311　京都市左京区吉田神楽岡町 8 番地
TEL（075）761-1285　フリーダイヤル 0120-761285
FAX（075）761-8150　振替 01010-5-41041
E-mail：hoyu@hoyubook.co.jp

関西外國語大學孔子學院

関西外国語大学孔子学院は2009年9月に北京語言大学を中国
の協力大学として設立されました。現在、関西外国語大学孔子
院には中国語教育センター、中国語教員養成センター、中国留
学・就職準備教育センター、中国語試験センター、現代中国研
センター、中国文化活動センターが設置され、中国語の国際的
及と中国文化の理解促進にかかわる活動を行っています。

市民向け中国語講座や中国文化講座では、大阪府を中心に多
の受講者や参加者が集まり好評を博しています。地元自治体や
域住民、大阪府や枚方市の日中友好協会と協働して開催する「
秋節月見交流会」や「ひらかた多文化フェスティバル」など文
交流事業にも熱心に取り組んでいます。

また、HSK（漢語水平考試）の実施運営主体として年複数
の試験を実施しています。大学生や孔子学院中国語講座受講者
社会人など多くの方が受験することから日本有数のHSK試験
施団体として広く認知されています。

「心を一つにして、困難を乗り越えよう！」

関西外国語大学孔子学院の中国語講座受講者の皆さん
から中国への応援や武漢への祈りのメッセージをたく
さんいただきました。心温まる様子は人民日報海外版
（2020年2月14日 第11版）に掲載されました。

孔子学院ムービー講座に注目

毎週金曜日夜8時、Wech
オフィシャルアカウント「
虹鯨学汉语」とYouTube
アップロードしています。

「オンライン中国語会話教室」をスタート！

Zoomを使ったオンラインの中国語会話教室を初
級、中級、上級、高級の4つのクラスに分かれて
実施。毎回異なるテーマでリスニングとスピーキ
ングの練習を90分間しています。

HSK試験 12月6日(日)実施予定 筆記試験1級～6級
申込受付及び受験料振込期間 ：10月16日 ～ 10月30日

※上記の行事は事前の予告なく中止や変更の可能性があります。詳しい情報は随時下記HPに掲載いたし
※左側の写真はいずれも昨年撮影したものです。行事の有無については下記事務局にお問い合わせくださ

関西外国語大学孔子学院事務局（関西外国語大学御殿山キャンパス・グローバルタウン
〒573-1008 大阪府枚方市御殿山南町6-1　Tel：072-805-2709　Fax：072-805-2767
http://www.kansaigaidai.ac.jp/special/confucius/
E-mail：kongzi@kansaigaidai.ac.jp

 関西外国語大学孔子学